本书得到以下项目资助：
山西省"1331工程"工商管理一流学科建设项目
广东省哲学社会科学规划学科共建项目（GD17XGL42）
2023年度山西省哲学社会科学规划课题（2023YJ069）
山西省教育科学"十四五"规划2021年度课题（GH-21598）

职业女性
工作生活平衡研究

王慧敏◎著

中国财经出版传媒集团
中国财政经济出版社
·北京·

图书在版编目（CIP）数据

职业女性工作生活平衡研究 / 王慧敏著 . -- 北京：中国财政经济出版社，2025.9. -- ISBN 978-7-5223-4173-6

Ⅰ.C913.68

中国国家版本馆CIP数据核字第2025K82F87号

责任编辑：张晓丽	责任校对：张　凡
封面设计：孙俪铭	责任印制：史大鹏

职业女性工作生活平衡研究
ZHIYE NÜXING GONGZUO SHENGHUO PINGHENG YANJIU

中国财政经济出版社 出版

URL：http://www.cfeph.cn
E-mail：cfeph@cfemg.cn

（版权所有　翻印必究）

社址：北京市海淀区阜成路甲28号　邮政编码：100142
营销中心电话：010-88191522
天猫网店：中国财政经济出版社旗舰店
网址：https://zgczjjcbs.tmall.com
涿州汇美亿浓印刷有限公司印刷　各地新华书店经销
成品尺寸：170mm×240mm　16开　19.5印张　240 000字
2025年9月第1版　2025年9月河北第1次印刷
定价：88.00元
ISBN 978-7-5223-4173-6
（图书出现印装问题，本社负责调换，电话：010-88190548）
本社图书质量投诉电话：010-88190744
打击盗版举报热线：010-88191661　QQ：2242791300

前言
PREFACE

在学术探索的浩瀚征途中,每一次的启程都深植于对现实世界的敏锐洞察与不懈求索之中。对我而言,那段在英国伯恩茅斯大学访学的难忘时光,不仅极大地拓宽了我的学术视野,更如一股清泉,激发了我对职业女性工作生活平衡这一深刻议题的深切关注与深刻思考。

在伯恩茅斯的那些日子里,我有幸亲眼看见了当地职业女性如何在工作与生活的双重角色间游刃有余地穿梭。她们在职场上展现出的专业素养与敬业精神,以及在生活中的从容不迫与优雅姿态,都让我深感敬佩,并从中汲取了无尽的灵感。然而,当我满载而归,重新踏上祖国的土地,特别是在广东这片充满活力与机遇的热土上,我却发现身边的职业女性在追求事业辉煌与家庭幸福的道路上,往往面临着诸多冲突与困扰。这种鲜明的反差,如同一道强光,照亮了我心中对职业女性工作生活平衡问题的深切关怀,也点燃了我对此进行深入研究的热情。

本书聚焦于广东的职业女性群体,通过问卷调查、深度访谈、案例剖析等多种研究方法,深入挖掘了影响职业女性工作生活平衡的关键因素。研究发现,这些要素并非孤立存在,而是相互交织、相互影响,形成了一个错综复杂的交互网络。其中,工作家庭压力源作为关键性的触发点,既可能源自职场上的激烈竞争，也可能源于家庭照料的刚性需求。这种双重压力通过角色超载现象，显著削弱了职业女性在工作与生活之间的平衡质量。同时，职业角色定位的认知偏差，特别是传统性别角色期待的隐性束缚，进一步加剧了职业女性在时间分配与精力投入上的矛盾与冲突。

然而，本书也揭示了一些积极的因素。组织层面的支持体系，如弹性工作安排、家庭友好型组织文化以及员工援助计划（EAP）等，展现出了显著的正向调节作用。这些制度性保障不仅优化了工作家庭边界的管理，更通过资源补偿机制有效缓解了角色冲突。此外，家庭支持网络作为原发性保障系统，其情感联结的紧密程度与工具性支持的质量也直接影响着平衡效能。代际协作照料模式、家务责任共担机制等家庭层面的支持，显著增强了职业女性的心理安全感，为她们的职场发展提供了坚实的后盾与缓冲空间。

生活满意度作为衡量平衡质量的终极评价指标，既反映了工作家庭界面的管理效能，也体现了个体心理资本的积累程度。研究数据清晰地表明，当工作生活满意度得到提升时，职业女性的职业承诺度与家庭角色认同度也会同步增强，从而形成了一个"满意—投入"的良性循环。此外，企业特殊福利制度，如母婴支持、健康管理、职业发展缓冲期等，也展现出了差异化的调节效应，为职业女性的平衡状态提供了有力的制度性支撑。

基于这些深刻的研究发现，本书得出了以下结论：工作家庭压力源、职业角色定位、组织支持、家庭支持以及生活满意度、企业特殊福利制度等因素共同构成了一个影响职业女性工作生活平衡的综合体系。基于研究发现，为改善职业女性工作生活平衡状况，本书提出以下建议：首先，职业女性可通过掌握时间管理和压力调节技巧应对工作家庭压力；其次，社会与企业应消除传统性别角色偏见，构建更加平等多元的职业发展环境；再次，企业宜推行弹性工作制等人性化管理措施；此外，家庭成员间需建立有效的责任分担机制，共同承担家务与育儿工作；最后，职业女性应重视自身职业规划与生活品质，主动提升工作生活满意度。这些措施从个体、组织、家庭和社会多个层面出发，共同促进职业女性工作生活平衡的实现。

本书在理论层面开拓了职业女性工作生活平衡研究的新视野，构建了多维度的分析框架，为后续研究奠定了重要基础；在实践层面，提出的对策建议为改善职业女性工作生活状况提供了可行性方案。展望未来，随着社会性别平等意识的不断提升、企业人性化管理制度的持续完善以及家庭责任分担机制的逐步健全，职业女性将有望在更加包容、支持的社会环境中实现事业与生活的动态平衡。这不仅有助于释放女性人才潜能、促进社会公平发展，也将推动构建更加和谐、可持续的工作生活新生态。这一美好愿景的实现，需要政府、企业、家庭和个人等多方主体的长期协同努力。

目 录
CONTENTS

第 1 章　导论 ·· 001
 1.1　研究背景 ··· 003
 1.2　问题的提出 ·· 005
 1.3　研究意义 ··· 011
 1.4　研究方法 ··· 014
 1.5　可能的创新 ·· 015

第 2 章　职业女性工作生活平衡的研究脉络 ······················· 017
 2.1　职业生涯发展研究 ·· 019
 2.2　职业女性的工作因素研究 ··································· 048
 2.3　职业女性的家庭因素研究 ··································· 051
 2.4　职业女性的工作生活平衡研究 ····························· 054

第 3 章　核心概念的界定及理论基础 ································ 069
 3.1　核心概念的界定 ·· 071
 3.2　理论基础 ··· 078

第 4 章 中国职业女性的发展历程及职业女性工作与生活关系的演进史 … 103

4.1 中国职业女性的发展历程 … 105
4.2 职业女性工作与生活关系的演进史 … 122

第 5 章 我国及广东省职业女性发展概况 … 133

5.1 我国职业女性发展情况 … 135
5.2 我国职业女性的劳动参与情况 … 145
5.3 女性职业选择特点 … 155
5.4 广东省职业女性发展概况 … 162
5.5 女性角色对职业发展的影响 … 168

第 6 章 广东省职业女性工作生活平衡调查研究 … 175

6.1 研究目的 … 177
6.2 研究对象 … 177
6.3 问卷设计与发放 … 177
6.4 问卷信效度分析 … 182
6.5 样本描述性统计分析 … 183
6.6 人口统计学变量对工作生活平衡的差异性分析 … 192
6.7 人口统计学变量对其他研究变量的差异性分析 … 199
6.8 相关分析 … 242
6.9 回归分析 … 251

第 7 章 促进职业女性工作生活平衡的建议 … 257

7.1 制度层面的措施 … 259

  7.2 社会层面的措施……………………………………266
  7.3 组织层面的措施……………………………………270
  7.4 家庭层面的措施……………………………………274
  7.5 个人层面的措施……………………………………277

结语……………………………………………………………283

参考文献………………………………………………………286

附录 职业女性工作家庭平衡影响因素调查问卷……………292

后记……………………………………………………………297

第1章
Chapter 1

导　论

随着社会的持续进步与蓬勃发展，女性力量在职场上日益崛起，众多女性以职业女性的身份涌入各行各业，不仅占据了诸多关键岗位，还发挥着举足轻重的作用。从人力资源管理的宏观视角审视，职业女性已然构成了社会人力资源结构中不可或缺的一环，其影响力与贡献度与日俱增。展望未来，随着社会的进一步前行，职业女性与职业男性在职场上的地位将更加趋于平等，共同扮演着推动社会经济发展的核心角色。

然而，作为市场经济中迅速壮大的一个社会群体，职业女性在肩负几乎与男性同等繁重的工作任务与职场压力的同时，还需承担更多的家庭责任与义务。这种双重负担往往使职业女性面临着比男性更为严峻的工作生活平衡挑战。她们在职业发展与个人生活的双重轨道上奋力奔跑，所承受的压力与焦虑远超常人，这种失衡的状态无疑会对她们的工作表现、职业满意度乃至身心健康产生深远影响。

对于职业女性而言，实现工作与生活的和谐平衡，不仅是提升个人幸福感与生活质量的关键所在，更是维持职业动力与长期职业发展的基石。而对于企业组织而言，关注并缓解职业女性所面临的工作生活平衡压力，不仅是出于人道关怀与社会责任的体现，更是提升组织凝聚力、增强员工忠诚度、促进团队整体绩效的明智之举。因此，组织应积极采取一系列平衡策略，如灵活工作制度、家庭友好政策、心理健康支持等，为职业女性创造一个更加包容、支持与理解的工作环境，从而有效留住女性人才，共同推动组织的可持续发展与社会的和谐进步。

1.1 研究背景

自古以来,无论人类社会历经原始社会的朴素共生、奴隶社会的等级划分、封建社会的宗法制度、资本主义社会的市场导向,直至我们现今所处的社会主义社会,乃至展望未来憧憬中的共产主义社会,性别差异作为一种自然现象,始终贯穿于人类历史的长河之中,构成了社会多样性的重要组成部分。新中国成立以来,国家以前所未有的力度推广"男女平等"的先进理念,积极鼓励女性挣脱传统束缚,勇敢地走出家庭,参与到广泛的社会劳动之中,这一变革不仅极大地丰富了社会生产力,也催生了"妇女能顶半边天"的壮丽图景,彰显了女性力量的崛起。

时至今日,随着改革开放的深入实施、经济的蓬勃跃升、女性教育水平的显著提升,以及女权主义思潮的广泛传播,女性群体对于平等、自由、自我认同及自我实现的渴望愈发强烈。这一背景下,女性正以前所未有的规模和热情投身于各行各业,特别是在专业性岗位及管理层,她们以卓越的能力和非凡的智慧,在职场上书写着属于自己的辉煌篇章,其参与社会生活的广度和深度也在不断拓展。耶鲁大学组织行为学领域的杰出学者维多利亚·布莱斯克在其研究中揭示了一个引人深思的现象:在职场中保持沉默的女性往往展现出比男性更强的竞争力,这一发现无疑是对女性潜能的一次有力肯定。此外,众多研究数据亦表明,越来越多的上市公司中,女性高管的数量与占比正逐年稳步上升,这进一步印证了女性在职场中的不可替代性和日益增长的影响力。女性在职场上的卓越表现，不仅得益于社会结构与文化观念的积极变迁为她们提供了更为广阔的就业和自我发展舞台，更在于女性自身所具备的细腻心思、敏锐观察力以及卓越的沟通能力等特质，这些天然优势使她们能够在复杂多变的职场环境中游刃有余，展现出独特的领导魅力和深远的影响力。正如智联招聘CEO郭盛所言："高跟鞋也能踩出交响乐。"女性在职场上的领导力与影响力，正以实际行动证明着她们与男性并肩而立，共同推动着社会的进步与发展，共同谱写着人类文明的新篇章。

受根深蒂固的传统观念束缚，女性在家庭责任的承担上，相较于男性，往往背负了更为沉重的负担，这体现在家务劳动、子女抚养以及老人赡养等多个方面。然而，随着教育水平的普遍提升，女性对自我价值实现的渴望日益凸显，加之家庭经济负担的加重，促使越来越多的女性步入职场，寻求职业上的发展与成就。这一趋势带来了双重挑战：一方面，职场的要求和节奏限制了女性在家庭角色中的投入与贡献，使她们在事业与家庭之间难以找到完美的平衡点。另一方面，无论是职场奋斗、家务操持、子女教育还是长辈照料，都亟须女性的深度参与和积极贡献。这种对女性角色的多重期待，无疑加剧了她们在职业发展道路上的角色冲突，成为她们生活中难以回避的压力源。相关调查数据进一步印证了这一现实。在家庭中，职业女性往往是家务劳动的主力军，她们在家务上投入的时间远超男性，达到了男性的2.4倍之多，且所承担的家务量也显著大于男性[①]。此外，社会上普遍存在的性别歧视现象，更是

---

① 佟新，刘爱玉. 城镇双职工家庭夫妻合作型家务劳动模式——基于2010年中国第三期妇女地位调查[J]. 中国社会科学，2015（06）：96-112.

为女性的就业之路平添了诸多障碍与压力。随着时代观念的演进，成功女性的定义已不再局限于传统的贤妻良母形象，而是更加注重她们在职场与生活平衡上的综合表现。然而，当女性难以妥善处理工作与生活的关系时，冲突便会愈发尖锐，进而引发一系列负面效应。这不仅可能导致女性对个人美好家庭品质的追求与组织福利发展不充分之间的矛盾加剧，还可能使她们承受更大的心理压力，出现绝望、暴躁、抑郁等情绪问题，甚至损害身体健康和职场士气。在职场上，这种压力还可能表现为女性职工工作效率和工作满意度的下降，进而影响到组织的整体工作效率和质量，对社会产生极为不利的影响。因此，研究职业女性工作生活平衡的问题，已成为社会和各类组织必须正视的重要议题。这不仅关乎女性的个人福祉与职业发展，更关系到社会的和谐稳定与整体进步。我们需要从政策制定、企业文化、家庭支持等多个层面入手，为职业女性创造更加友好、包容的发展环境，帮助她们更好地平衡工作与生活的关系，实现个人价值与社会价值的双重提升。

1.2 问题的提出

工作与日常生活构成了人们活动的两大核心维度。伴随着国民经济的蓬勃发展，在职人员普遍感觉到了日益加剧的职业压力。与此同时，由于我国早期推行的计划生育政策以及老龄化社会的悄然逼近，社会上涌现了大量"421"家庭结构——即一对夫妇需肩负起照顾四位长辈及一个子女的重任，这给他们带来了前所未有的经济重压与精神负担。在这样的双重挑战下，他们的工作压力更是雪上加霜。鉴于此情境，随着女性教育水平的显著提升及家庭经济需求的日益紧迫，越来越多的女性步入职场，追求个人成就与自我价值的实现。然而，深受儒家传统观念的影响，职业女性在扮演传统性别角色所赋予的家庭责任的同时，还需应对职场上的种种挑战，这使她们在平衡工作与个人生活方面面临着比男性更为艰巨的任务。近年来，社会现象纷繁复杂：离婚率持续攀升，单亲家庭数量不断增加，晚婚趋势日益明显，适婚青年的结婚意愿普遍下降，家庭暴力事件频发，员工职业倦怠感显著增强，以及对工作满意度的普遍下滑……这些现象不仅深刻地影响着每一位职业女性的生活质量，也对企业的运营效率和经济效益构成了挑战，更对社会的稳定与长远发展构成了潜在威胁。因此，如何有效缓解职业女性的双重压力，促进工作与生活的和谐共生，已成为亟待解决的社会议题。

在2019年的"她世界·她力量"中国女性领导力高峰论坛上，智联招聘的首席执行官郭盛隆重发布了《2019中国女性职场现状调查报告》。该报告通过翔实的数据，深刻揭示了女性领导力发展受阻的核心问题，并深入探讨了生育责任中其他相关主体缺失所带来的社会发展障碍。郭盛先生的目的，在于为女性领导力在困境中寻找突破路径，以期推动社会经济与人类文明的加速进步。报告显示，2019年，职业男性的平均薪酬较职业女性高出23%，且职业女性的晋升通道显著窄于职业男性。在高管人员中，职业男性的人数更是职业女性的4倍之多。这一现状的背后，主要原因在于女性因承担生育职责而遭受的性别歧视。许多女性在职场中奋斗，不得不面临事业与家庭的艰难抉择，忍受着职场上的偏见与排挤。如何合理分配投入到工作与生活中的时间与精力，成为她们面临的一大困惑。2019年，新冠疫情的暴发为职场人员带来了前所未有的远程办公体验。从某种程度上说，这给了妈妈们更多地陪伴孩子的时间。然而，调查结果显示，40.63%的职场母亲认为远程办公让她们比平时更忙，尽管46.05%的职场母亲表示工作效率有所提高，37.92%的职场母亲认为远程办公更方便照顾家人。相比之下，职场爸爸们则更多地关注到团队协作的不便以及自律性的考验。在回归职场之后，职场爸妈对于"由谁来照顾孩子"这一问题，展现出了多元化的考量与选择。具体而言，职场妈妈群体中，有高达76.78%的人倾向于寻求长辈或家族亲人的协助来照料孩子，这一选择体现了她们对家庭支持网络的依赖与信任。相比之下，职场爸爸中也有52.68%的人采取了同样的策略，显示出在育儿责任上，部分爸爸也倾向于借助家庭内部资源。然而，数据背后也透露出一些值得深思的现象。值得注意的是，有41.28%的职场爸爸选择了让孩子的妈妈来承担主要的照顾任务，这一比例不容忽视。这一选择，虽可能是出于对妈妈细腻关怀能力的认可，但更深层次地，它似乎映射出部分职场爸爸在育儿角色上的某种退缩，或是将育儿重担不自觉地转移到了妈妈肩上，这无疑反映了在家庭责任分配上，仍存在着需要进一步探讨与平衡的空间。随着越来越多女性在职场中奋力拼搏，职场妈妈面临的工作与生活平衡问题愈发严峻。此外，当评价职场爸爸在育儿中的付出与表现时，男女双方存在显著的分歧。职场爸爸往往自我感觉良好，而职场妈妈则普遍认为职场爸爸较少参与家务和照看孩子，这进一步加重了她们的家庭负担。如今的职场妈妈已经不再是传统意义上的家庭主妇。尽管养娃让她们在工作与家庭之间不断被撕裂，但她们依然坚定地走在自我实现的道路上。在生育期，许多人认为女性应该淡出职场，向家庭倾斜。然而，61.87%的职场妈妈认为，在身体条件允许的情况下，应尽量保持工作量和学习力，以寻求晋升和发展。这充分说明，当代女性展现出了强烈的意愿与不懈的努力，力求在家庭与事业的天平上找到完美平衡点，不愿因婚姻和生育而让自我价值蒙尘，她们用实际行动证明着自身能力的多元与坚韧。然而，社会观念的更新并非一蹴而就，调查数据也揭示了另一番景象：仍有高达46.46%的受访职场爸爸持有传统观念，他们认为女性在生育这一特殊阶段应当免于工作压力的侵扰，全心全意地投入到照顾孩子的角色中，享受家庭的温馨与安宁。这一数据背后，既反映了部分职场爸爸对女性生育艰辛的理解与体恤，也透露出在性别角色分工上，社会仍存在着一定的刻板印象与期待差异。他们理所当然地认为，女性应该为养娃作出事业上的牺牲[1]。故而，为了实质性地优化女性的成长与发展环境，必须从生育成本这一核心问题入手，深入关注女性在生育过程中所投入的、往往被忽视且未获经济回报的隐性贡献。这一过程中，需将男性、雇主、社会各界力量以及政府等多方主体均纳入考量范畴，确保各方能够明确自身角色，履行相应职责。即，不仅要充分享有生育带来的权利，更要勇于并切实承担起与之相伴的义务与责任，唯有如此，方能打破现状，为女性发展之路扫清障碍，稳步前行[2]。

2018年6月29日,《中国妇女》杂志携手华坤女性生活调查中心联合发布了《女性生活蓝皮书》，对2017年度女性生活状态进行了全面而深入的总结，勾勒出一幅幅生动多彩的女性生活画卷，具体特征如下：

---

[1] 张晓，左娜.聚天下英才，促创新发展[J].国际人才交流，2018（04）：14-15.

[2] 张科杰，封雨晴."双创"背景下女大学生自主创业价值探究[J].船舶职业教育，2019，7（06）：51-53.

一是新女性群体的崛起，她们在职业领域展现出多元化的发展态势，尤为注重个人成长与价值实现，并从中获得了前所未有的满足感与成就感；二是新常态下的健康理念深入人心，女性在心理建设上展现出更强的主动性与自我助力，积极践行身心健康的新理念；三是互联网技术如细雨润物般深度融入日常生活，在潜移默化中重塑着女性的消费习惯与生活方式，催生出与以往截然不同的新风貌；四是婚姻家庭生活的品质已然成为评估女性幸福感的关键标尺，这一变化深刻体现了当代女性对情感世界的珍视与不懈追寻；五是精神文化需求的日益增长，促使女性对生活质量提出了更高要求，不断追求更高的精神享受；六是女性于经济舞台上的作用愈发举足轻重，她们所创造的收入以及积累的财产，已然成为支撑家庭经济稳健前行的关键力量；七是女性踊跃投身于社会公益事业之中，以切实行动播撒爱心、传递温暖与正能量，不仅实现了自身综合素质的全面提升，更在奉献中彰显了非凡的社会价值；八是女性以更加开阔的视野、多元的视角与高品质的追求，设定了创享美好生活的全新目标。调查进一步揭示，女性理想的工作状态包括良好的工作环境与人际关系、便于兼顾家庭与日常生活，以及能够充分施展个人能力、具有成长性与获得感。这充分表明，新时代职业女性在追求个人价值与事业成功的同时，也极为看重工作与生活的平衡，渴望在和谐友好的职场环境中实现个人潜能的最大化。

面对经济社会的快速发展与转型，超过九成的女性承认承受着多重压力，但她们管理压力的能力也在不断提升。通过拓展心理自助渠道、强化情绪管理、阅读专业书籍、咨询专业机构、参与心理微课以及兴趣爱好等方式，女性在心理建设上展现出更强的主动性与专业性，这体现了她们对心理健康的高度重视。此外，现代女性对夫妻亲密关系与婚姻质量的重要性有着清晰的认识，注重家庭中的两性平等与女性在家庭中的独特作用。她们愿意通过提升自我、增长智慧来促进家庭文明建设，从而提高人生幸福感。在闲暇生活中，女性追求丰富多彩的精神文化生活，互联网的普惠性降低了知识与资讯的获取成本，激发了她们提高精神素养、审美品位的热情。参观博物馆、美术馆、学习传统文化、逛书店以及参加分享生活美学的社群活动等，已成为她们生活方式与休闲方式的重要组成部分。同时，随着社会经济的稳步发展与消费观念的持续升级，女性及其家庭在消费结构上的转变尤为引人注目。如今，她们的消费模式已不再局限于满足基本的物质需求，而是大步流星地迈入了一个全新的消费时代——在这个时代里，精神层面的富足、产品与服务的品质、消费过程中的独特体验，以及简约而不失格调、低碳且绿色环保的生活方式，共同构成了消费决策的核心考量。女性消费者愈发倾向于选择那些能够触动心灵、提升生活品质、同时兼顾环境可持续性的商品与服务，这一变化不仅映射出她们对美好生活的向往与追求，也深刻影响着市场的发展趋势与产业结构的优化升级。然而，调查也显示，大多数被调查女性的生育高峰期与职业发展关键期高度重合，特别是生育"二孩"给职场妈妈带来了更大的压力。她们在工作之余承担着抚养教育孩子、家务劳动以及照料老人的主要责任，角色冲突较为明显。部分女性甚至因家庭需要转向了全职家庭主妇的角色，承担了无报酬的家务劳动，这对女性的个人发展产生了一系列不利影响。因此，构建女性友好型职场环境、提供配套服务以及建立多层次多形式的"托幼"和"托老"社会服务体系显得尤为重要。这不仅能解决育龄期女性在幼儿教育和学前教育方面的困境，完善"二孩"相关政策，还能为众多家庭面临的日益严峻的老龄化问题提供政策和服务帮扶。此外，增加托儿所、幼儿园、养老院等公共服务机构以及满足家庭需要的社区生活服务和家政服务，将切实有效地为职业女性解除后顾之忧，让她们在追求职业梦想的同时，也能享受和谐美好的家庭生活[1]。

总而言之，职业女性所面临的工作与生活的平衡挑战愈发严峻，已成为社会关注的焦点。如何在繁忙的职业生涯与个人生活的和谐共处中寻找到最佳平衡点，同时最大限度地减少负面影响，是广大职业女性共同面临的难题。本书致力于通过深入细致的实证分析，为这一复杂问题提供一套前瞻性和可操作性的解决方案。期望通过科学的研究方法，探索出既符合职业女性实际需求，又能有效促进她们全面发展的策略路径，为她们创造更加宽松、友好的工作与生活环境，助力她们在事业与家庭之间游刃有余，实现个人价值与社会责任的双重提升。

1.3 研究意义

1.3.1 理论意义

目前，工作家庭冲突已成为国内外众多学者研究的中心议题。然而，本书另辟蹊径，从工作—生活平衡的独特视角出发，深入剖析这一社会现象。它不仅系统地回顾并总结了职业女性工作与生活关系的历史变迁，而且借助问卷调查、实地访谈等多种研究方法，对广东省内不同

---

[1] 白丽敬. 凤凰网"城管"报道的媒介形象与现实形象差异研究［D］. 保定：河北大学，2015.

行业、不同地域以及不同年龄段的职业女性进行了广泛的调研，旨在全面揭示影响她们实现工作生活平衡的关键因素。

在此基础上，本书从五个层面出发，提出了一系列旨在促进职业女性工作与生活和谐共生的建议。研究成果不仅为管理心理学、人力资源管理、职业生涯管理以及家庭社会学等领域提供了实证数据，而且在一定程度上拓展了相关学科理论应用的空间。通过这一研究，人们得以更加深入地理解职业女性在工作与生活平衡上的现实需求与挑战，从而为制定更加科学合理的政策与策略提供了有力的依据。

1.3.2 现实意义

职业女性群体伴随着市场经济的蓬勃发展而日益壮大，她们在承担职业角色的同时，亦肩负着家庭的重担。在当下工作压力日益加剧的社会背景下，如何巧妙地在工作与生活之间寻求平衡，已成为职业女性亟待解决的关键议题。本书的现实研究价值，可从以下三个层面深刻体现：

1. 个体层面：研究职业女性的工作生活平衡对促进她们的身心健康、提升生活质量及工作效率具有深远的实践意义

社会赋予职业女性的双重角色——既是职场上的精英，也是家庭中的支柱，加之个人对个性化生活的向往，这些因素交织在一起，无疑对她们的工作生活平衡提出了挑战。能否妥善处理这一问题，不仅直接关系到职业女性的身心健康状态，还会深刻影响她们的家庭和谐与整体生活质量。因此，深入探讨职业女性如何实现工作与生活的平衡，能够为职业女性提供科学合理的应对策略，帮助她们合理分配时间和精力，有效缓解工作与生活带来的压力，从而切实保障其身心健康。同时，良好

的工作生活平衡状态有助于职业女性在工作中保持高度的专注力和创造力，减少因生活琐事干扰而导致的效率低下问题，进而提升工作效率，实现个人职业发展与生活幸福的双赢局面。

2.组织层面：研究职业女性的工作生活平衡对于组织（企业）采取有效的管理措施、激发职业女性的创造力、巩固和增强竞争优势至关重要

职业女性在组织（企业）中扮演着愈发重要的角色，她们不仅在传统岗位上发光发热，更在管理岗位上展现出卓越的领导力。然而，若组织（企业）忽视员工需求，单一追求业绩目标，可能会导致优秀职业女性的流失，进而削弱组织的吸引力和凝聚力，丧失竞争优势。因此，深入研究影响职业女性工作生活平衡的组织因素，并提出相应的解决策略，对于组织（企业）有效管理职业女性的工作生活平衡、提升绩效水平、实现战略目标及巩固竞争优势具有深远意义。此外，组织（企业）在成功管理职业女性工作生活平衡方面的经验和策略，也可为管理职业男性面临的工作生活平衡问题提供有益的借鉴。

3.社会层面：选取广东地区作为研究样本，对职业女性的工作生活平衡问题进行深入调查，可为广东省乃至全国的经济社会平衡发展提供有益的参考

发达国家的企业已采取多种福利措施和政策，助力员工解决工作与生活的平衡问题。而在中国，尽管国家出台了保护妇女权益的法律法规，但多数企业尚未针对工作生活平衡问题制定具体策略。广东省作为中国改革开放的前沿阵地和经济龙头，其经济发达、市场活跃、投资吸引力强，但伴随经济的快速发展，职业女性的工作生活平衡问题日益凸

显。因此，选取广东地区进行针对性研究，不仅具有现实意义，更彰显了典型性。研究成果将为广东省的经济社会和谐发展提供宝贵的参考，同时也为其他地区提供有益的启示。

1.4　研究方法

1.4.1　文献研究法

本书借助详尽的文献回顾与分析，深入探讨职业女性群体的起源背景。通过对历史脉络的细致梳理，本书旨在揭示职业女性工作与生活关系的历史演变轨迹，这一演变不仅映射了社会结构、性别角色认知及劳动市场动态的变迁，也深刻反映了女性社会地位提升与角色多元化的历程。同时，深入剖析职业女性工作与生活平衡需求的历史和根源。

1.4.2　访谈法和问卷调查法

为了全面洞察广东地区各行业职业女性在工作与生活平衡方面的现状、平衡度及其背后的影响因素，本书在广泛参考前人学术成果的基础上，通过深度访谈代表性个体，精心设计调查问卷。该问卷精心构思，分为三大核心板块，旨在多维度、深层次地揭示职业女性的生活工作状态。问卷的第一板块聚焦于基本信息收集，细致涵盖了受访者的一系列人口统计学特征，为后续分析提供坚实的数据支撑。第二板块着重探究企业对女性员工所实施的特殊福利措施现状，旨在揭示企业在促进性别平等、关怀女性员工方面的实际举措与成效。第三板块则细致划分为六个专题模块，以全方位解析影响职业女性工作生活平衡的多重因素。第一模块直击要害，考察职业女性当前面临的工作与生活冲突现状；随后的第二模块至第六模块，则分别从工作家庭双重压力来源、职业角色的自我认知与定位、来自组织的支持力度、家庭环境的支援情况，以及个人对工作生活的满意度等多个维度，精心设置问题，深入剖析这些关键因素如何作用于职业女性的工作生活平衡状态。最终，本书将运用量化统计方法，对收集到的问卷数据进行严谨分析，以此为基础，构建一套科学、全面的女性工作生活平衡指标体系，为深入理解广东地区职业女性的生活工作状态提供有力依据，同时也为后续的政策制定与实践指导提供参考信息。

1.4.3 数理统计分析法

借助SPSS统计分析软件，首先对自编问卷实施严格的信度与效度检验，以确保数据的可靠性与测量工具的准确性。随后，对问卷数据进行全面的分析：通过描述性统计分析，直观展现广东省职业女性在多项人口统计学特征上的分布情况；利用差异性分析，细致探究了不同背景因素下职业女性在工作生活平衡状态上的显著差异；借助相关性分析，深入剖析了工作生活冲突、工作压力源、角色定位、组织支持、家庭支持及工作生活满意度等变量间的关联性；最终，通过回归分析，精确量化了各影响因素对工作生活平衡的具体作用程度，这一系列分析不仅揭示了广东省职业女性工作生活平衡的现状及其内在机制，也为后续的策略制定与实践干预提供了坚实的科学依据。

1.5 可能的创新

首先，本书的选题与研究视角展现出一定的新颖性，它超越了传统

"工作—家庭冲突"的单一框架，转而采用更为宽泛且综合的"工作—生活平衡"视角进行深入探讨。这一转变不仅拓宽了研究的视野，也为理解职业女性如何在复杂多变的社会环境中寻求个人福祉与职业发展的和谐统一提供了新的思路。

其次，本书以广东地区作为实证分析的切入点，通过精心设计的问卷调查，结合先进的统计学分析方法，系统剖析了影响广东省职业女性工作生活平衡的多元因素。尤为值得一提的是，研究还深入进行了工作生活平衡在不同人口统计学变量上的差异性分析，这一细致入微的考察不仅揭示了不同背景职业女性在工作生活平衡上的独特需求与挑战，也为后续提出针对性的平衡策略奠定了坚实的基础。

在此基础上，研究提出的平衡策略对组织（企业）在职业女性管理实践中提供了宝贵的参考与启示。这些策略不仅有助于组织构建更加人性化、灵活化的工作环境，促进职业女性的个人成长与职业发展，同时也为组织提升整体绩效、增强员工忠诚度与满意度提供了有效的路径。因此，这项研究不仅为工作生活平衡这一学术领域增添了新的理论成果，进一步充实和完善了相关理论体系；更重要的是它为实际管理工作中的创新实践提供了坚实且有力的依据与支撑，助力在实践中探索出更科学、更高效的管理模式与方法。

第2章
Chapter 2

职业女性工作生活平衡的研究脉络

工作—生活平衡的研究范畴广泛而深入，主要聚焦于三大核心领域：其一，探究影响工作—生活平衡的多重因素；其二，分析工作—生活冲突或失衡可能带来的后果；其三，提出并实施有效的工作—生活平衡应对策略。国外学术界在这三个维度上均取得了显著的实证研究成果。例如，研究表明，每周的工作时长、承担抚养子女的主要责任以及配偶的支持状况等因素，均能显著影响个体的工作生活冲突水平。而工作生活冲突，进一步而言，又会深刻作用于员工的家庭满意度、职业满意度、整体生活满意度，甚至可能引发沮丧情绪和身体健康问题。相比之下，国内关于工作生活平衡的研究尚处于起步阶段，现有的文献资料大多局限于文献综述或政策建议层面，缺乏深入的理论探讨与实证数据分析。鉴于中国文化背景的独特性以及社会发展阶段的特殊性，针对国内职业女性工作生活平衡问题的细致且全面的研究显得尤为重要且迫切。

追溯历史，对职业女性工作生活平衡的研究最早可回溯至20世纪五六十年代，彼时的研究主要聚焦于工作家庭冲突的视角[①]，涵盖了工作家庭冲突的基本概念、相关理论框架、人口统计学变量上的差异表现，以及解决工作家庭冲突的有效策略等多个方面。值得注意的是，直到1986年，"工作与生活平衡"这一术语才首次被正式引入并作为专业术语使用[②]，标志着该领域研究的进一步深化与拓展。这一系列历史演变，不仅揭示了工作生活平衡研究的发展历程，也强调了在国内特定文化与社会背景下，深入探索职业女性工作生活平衡问题的必要性与紧迫性。

---

① 宫火良，张慧英.工作家庭冲突研究综述［J］.心理科学，2006，29（01）：124-126.
② 张雯，Linda Duxbury，李立.中国员工"工作/生活平衡"的理论框架［J］.现代科学管理，2006（05）：12-15.

2.1 职业生涯发展研究

2.1.1 职业选择理论

1.帕森斯的人职匹配论

美国波士顿大学声名远扬的杰出学者帕森斯教授，凭借其极具开创性的"人职匹配论"，在职业选择与职业指导这片学术天地中树立起了一座具有划时代意义的里程碑。即便历经岁月的洗礼与学术研究的不断演进，这一理论至今依旧稳稳地占据着该领域经典理论的重要席位，被众多学者和从业者奉为圭臬。早在1909年，帕森斯教授在其具有深远影响力的著作《选择职业》里，便以深邃的洞察力和严谨的逻辑，深入且细致地阐述了职业选择的核心要义：这一过程建立在深刻洞察个人主观特质与社会职业岗位客观需求的基础之上，通过细致的对比与匹配，力求实现个人专长与职业岗位之间的完美契合。具体而言，这一过程涵盖三个关键环节：第一，个人要展开全方位、深层次的自我剖析，精准把握自身的态度偏好、能力强弱、兴趣所在、智力潜能以及可能存在的短板，此乃开启职业选择大门的起点与根本依据。第二，对职业世界进行详尽的调研，了解不同职业成功所需的条件、必备知识、潜在优势与劣势、薪酬待遇、职业发展机会及前景，这一步骤为职业选择提供了广阔而现实的参照框架。第三，将上述两方面的条件进行综合考量与平衡，力求在个人特质与职业要求之间找到最佳的交汇点。

帕森斯的人职匹配理论进一步细化为两种类型：一是条件匹配，即那些对特定技术、专业知识及特定素质有明确要求的职业，与掌握这些技能的求职者之间的匹配；二是专业匹配，侧重于那些需要特定专业知识背景的职业，与具备相应专业知识的求职者之间的对应。这一理论不仅为职业选择提供了科学而实用的指导原则，而且作为职业管理与职业心理学发展历程中的重要里程碑，持续发挥着深远的影响，为后人探索职业发展的奥秘提供了宝贵的智慧启迪。

2.弗隆的职业选择动机理论

1964年，美国心理学家弗隆在其著作《工作与动机》中提出了期望理论，这一理论为理解员工行为动机的深度提供了全新的视角。弗隆巧妙地将期望理论应用于个人职业选择行为的分析，构建了职业选择动机理论，为职业决策提供了有力的理论支撑。在职业选择的过程中，个体的动机强度受到职业效价与职业概率的双重影响。这一关系可以通过一个公式来概括：择业动机是职业效价与职业概率的函数，即：

择业动机=f（职业效价，职业概率）

择业动机，简而言之，是个体对目标职业的渴望程度或选择意愿的强烈表现。

职业效价，是求职者对职业价值的主观评价，它受到两方面因素的深刻影响：一是求职者的职业价值观，这是其内在的价值取向和偏好；二是求职者需对特定职业的各项要素展开评估，涵盖个人兴趣、工作环境状况、薪酬福利水平、职业声誉好坏等方面。这些要素相互交织，共同构建起职业效价的计算模型，即：

职业效价=f（职业价值观，职业要素评估）

职业概率体现的是求职者成功谋得某一职位的概率大小。它主要由四个关键要素决定,分别是该职业的社会需求程度、求职者自身竞争力强弱、竞争系数高低以及其他不可预见的随机因素。具体而言,职业需求越大,求职者的竞争力越强,竞争系数越低,求职者成功获得工作的可能性就越大。反之,则可能性越小。职业概率的计算公式可以表示为:

职业概率=f(职业需求,竞争力,竞争系数,随机性)

对于求职者而言,职业效价与职业概率的高低直接影响着他们对职业的选择意愿。当职业潜力大、获得可能性大时,求职者对该职业的倾向就越强烈;反之,则倾向减弱。求职者会综合考虑多个职业的价值以及获得这些职业的可能性,权衡利弊,通过横向比较不同职业的工作选择动机,最终选择动机得分最高的职业作为自己的职业发展方向。

尽管弗隆的职业选择动机理论能够定量地评估职业选择动机的大小,为明确职业选择提供了有力的工具,但在实际操作中,这些定量值的确定却存在一定的难度。然而,这一理论所揭示的影响因素至今仍然对人们的职业选择产生着深远的影响。在选择职业时,人们往往会不自觉地考虑这些关键因素,以期作出更加明智和符合自身利益的决策。

3.霍兰德的职业性向理论

在约翰霍普金斯大学,有一位德高望重的心理学教授约翰·霍兰德,他堪称美国职业指导领域当之无愧的领军人物与杰出代表。1959年,基于丰富的职业咨询实践经验与对职业路径的深刻洞察,霍兰德开创性地提出了职业性向理论,这一理论后来在他的1973年著作《职业选择》中得到了详尽而系统的阐述,对社会产生了广泛而深远的影响。

霍兰德的职业性向理论,一个核心在于揭示了个体的价值观、动机和需求如何共同作用于职业选择的过程，成为决定性因素。他通过对职业能力倾向测试（VPT）的深入研究，创新性地将工人的职业能力倾向划分为六大类型：实践能力倾向、调查研究能力倾向、艺术创作能力倾向、社交服务能力倾向、企业管理能力倾向以及常规事务处理能力倾向。与此同时，霍兰德还将职业环境划分为写实型、调查型、艺术型、社会型、开拓型和传统型六种，认为每个人往往会对以上六种职业类型中的某一种或几种产生偏好倾向。

职业性向理论的核心要义在于强调劳动者的职业性向与所从事的职业类型应实现高度匹配。需要特别指出的是，霍兰德模型所涵盖的这六种职业性向并非彼此孤立、互不关联，而是相互之间存在显著的相关性，这种相关性在六边形模型中通过性向点之间的距离得以直观体现。当个体在首选职业领域内难以寻得满意职位时，他们往往会倾向于选择在性向相近的领域就业，这样的选择往往能带来更高的满意度和成就感。实际上，多数人的职业兴趣并非单一，而是多元化且相互交融的，性向之间的相似性或相容性越高（在六边形中越接近），个体在职业选择时面临的内心冲突和犹豫便越少。

1978年，奥尼尔等发起了一项为期七年的追踪调研，最终研究结果以确凿的证据，充分证实了霍兰德模型在预测方面具备显著的有效性与高度的准确性。相较于传统的人职匹配理论，霍兰德的职业性向理论更加注重人与职业之间的互动关系，将个体视为一个完整的整体进行研究，避免了将人格特质简单割裂的片面做法。凭借其理论框架的完整性和严谨性，职业性向理论已成为职业指导领域中最受推崇的理论之一，为无数求职者点亮了职业探索之路的明灯。

4.廖泉文的三维策划理论

廖泉文教授，作为厦门大学的杰出学者与博士生导师，同时在中国人力资源管理领域享有盛誉。她深刻洞察到，职业匹配不仅是每位个体与组织不懈追求的目标，更是职业生涯稳健发展的基石。这一过程往往漫长且充满挑战，要求各方共同努力，以实现最佳的职业契合度。

为了提升职业匹配的质量，一个全面而细致的规划显得尤为重要。首先，个体应积极投身于职业发展路径的规划之中，这一过程需细致考量人格特质、自身能力、个人素养、家庭背景、婚姻状况及年龄等多重因素，确保职业选择能够与个人实际情况相匹配。其次，组织层面的规划同样不可或缺。这涵盖了高等教育机构对职业选择的引导与塑造，以及用人单位在职业匹配过程中的精心策划。高校的教授、专家及学者，凭借其丰富的人生阅历、渊博的知识储备、深邃的洞察力与前瞻性的思维，对学生的职业选择产生着深远的影响。因此，鼓励导师参与学生的职业规划讨论，提供宝贵的参考意见，是提升职业匹配度的重要一环。同时，用人单位在招聘过程中，应全面评估求职者的个性特征、综合素质，并在入职前进行针对性地培训与引导，入职后持续跟踪评估与再培训，确保员工能够胜任所分配的职位，并探索是否存在更多匹配度更高的岗位。最后，面对职业发展中的挫折与挑战，重新规划职业匹配路径显得尤为重要。这包括职业平移、职业改变以及职业生涯设计的更新与调整。职业平移意味着在不改变职业发展大方向的前提下，调整就业的硬环境，如在同一单位内部调换岗位或在同一行业内转换工作单位。职业改变则是指改变就业的总体环境，转而在相关或相近行业寻求新的发展机遇。当上述两种策略均未能达到预期目标时，个体需冷静反思，重新审视并修正职业生涯设计的方向，作出新的职业选择。

值得注意的是，在职业发生转移或变化时，个人人力资本的浪费相对较小，知识与经验往往能够顺利迁移。然而，职业再设计后，不同职业对个人素质的要求各异，人力资本，尤其是特殊人力资本，可能会面临更为严重的贬值风险。相较于以往更多关注静态、个人层面的职业选择匹配理论，廖泉文教授提出的三维规划理论则更加注重动态性（在职业发展过程中不断修正选择）与系统性（涵盖学校、组织、个人三个维度）的职业选择匹配，为职业发展的理论与实践提供了新的视角与思路。

2.1.2　职业生涯发展阶段理论

1.萨柏的职业生涯发展阶段理论

萨柏，一位在美国职业管理领域享有盛誉的专家，他以一种独特而深刻的视角，将人生的职业生涯巧妙地划分为五个紧密相连且各具特色的阶段，描绘了一幅从青涩探索到成熟沉淀的职业发展画卷。

首先是成长阶段，这个阶段大约从0岁持续到14岁，是个体职业意识萌芽与自我概念形成的关键时期。在这个阶段，孩子们通过与周围环境的互动，逐渐建立起对世界的认知，好奇心如同春日里初绽的花朵，引领他们探索未知的职业世界。幻想期（10岁之前），孩子们如同一块块未经雕琢的璞玉，对周围世界中的职业充满了好奇与憧憬，他们模仿着心中的职业偶像，心中种下了职业梦想的种子。随着年岁的增长，进入兴趣期（11—12岁），孩子们开始关注并尝试理解各种职业，他们的职业选择开始有了初步的方向，对职业的兴趣与评估能力也逐渐增强。到了能力期（13—14岁），个体开始更加理性地审视自己的条件与职业梦想的契合度，有意识地培养与职业相关的能力，为未来的职业生涯打下坚实的基础。

紧接着是探索阶段，这个阶段大约从15岁持续到24岁，是个体深入探索职业世界，确定职业方向的关键时期。在实验期（15—17岁），个体开始全面审视自己的兴趣、能力与职业价值观，对职业选择有了更加清晰的认识，开始初步选定未来的职业方向。进入过渡期（18—21岁），个体正式踏入职场或接受专业培训，从广泛的职业选择中逐渐聚焦到具体的职业目标。在试用期（22—24岁），个体选定职业领域，开始实践，对职业发展目标的可行性进行探索，为职业生涯的稳定发展奠定基础。

随后是建立阶段，这个阶段通常涵盖25岁至44岁的黄金岁月，是个体职业发展的核心时期。在试用期（25—30岁），个体对职业目标进行初步的检验与调整，寻求职业与生活的稳定性。进入稳定期（31—44岁），个体的职业目标逐渐明确，他们致力于实现与超越这些目标，职业生涯步入了一个相对稳定的阶段。然而，在职业生涯中期危机阶段，可能在30岁至40岁的某个时期，个体需要重新审视自己的职业目标与需求，面对职业发展的转折与挑战。

进入维持阶段，这个阶段大约从45岁至64岁，是个体职业生涯的成熟期。在这个阶段，个体在职业领域已经取得了显著的成就，他们不再寻求职业上的变动，而是致力于保持职位的稳定与成就的持续。家庭与工作的和谐成为这个阶段的重要目标，工作经验的传承与新人的培养也是个体关注的重点。

最终是衰退阶段，65岁之后，个体步入了退休的门槛。在这个阶段，随着健康与工作能力的逐渐衰退，个体需要学会接受权力与责任的递减，适应新的角色与生活方式。退休并不意味着生命的终结，而是另一种生活的开始。个体需要保持身心的活力与热情，享受退休后的悠闲时光，为自己的晚年生活增添色彩。

萨柏以年龄为轴，将职业生涯划分为五个阶段，但现实生活中的职业发展却是一个复杂而连续的过程。每个人的职业旅程都是独一无二的，受到个人条件、外部环境以及人生经历等多种因素的影响。因此，在职业发展的道路上，我们需要保持开放的心态，勇于探索与尝试，不断调整与适应，才能走出一条属于自己的精彩职业之路。

2.金斯伯格的职业生涯发展阶段理论

金斯伯格，这位在美国职业指导领域声名显赫的专家，堪称职业发展理论的先驱与典范，其毕生致力于职业发展的深入研究。他的研究跨越了时间与空间的界限，深入探索了个体从童年至成年早期职业心理的微妙变化，为后世留下了宝贵的学术遗产。

在幻想期（通常被定义为11岁之前），孩子们的世界充满了无限的好奇与想象。他们如同一张白纸，等待着色彩的涂抹与形状的勾勒。在这个时期，孩子们对各行各业的专业人士充满了敬畏与向往，他们渴望成为自己心目中的英雄或偶像。无论是消防员、医生还是教师，这些职业角色都成为孩子们模仿与憧憬的对象。在游戏中，他们乐此不疲地扮演着这些角色，从着装、言谈举止到行为模式，无不透露出对职业的热爱与追求。这一时期的职业需求纯粹而直接，完全基于个人的兴趣与喜好，尚未被现实的种种因素所束缚。孩子们在幻想的海洋中自由翱翔，享受着职业带来的快乐与满足。

然而，随着年龄的增长，个体逐渐步入了试验期（11—17岁）。这是一个身心迅速成长、知识与能力显著提升的关键时期。在这一阶段，个体开始形成独立的意识与价值观，对社会生产与生活的经验有了更为深入的了解。他们逐渐将注意力聚焦于自身的职业兴趣，以更为理性、客观的态度审视自身的条件、能力以及所秉持的价值观。与此同时，职业角色在社会中所处的地位、蕴含的意义以及社会对该职业的需求程度，也慢慢进入了他们的关注视野，成为他们着重考量的因素。试验期可进一步细分为兴趣阶段、能力阶段、价值观阶段与综合阶段。在兴趣阶段，个体主动迈出步伐，尝试接触各类职业，逐步培养对特定职业领域的兴趣爱好；在能力阶段，他们围绕个人能力展开深入剖析，通过多种方式衡量与检验自身能力水平；在价值观阶段，个体渐渐明晰自己的职业价值观取向，兼顾考量个人需求与社会发展的需要；而在综合阶段，他们则整合了前两个阶段的成果，开始为未来的职业发展作出更为明智的选择。

当个体迈入17岁之后的现实期，他们即将踏入社会的洪流，面对更为复杂多变的职业环境。在这一阶段，个体需要理性地将自己的职业抱负与主观条件、能力以及社会现实的职业需求相结合。现实期的职业需求明确而具体，不再受幻想与试验的束缚。个体需要开展各种探索活动，寻找适合自己的职业角色。这一过程可分为探索阶段、具体阶段与专业化阶段。在探索阶段，个体需要根据试验期的成果，开展各种职业探索活动；在具体阶段，他们要依据探索阶段积累的经验，作出更为精准的进一步选择；进入专业化阶段后，个体需围绕自主选定的发展目标，全面且充分地做好就业前的各项准备工作。

金斯伯格的职业阶段理论，不仅深入剖析了人们在初次就业之前，职业意识与职业追求的演变和发展历程，还为职业指导实践工作提供了极具价值的理论支撑。然而，该理论在探讨职业发展的中后期方面尚存空白。尽管如此，金斯伯格的贡献仍不可磨灭。他的理论为后来者开辟了新的研究视角，推动了职业发展理论的不断前行。在未来的研究中，我们可以期待更多学者在金斯伯格的基础上，进一步拓展和完善职业发展理论，为个体提供更为精准、有效的职业指导服务。

3.格林豪斯的职业生涯发展阶段理论

在探究职业发展进程的学术领域中，萨柏和金斯伯格的研究主要将目光投向不同年龄阶段的个体在职业方面的需求以及所持有的态度，与之不同的是，格林豪斯独辟蹊径，从各阶段职业发展所面临的核心挑战出发，构建了职业发展的五阶段模型，为理解个体职业生涯的演变提供了独特视角。

首先，职业准备阶段（大致涵盖0—18岁），这是一个奠定职业基础的关键时期。此阶段的核心在于激发职业想象力，通过探索与实践培养对特定职业的兴趣与潜能，同时，个体需对自我能力进行客观评估，以便在众多职业选项中作出明智选择。此外，接受系统的职业教育与培训也是此阶段不可或缺的一环，它为个体未来职业生涯的顺利展开奠定了坚实的基础。

紧接着是进入组织阶段（18—25岁），这一时期标志着个体正式踏入职业生涯的大门。作为求职者，他们需在纷繁复杂的劳动力市场中搜集信息，结合自身兴趣与能力，寻找既符合期望又具发展潜力的职业，并努力在心仪的组织中占据一席之地。这一过程不仅考验着个体的决策能力,也要求其具备初步的职场适应能力。

职业生涯早期(25—40岁),个体步入了职业发展的快速成长期。在这一阶段,他们需迅速融入组织文化,掌握行业规范与专业技能,通过持续学习与实践,不断提升自身的工作能力与职业素养,为日后的职业发展铺平道路。同时,建立稳定的职业关系网,逐步确立自己在职业领域的地位,也是此阶段的重要任务。

然而,当个体步入职业中期(40—55岁),新的挑战随之而来。此阶段,个体需保持学习的热情,不断吸收新知识,以应对行业变化带来的挑战。同时,也是审视过往职业生涯,调整职业目标与理想的绝佳时机。一些人可能会选择深化现有领域的专长,而另一些则可能寻求职业转型,探索新的发展方向。

最后,职业生涯的后期(通常从55岁至退休),个体开始步入职业生涯的尾声。在这一阶段,他们倾向于巩固已有的职业成就,通过传授经验、指导后辈等方式,发挥余热,实现职业价值的传承。同时,保持自尊与心理健康,为即将到来的退休生活做好心理准备,也是此阶段不可忽视的任务。

格林豪斯的职业发展五阶段模型,不仅细致描绘了不同年龄段个体在职业发展中所面临的挑战与机遇,也为社会各界提供了理解、支持与促进个体职业成长的框架,对于推动职业教育的优化与职业发展政策的制定具有重要意义。

4.施恩的职业生涯发展阶段理论

施恩,一位在美国心理学与职业管理学领域享有盛誉的学者,以其独到的见解,根据人类生命周期的特征、各年龄层面临的挑战以及专业工作的核心任务，精心构建了职业生涯的九阶段模型。这一模型不仅深刻揭示了职业生涯的动态演变，也为理解个体在不同阶段的职业发展提供了宝贵的框架。

在成长、幻想与探索阶段（0—21岁），个体扮演着学生、职位候选人及申请者的多重角色。此阶段的核心在于自我发现与潜能挖掘，通过学习与体验，个体逐渐明确自身的兴趣、能力与志向，为未来的职业选择奠定坚实基础。同时，专业知识的学习、信息的广泛搜集以及价值观的塑造，都是此阶段不可或缺的任务。教育与培训则成为连接梦想与现实的桥梁，帮助个体培养基本的工作习惯与技能。

随着年岁的增长，个体步入进入职场舞台（16—25岁）与基础训练阶段（部分重叠于16—25岁）。在这一时期，个体以职位候选人及新手的身份，正式踏入职业生涯的大门。寻找并获取第一份工作，学习职场规则，与雇主签订正式合同，成为组织的一员，是此阶段的主要目标。同时，通过实习与新手期的历练，个体逐渐融入组织文化，克服初入职场的不安，学会团队协作，为成为优秀成员打下坚实基础。

职业生涯早期（17—30岁），个体作为组织正式成员，开始承担具体工作职责。此阶段，个体需成功履行工作义务，展现专业技能，为横向职业发展铺路。同时，根据个人才能、价值观与组织机会，重新审视职业路径，寻求个人与组织之间的最佳平衡。寻找职场导师与保护者，成为此阶段职业成长的关键。

进入职业生涯中期（25岁以上），个体可能晋升为主管、经理等职位。此阶段，保持技术竞争力，持续学习，努力成为行业专家，承担更大责任，成为个体职业发展的重心。同时，制定长期职业规划，平衡家庭、自我与工作，成为此阶段不可忽视的挑战。

职业中期风险期（35—45岁），个体需实事求是地评估自身才能、动机与价值观，明确职业抱负与个人未来。面对接受现状或争取更好未来的选择，建立导师关系，为职业生涯的下一阶段做好准备。

职业生涯后期（40岁至退休），个体成为组织中的关键成员、管理者与有效贡献者。此阶段，传授工作经验，培养接班人，成为个体的主要任务。同时，面对影响力与挑战能力下降的现实，学会接受并调整，保持职业热情与贡献力。

衰退和退休前期（40岁至退休），个体需学会接受权力、责任与地位的逐渐衰退，基于竞争力与进取心的减弱，探索新角色与兴趣爱好，寻找新的生活满足感。评估职业生涯，为退休做好准备。

最终，退休阶段，时间因人而异。个体需适应角色、生活方式与生活水平的快速变化，保持身份认同感与自我价值感。利用积累的经验与智慧，在不同的高级职位上传递知识，帮助他人，继续发挥领导力，实现职业生涯的完美谢幕。

施恩的职业发展阶段模型，虽然基于年龄与职业状况，为各阶段职业任务提供了明确指引，但不可否认的是，职业发展阶段具有复杂性，且年龄跨度存在重叠。因此，理解职业生涯的演变，还需综合考虑个体差异、职业环境及社会发展等多重因素。

5.廖泉文的职业生涯发展阶段理论

职业指导这一理念，在中国的萌芽可追溯至20世纪初叶。1916年，一个具有里程碑意义的事件发生——清华大学的校长高瞻远瞩，率先在国内倡导职业指导的重要性。紧随其后，中国职业教育学会应运而生，作为国内首个高举职业指导旗帜的社会组织,它在推动职业指导理念在国内的传播与发展中扮演了至关重要的角色。然而,在随后的数十年间,由于国内特殊的历史与社会背景,职业指导的研究与实践遭遇了前所未有的挑战,几乎陷入了停滞状态。这一困境直至改革开放的春风拂面而来,才得以缓解。改革开放不仅为国家带来了新的发展机遇,也为职业指导的复苏与繁荣提供了肥沃的土壤。

迈入21世纪,全球化、信息化与科学化的浪潮席卷全球,中国的学术界也紧跟时代步伐,对职业指导进行了深入而广泛的研究与探讨。在借鉴国外先进研究成果的基础上,结合国内实际情况,一系列具有中国特色的职业发展理论应运而生。其中,五阶段理论尤为引人注目。这一理论依据个体职业发展所遵循的自然规律与进程,把职业生涯精准地划分为职业准备阶段、职业选择阶段、职业适应阶段、职业稳定阶段以及职业终结阶段这五个相互关联、层层递进的时期,为理解并指导个体职业生涯的演变提供了清晰的框架。与此同时,时任中国科学院测评技术研究室主任的罗双平也提出了独到的见解。他基于年龄特征,将个体的职业生涯划分为四个阶段:20—30岁为探索与奠基期,个体在这一阶段逐渐明确职业方向,积累初步经验;30—40岁为成长与拓展期,个体在职业领域站稳脚跟,寻求更大的发展空间;40—50岁为成熟与贡献期,个体凭借丰富的经验与深厚的专业功底,成为职场的中坚力量;50—60岁则为反思与传承期,个体开始回顾职业生涯,传授经验,为后来者铺路。

学者廖泉文在其1991年问世的里程碑式著作《人力资源管理》中,首次提出了富有前瞻性的职业发展三阶段理论。随后,在她的系列论文与教学实践中,这一理论得到了不断地丰富与完善,最终在2003年形成了一个更为系统、全面的"三阶段"人力资源管理理论框架。廖泉文的研究聚焦于个体心理状态与职业发展过程中的核心任务,描绘了一幅生动的职业发展蓝图。她认为,人的生活轨迹可大致划分为输入、输出与淡出三大阶段,每个阶段都承载着不同的使命与挑战(见图2-1)。

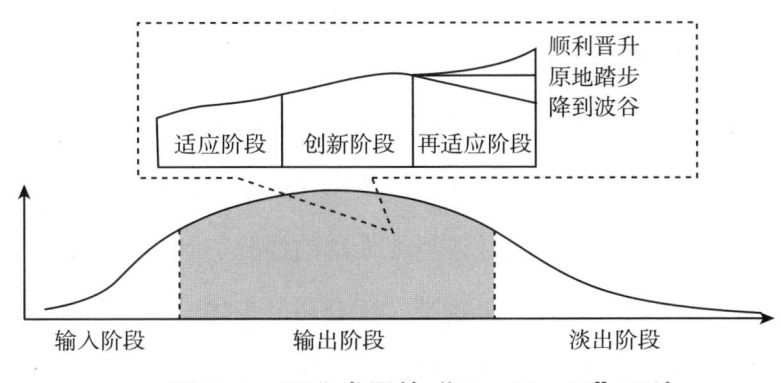

图 2-1 职业发展的"三、三、三"理论

在输入阶段(0—23岁),个体如同一块海绵,不断吸收外界的信息与知识,为其日后的职业生涯打下坚实的基础。这一阶段,人们不仅要学习专业知识与技能,还要深入了解社会、客观环境,以及锻炼各方面的能力。在此过程中,个体逐渐形成了自己的职业观念,开始了对职业世界的初步探索。他们学会从纷繁复杂的信息中,去伪存真,理解专业岗位的真实面貌,进而评估自身条件,为未来的就业做好准备。

紧接着是输出阶段(23—55岁),这是个体职业生涯的黄金时期。在这一阶段,人们将自己在输入阶段积累的智慧、知识、劳动和精神服务回馈给社会。当然,这一过程并非单向输出,而是伴随着知识的再学习、经验的再积累与能力的再提升。该阶段又可细分为适应、创新与调整三个子阶段。在适应子阶段（24—30岁），个体与组织进行磨合，适应工作环境，建立心理契约，寻求同事与上司的认可与信任。进入创新子阶段（30—40岁），个体开始独立工作，创造性地完成任务，展现个人职业发展的独特魅力，形成职业生涯的第一个高峰。而调整阶段（40—50岁）则是个体面对职业晋升或调动的关键时期，无论结果如何，都需要重新适应新的工作环境与人际关系。

最终，个体将迎来淡出阶段（50岁以后）。这一阶段又可分为维护期（50—60岁）与衰退期（60岁以后）。在维护期，个体因知识与经验的积累而达到职业生涯的稳定状态，他们开始减缓发展步伐，保持并巩固已取得的地位与成就。同时，利用丰富的经验、知识与技能，为年轻一代员工提供指导与帮助。而当步入衰退期，个体因身体与精神状态的下滑，逐渐从职场中退出。尽管精力大不如前，但他们却拥有了更为丰富的经验与更为广阔的时空。在晚年，他们依然能够发挥自己的余热，有事可做，有所学，有所乐，享受着自由与宁静的生活。

2.1.3 职业发展路径理论

本书基于职业发展的多样性与复杂性，将职业发展路径归纳为四条路径：线性职业发展路径、螺旋式职业发展路径、跨越式职业发展路径和双职业发展路径，并对这四条路径进行了阐述。

1.线性职业发展路径

线性职业发展路径描绘了一幅从业者在其职业生涯中沿着一条清晰且直接的轨迹前进的图景。在这条路径上，个体往往终身投身于某一特定职业领域，通过不断地学习与专业技能的精进，逐步积累起丰富的经验与资历。以教育领域为例,一位教师可能会从助教起步,历经讲师、副教授,最终晋升为教授,其整个职业生涯都在教学这一岗位上稳步前行。

线性职业发展路径的特点在于其单一而明确的晋升通道。这一路径如同一条笔直的道路,引领着从业者向着既定的职业目标迈进。在这个过程中,职业发展的核心在于晋升,从业者通常沿着垂直的职业阶梯逐步攀升。实现这一目标,既需要个体自身的不懈努力,也离不开组织的悉心培养与支持。

在计划经济时代,线性职业发展路径尤为普遍。在那个时代背景下,单位所有制构成了人员流动的主要障碍,使职业转换的门槛不断提高,成本日益增加,人员流动因此变得相对稀缺。在这样的环境下,员工被赋予了"做一行,爱一行,钻一行"的期望,鼓励他们专注于自己所在的岗位,成为革命事业中的一颗不可或缺的螺丝钉。然而,随着时代的变迁,市场经济的兴起为职业发展带来了更多的可能性与灵活性。尽管线性职业发展路径在某些领域依然保持着其独特的魅力与价值,但越来越多的从业者开始探索更加多元化、灵活化的职业发展道路,以适应不断变化的社会与经济环境。

2. 螺旋式职业发展路径

螺旋式职业发展路径,为从业者绘制了一幅跨越界限、不断进化的壮丽画卷。在这条路径上,从业者不满足于单一职业的框架,而是勇于跳出舒适区,涉足两个乃至更多职业领域,以持续的学习和对各类技能的精通,构筑起适应快速变化就业市场的灵活就业能力。他们如同知识的探险家,在职业生涯的广袤天地间,不断积累并提升人力资本,跨越不同行业甚至迥异的领域,寻求个人成长与职业发展的新高度。以一位对外贸易的信息收集者为例,他可能凭借在市场中摸爬滚打积累的经验,以及敏锐的信息分析与整合能力,成功转型为网络公司的策划总监。在这个全新的舞台上,原有的市场洞察力和信息收集技能得到了巧妙地运用与升华,为策划工作注入了独特的视角与深度,奠定了坚实的基础。又如,有人从记者的身份出发,历经职业生涯的转折,逐步向公关领域拓展。在媒体行业的广阔舞台上,特别是在规划或广告等细分领域,他/她以独特的视角、敏锐的观察力和出色的沟通能力,书写着职业生涯的新篇章,展现了螺旋式职业发展的无限魅力。

螺旋式职业发展路径的魅力,在于其渠道与目标的不明确性所带来的挑战与机遇并存。它摒弃了传统职业路径的直线式晋升模式,而是鼓励从业者在职业生涯中不断追求心理成就的满足感。在这条路径上,从业者如同攀登者,面对的是不断变化的职业阶梯,每一次的转身与跨越,都是对自我能力的挑战与提升。职业发展的轨迹不再是预设的框架,而是依赖于个体的自我设计与管理,以及对外界变化的敏锐洞察与灵活应对。

螺旋式职业发展路径的兴起,背后是深刻的制度与社会变迁。首先,制度变迁为人们提供了自由流动的权利,劳动力市场中的选择权不再局限于用人单位,劳动者同样拥有决定去留的权利与条件。这一变革为螺旋式职业发展提供了制度保障,使从业者能够根据自己的兴趣、能力和市场需求,灵活调整职业方向。其次,员工心理契约的演变,使提升就业能力成为普遍需求。在计划经济向市场经济的转型过程中,员工与组织之间的心理契约发生了深刻变化。组织不再是员工的"终身保姆",而是转变为提供培训机会、支持员工提升就业能力的平台。这一变化促使员工更加注重自我发展,积极寻求职业成长的新路径。再次,就业压力的增大和一步到位就业模式的难以实现,促使人员流动性加大,为螺旋式职业发展提供了肥沃的土壤。最后,部分从业者在职业探索中逐渐成熟,他们通过不断尝试与调整,最终找到与自己真正职业兴趣相匹配的工作,实现了职业定位与个人价值的双重提升。

螺旋式职业发展路径既包含纵向的晋升选择,也涵盖横向的职业转变,这使职业发展路径得以向四面八方延伸,减少了堵塞的可能性。然而,它也是一条复杂且充满不确定性的道路。不同行业和部门之间如同存在"玻璃墙",职业发展水平转型过程中往往需要付出路径替代成本。尽管如此,螺旋式职业发展路径仍为那些勇于探索、追求成长的从业者提供了无限可能。它鼓励从业者以开放的心态、灵活的策略和不懈的努力,不断突破自我限制,实现职业生涯的华丽转身与持续成长。

3.跨越式职业发展路径

跨越式职业发展路径,是职业生涯中一种非传统、却极具挑战性的晋升模式。在这一路径上,从业者并非遵循常规的职务或职称等级逐步提升,而是实现了跨越式的提升,如同在职业生涯的阶梯上跃上了一个或多个台阶。这种跳级晋升的现象,往往源自多方面的因素交织。

首先,组织规模的迅速扩张或业务版图的急剧延伸,常常带来人员配置的紧迫需求。以福州某公司为例,随着业务的不断拓展,公司在上海、长沙等地相继设立了办事处。在财务人员紧缺,且短期内难以招募到合适人选的情况下,公司决定将从总部表现优异、刚毕业不久的一位财务人员,直接调任至上海办事处担任财务总监一职。这一决定不仅缓解了人员短缺的燃眉之急,更为这位年轻财务人员提供了一个快速成长的舞台。

其次,政策与法规的遵循,有时也会成为跨越式晋升的催化剂。在某些特定情境下,为了符合政策导向或法规要求,组织可能需要对特定人员进行例外提拔,以确保业务的合规性与稳定性。这种基于政策驱动的晋升,虽然并非常态,却也为从业者提供了实现职业飞跃的契机。

最后,个人在学术与专业领域的卓越努力与显著成就,同样是跨越式晋升的重要推手。那些在工作岗位上勤勉耕耘、不断学习进取,并在学术研究与专业实践中取得突出成绩的从业者,往往能够在职称评定与职位晋升中脱颖而出,获得特别提拔的机会。他们的成功,不仅是对个人能力与价值的肯定,更是对跨越式职业发展路径的有力诠释。

然而,跨越式职业发展路径并非一条普遍适用的坦途。它要求从业者具备敏锐的洞察力、过人的能力以及非凡的机遇。对于大多数人而言,这一路径充满了未知与挑战。它可能需要从业者在职业生涯的某个关键时刻,作出勇敢的抉择与坚定的努力。同时,它也需要从业者具备快速适应新环境、新角色的能力,以及面对压力与挑战时的坚韧与毅力。尽管跨越式职业发展路径并非人人都能轻松驾驭,但它无疑为那些勇于追求、敢于挑战自我的从业者提供了实现职业梦想与人生价值的广阔舞台。在这条路径上,每一步跨越都凝聚着汗水与智慧,每一次提升都标志着成长与蜕变。

4.双职业发展路径

单行职业发展路径,顾名思义,是指个体在职业生涯中仅能沿着一条既定轨道前行,这条轨道或是管理职业发展路径,或是技术职业发展路径。一般而言，技术职业发展路径所提供的成长空间相对有限，尤其在职业地位、薪酬水平及晋升机会等方面，往往难以与管理职业相媲美。在中国社会，受"学以致用"及"官本位"思想的影响深远，许多专业人士出于提升社会地位及增加收入的考量，倾向于向管理层转型；而管理者为激励技术人才，也常许以"管理职位"作为诱饵。然而，这种做法可能导致一个悖论：即将原本具备卓越技术才能的专家，塑造成能力平庸的管理者，从而造成宝贵人力资本的巨大浪费。

相较于单行职业发展路径的局限性，双职业发展路径则为个体提供了更为宽广的职业发展空间。这一路径设计包含了两条既相互独立又可交叉的职业发展渠道，赋予了员工自主选择职业发展方向的权利。其核心目的在于，确保管理层与技术层在薪酬、职责及影响力等各个层面都能实现公平对比。在行政职位的晋升阶梯上，每一步攀升都意味着更多决策权的获得与更大责任的担当；而在技术能力阶梯的攀登过程中，每一步提升则象征着更高程度的独立性及更丰富资源的掌握，以支持其专业活动的开展。

双职业发展路径尤其受到专业技术人员的青睐。这一群体可以根据自己的兴趣、能力及职业目标，在技术职业道路与管理职业道路之间作出最优选择，从而有效降低因职业路径转换而带来的成本。他们不再受限于单行职业发展路径的束缚，而是能够在双重路径的交织中寻找最适合自己的成长轨迹，实现个人价值的最大化。

2.1.4 职业生涯发展运动形式理论

本书阐述了职业发展的主要运动模式，将其精炼地划分为向上运动模式、水平运动模式以及中心运动模式，每种模式均承载着独特的职业发展逻辑与价值。

向上运动模式，被视为职业生涯中一种典型的晋升轨迹，它标志着个体在组织层级中的垂直跃升，跨越了原有的职位界限。这一模式的核心在于，随着个体步入更高层级的权力中心，其职业地位、薪酬水平、职责范围以及所需的专业技能均会迎来显著的提升（如图2-2中A所示）。例如，从副部门经理晋升为部门经理，不仅意味着职位头衔的变化，更是对个体能力、影响力及责任感的全面认可。

水平运动模式，则是一种跨越功能边界的职业发展策略，它鼓励个体在不同职能部门或单位间进行转移，以此积累多元化的技能和经验，挖掘个人潜能，为未来的专业深化或职位晋升奠定坚实基础。在这一模式下，个体的地位和报酬可能保持相对稳定，但所承担的责任却焕然一新（如图2-2中B所示）。例如，从市场营销部门转至人力资源部门，这样的转变不仅拓宽了职业视野，还有效避免了因晋升机会有限而导致的职业发展瓶颈。它有助于激发个体的工作热情，丰富工作经验，同时，对于维持并激发整个组织的活力，实现稳定性与流动性的平衡，以及维护与发展的和谐共存，均具有重要意义。

中心运动模式，则是一种以内部赋权为核心的职业发展路径，它使个体即便在岗位与经济待遇不变的情况下，也能通过承担更大的权力和责任（如图2-2中C所示），实现向组织权力中心的靠近。在这一模式下，员工将获得更丰富的资源、更广泛的决策权、更高的社会保障以及更强的职业成就感。中心运动模式的独特之处在于，它有时可能导致员工在形式上处于较低的职位，但实际上却拥有了更多的发展机遇和更加重要的工作任务。这种模式的实施，不仅促进了员工个人能力的全面提升，还为组织的长远发展注入了新的活力与可能。

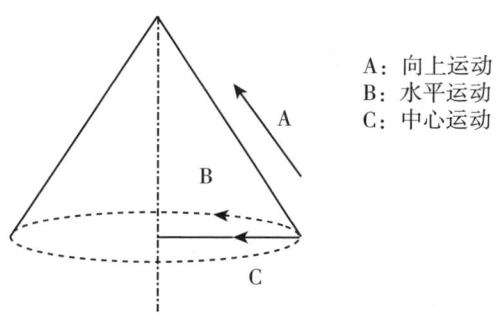

图 2-2　职业生涯发展形式图示

综上所述，这三种职业发展模式各具特色，共同构成了职业生涯发展的多元图景，为个体提供了丰富多样的成长路径，同时也为组织的人才管理与战略规划提供了宝贵的启示。

2.1.5　职业生涯发展管理理论

1. 埃德加·施恩的职业锚理论

施恩深刻洞察到，职业规划的本质，乃是一场深入内心的探索之旅。在这段旅途中，个体逐步揭开自我潜能的面纱，依据其独特的才能、能力、内在动机、个人需求、态度倾向以及核心价值观，缓缓勾勒出一个日益清晰的职业自我形象。随着自我认知的不断深化，一个主导性的职业锚逐渐浮出水面，成为个体职业生涯中坚定不移的基石。职业锚，这一术语形象地描绘了那些在职业抉择的关键时刻，个体无论如何都不愿舍弃的核心要素或价值观，它们构成了职业选择与发展的核心驱动力。

当个体对自身才能、动机、需求及价值观有了深刻的理解时，其职业生涯的支柱便自然而然地显现。施恩在麻省理工学院的研究揭示了一个重要事实：预测职业锚的形成极为不易，因为它并非静态不变，而是随着个体不断探索与成长的动态过程而逐渐成形。有些人可能直至面临重大的人生抉择，如是否接受公司晋升至总部的机会，或是毅然离职，创立并经营自己的企业时，才恍然大悟自己的职业支柱所在。正是在这些命运的转折点，个体过往的工作经历、兴趣所在、资质条件、性格倾向等纷繁复杂的因素汇聚成一股强大的力量，塑造出一个富有深意的模式——即职业锚，它如同一盏明灯，照亮了个人职业道路上最为珍视的方向。

基于麻省理工学院毕业生的广泛研究，施恩提炼出了五种典型的职业锚类型：技术或功能型职业锚，这类人追求在专业领域内成为专家；管理型职业锚，他们渴望在管理层级上不断攀升，发挥领导才能；创造型职业锚，此类个体追求创新，享受创造新事物带来的满足感；自主与独立型职业锚，他们珍视自由与独立，倾向于自主创业或灵活工作方式；安全型职业锚，这类人更看重职业的稳定性与安全感。这些职业锚类型，不仅反映了个体在职业生涯中的不同追求，也为理解职业发展的多样性提供了宝贵的视角。

2.廖泉文提高职业成功概率的五大理论

廖泉文教授深耕于职业发展理论的广阔天地，不懈探索提升职业成功概率的"金钥匙"。她不仅从自身丰富的人生阅历与曲折的生活道路中汲取灵感，更从古代圣贤的深邃思想中汲取智慧，将这些宝贵的经验与洞见提炼升华，最终凝结为五种独树一帜的职业成功理论：马理论——机会理论;球理论——合作理论;红叶理论——开发自己的亮点;交叉理论——寻找职业成功的新起点;沸水理论——证明你的存在过程。

(1)马理论——机会理论。马理论,亦称作机会理论,以其独特的隐喻,将机遇比作一匹奔腾不息的骏马。在职业发展的广阔天地间,谁若能驾驭这匹"骏马",便能加速前行,抵达事业成功的辉煌彼岸。然而,要获得这匹"骏马"的助力,并非易事,需满足三大核心要素:识别"骏马"的慧眼、跃上"骏马"的胆识以及驾驭"骏马"的技艺。

首先,识别"骏马"须具备三大特质:一是强烈的自我发展渴望,这是驱动个体不断寻找并识别机遇的内在动力;二是深厚的知识底蕴,通过长期的积累与学习,个体能够在机遇来临前,对各种情境进行深入的分析与研究;三是敏锐的信息处理能力,能够迅速归纳与整合各类信息,从中捕捉到机遇的蛛丝马迹。

其次,跃上"骏马"的勇气与技巧同样不可或缺。这要求个体不仅要拥有敢于尝试、勇于挑战的魄力,还须具备承受失败与挫折的坚韧毅力。同时,掌握跃上"骏马"的精湛技艺,如精准的判断力、敏捷的反应速度等,也是成功跃上"骏马"的关键。

最后,驾驭"骏马"则需要个体展现出高超的驾驭技艺与智慧。这包括坚定的驾驭决心、熟练的驾驭技巧以及审时度势的敏锐眼光。在驾驭过程中,个体可能需要不断学习与适应,从初次尝试的笨拙到逐渐掌握驾驭的要领。更重要的是,个体应学会在必要时更换"骏马",即灵活调整自己的职业路径,以适应不断变化的市场环境与个人发展需求。

简而言之,抓住机遇的过程可分为三个阶段:识别机遇、把握机遇与驾驭机遇。这三个阶段各有其侧重点：识别机遇依赖于知识、洞察力与远见；把握机遇则需要勇气、魄力与技巧；而驾驭机遇则考验着个体的技艺、智慧与应变能力。这些能力与素质并非天生具备，而是需要个体通过不断地学习与积累，勇于探索与实践，不断锤炼自己的洞察力与驾驭能力，方能真正驾驭住机遇的"骏马"，攀登至事业成功的辉煌巅峰。

（2）球理论——合作理论。球理论的命名灵感源自一个发生在美国乡村的真实故事，讲述了一位热爱足球的少年，尽管并非出于自愿，却每天都需要与村中为数不多且他并不特别喜欢的伙伴们一同踢球。这一场景巧妙地引出了合作理论的核心要义。合作理论深刻阐述了强迫选择这一普遍存在的现象，指出这是每个人在人生旅途中都不得不面对的挑战。无论是孩童时代还是成年之后，生活中的绝大多数选择都带有强迫性，有时甚至是多个强迫选择的交织。在这样的背景下，人们唯有通过加强相互间的理解、沟通与协调，才能建立起群体间的信任与合作，从而最大化地实现共同利益。

所谓强迫选择，是指在特定情境下，个体只能在有限的选项中进行抉择，而这些选项往往无法完全满足个人的主观意愿。面对这样的选择困境，个体往往需要展现出积极的合作精神。一个优秀的合作者，应具备自我调节的能力，能够洞察他人的心理，同时具备良好的公共关系技巧。当面对强迫选择的挫败时，他们能够以全局观、整体观和生涯发展的长远视角来审视职业道路的设计与实施，作出明智的整体决策。

合作理论由此构建了一个包含三个层次的框架："强迫选择"构成了其思想基石，揭示了人类社会中选择的局限性和必然性；"主动性"则强调了合作过程中的积极态度和行动；"整体决策"则作为职业成功的目标,要求个体在职业发展中能够综合考虑各种因素,作出有利于个人与集体长远发展的抉择。

通过深入理解和体验这种强迫选择,个体能够学会如何在职业生涯中进行积极的协调与沟通,培养良好的人际交往能力,增强团队合作精神和领导力,从而在职业生涯中取得更加辉煌的成就。这一过程不仅有助于个人的职业发展,更能够推动整个团队乃至组织的成功与进步。

(3)红叶理论——开发自己的亮点。红叶理论深刻揭示了个人职业发展中的独特优势与成功之道。在这一理论中,个体的优点被形象地比喻为树上的红叶,而缺点则相应地被视为绿叶。廖泉文教授的这一精妙比喻,旨在强调职业成功的关键不在于拥有多少优点(红叶),而在于是否拥有一项尤为突出、引人注目的优势(特别大的红叶)。这片特别大的红叶,并非先天赋予,而是个体通过不懈努力与精准定位所培育出的独特人力资本。它代表着个人的核心竞争力,是社会与大众关注的焦点所在。这片红叶之所以引人注目,不仅在于其显著的大小,更在于其独特的色彩与魅力,它是个体在职场上脱颖而出的关键所在。值得注意的是,红叶与绿叶并非一成不变的概念,而是处于动态变化之中。红叶可能因个人的持续努力而愈发鲜艳、壮大,也可能因懈怠与懒惰而逐渐黯淡、萎缩。同时,绿叶(即缺点)的生长也可能对红叶产生一定的挤压效应,影响其发展与展现。

红叶理论的核心要求在于,个体需要具备识别并开发自身独特红叶的能力。这意味着,不仅要善于发现自己的与众不同之处,更要通过不断学习、实践与积累,将这片红叶培育得更加硕大、鲜艳,使之成为个人职业生涯中最耀眼的亮点。这一过程需要个体具备敏锐的洞察力、坚定的决心以及不懈的努力，方能在激烈的职场竞争中脱颖而出，实现职业的成功与辉煌。

（4）交叉理论——寻找职业成功的新起点。交叉理论深刻揭示了职业生涯中的一条独特路径，即在面对客观环境的局限与个人条件的约束时，个体往往需要在职业生涯中涉足多种类型或内容各异的工作领域。这一现象常令人对当前的事业进展感到迷茫与不解。然而，若能以积极的心态去面对每一次职业挑战，全身心投入每一项工作任务，并主动探索这些工作之间可能存在的内在联系，勇于在实践中创新求变，个体便能在这一过程中发现一种普遍而深刻的规律。

这一规律犹如远方交汇的线条，它们虽看似平行，却在某个遥远的点上悄然相交，这个点正是通往事业成功的新起点。交叉理论强调，即便某些机会或路径在初看时似乎毫无关联，如同平行的线条，但在更广阔的视角与时间的推移下，它们可能会在某一时刻交汇，产生意想不到的化学反应。因此，在职业生涯中，没有任何一个机会或经历应当被轻易忽视或放弃。

生活中的每一次尝试与积累，都是通往成功不可或缺的基石。每一个职业转折点，无论是主动选择还是被动接受，都蕴含着新的机遇与挑战，是事业成功道路上的重要积累。有的人可能一生只经历了一个关键的转折点，便在这个点上深耕细作，凭借不懈的努力与坚定的信念，最终取得了非凡的成就。而有的人则需要在多个转折点上不断摸索与尝试，才能找到属于自己的成功之道。

这些交叉点，既是职业道路上的重要里程碑，也是决定个人事业走向的关键节点。它们可能引领个体走向事业的新高峰，也可能因缺乏必要的准备与行动而错失良机，最终一无所获。因此，如何在职业生涯中敏锐地识别并把握这些交叉点，将其转化为事业成功的起点，是每位职场人士都需要深入思考与探索的重要课题。

（5）沸水理论——证明你的存在过程。生命存在的证明，宛如烹煮一壶开水的过程，这一过程蕴含了三个至关重要的阶段。

第一阶段，恰似不断向灶中添加柴火，象征着个体需持之以恒地努力学习，不断汲取来自社会与环境的养分。这一过程不仅是对外在知识的渴求，更是内在素养的磨砺与提升。学习，如同添柴，不应有丝毫懈怠，它是生命之火持续燃烧的源泉。

第二阶段，则要求个体具备忍受孤独与沉默的耐力，就如同烹煮开水时，不应频繁揭开锅盖，以免打断了水温的自然上升。这一积累的过程，既是对坚韧不拔精神的考验，也是对谦逊品质的锤炼。真正的积累，往往是在默默无闻中悄然进行，它需要的是时间与耐心的双重滋养。

当水终于沸腾，发出震耳欲聋的声响，那便是第三阶段的到来。这一刻，生命之水的沸腾，如同向世界宣告了自己的存在，那轰鸣之声，远播四方。然而，在这胜利的时刻，仍需保持清醒与谨慎，以免因一时的激动而破坏了助燃的火焰，即那些曾给予支持与帮助的力量。保护这些力量，就如同守护生命之火，至关重要。

烹煮开水的过程，亦是对知识积累与职业发展的生动隐喻。添柴生火，意味着持续不断地汲取新知，无论是专业知识、信息资讯、实践经验，还是人际关系的拓展，都是不可或缺的"柴火"。而知识的深度与广度，正如火焰的旺盛与否，决定了个体未来获取新知的能力与潜力。此外，时间的把控、火候的调节、柴火数量的适宜，以及防止知识遗忘与老化的"木炭"管理，都是实现职业成功不可或缺的要素。沸水理论提出的三大追求——添柴生火、耐心等待与服务大众，正是对这一过程的精练概括。

在为公众服务的过程中，个体应继续以添柴的方式证明自己的存在，保持一颗开放而谦逊的心，不因一时的成就而骄傲自满，也不因暂时的困境而急于求成。唯有如此，才能在职业生涯的长河中，持续沸腾，不断前行。

2.2 职业女性的工作因素研究

2.2.1 工作中的"玻璃天花板"

莫里森于1987年率先界定了"玻璃天花板"的概念，将其描绘为女性在职业晋升至公司特定层级时所遭遇的显著阻碍，这一障碍源于其性别身份，而非能力上的不足，从而限制了女性进入公司高级管理层的步伐。随后，美国劳工部在1995年进一步阐释了"玻璃天花板"的内涵，将其定义为一种人为的组织态度偏差，这种偏差阻碍了合格个体，尤其是少数民族和女性，不论其资历深厚或成就卓越，向组织的管理职位攀升。这种"看不见却难以逾越的壁垒"，不仅揭示了劳动力市场中存在的歧视现象，更深层次地触及了不平等问题的本质。

具体而言，关于"玻璃天花板"的见解可归纳为以下四个方面：其一，它所体现的不平等，根源在于性别或种族差异，这种差异无法仅凭员工的教育背景、工作经验、专业能力或职业动机等其他工作相关特征来合理解释。其二，这种基于性别或种族的不平等现象，在公司层级结构的上层表现得尤为突出，相较于底层，其影响更为深远。其三，"玻璃天花板"所反映的不平等，关键在于晋升机会的不均，这种不均是由性别或种族因素在晋升至最高职位的过程中造成的，而非仅仅体现在当前最高职位上不同性别或种族的比例分布。其四，随着职业生涯的发展，这种性别或种族上的不平等不仅未能得到缓解，反而呈现出不断加剧的趋势，深刻影响着个体的职业发展轨迹。

2.2.2 组织中的导师制

师徒关系的起源可追溯至手工业时代，随后，随着生产规模的逐步扩张，特别是在工业革命浪潮的席卷之下，机器的大规模应用与劳动分工的日益精细，使职场工作日益倾向于操作性和重复性。在此背景下，提升技术人员实操技能的需求愈发迫切，师徒间手把手的教学模式——"师徒"学徒制应运而生，并逐渐演变成为职业教育的一种重要形式，以适应生产扩张的需求。

西方国家作为工业革命的摇篮，对于师徒关系的理论探讨从未停歇，师徒关系在这些国家更是被赋予了特定的称谓。Fagenson于1989年提出，师徒关系即一位拥有权力者寻觅并培养徒弟，向其提供宝贵建议，并成功引荐给组织内部其他权威人士的过程。Kirehmeyer则在1995年指出，学徒制意味着高级管理人员向经验尚浅的个体提供情感慰藉、职业导航与有力赞助。

在探讨教师与学徒的关系时，Seibert于1999年着重强调，导师区别于管理者与同事，他们倾向于通过非正式的交流渠道，向学徒传授技术秘诀、职业智慧与宝贵信息。Forret与de Janasz在2005年则将师徒关系界定为，在工作环境中，一位极具影响力且职场经验丰富、专业知识渊博的个体（往往是组织内的资深成员）与一位渴望职业晋升或寻求支持的个体之间所构建起的紧密联系。Dreher 与 Chargois 在 1998 年，以及 Dreher Cox 在 1996 年均认为，师傅是那些乐于分享职场智慧的资深人士，而徒弟的直接上司同样有可能扮演师傅的角色，形成一种特殊的师徒关系。Van Emmerik、Baugh 与 Euwema 在 2005 年则指出，师徒关系是指组织中处于较高层级且具有一定影响力的个体，利用其专家身份，以楷模的形象向学徒传授知识与经验，并提供指导、支持与宝贵建议。师傅既可来自组织内部，也可来自外部，但绝不能是学徒的直接上级；他们被视为各自领域的专家，且大多数指导关系都是长期且专注于实现职业目标的。Scandura 与 Williams 分别在 2001 年与 2004 年将师徒关系描绘为，在组织内部，一位更有经验与资历的个体（师傅）与一位新人或经验不足的个体（徒弟）之间所建立的"一对一"关系。师傅不仅拥有影响力与丰富的经验与知识，而且往往乐于为徒弟的职业晋升之路提供指引。Day 与 Allen 在 2004 年则将师傅定义为一位经验丰富的、被视为楷模的个体，他们通常愿意为徒弟提供全方位的支持，包括方向指引、职业发展反馈与人际关系拓展等。学徒关系可分为正式与非正式两种。正式学徒关系是在组织的精心安排下建立的，且可能得到组织的协助；而非正式师徒关系则是一种自然而然形成的互动模式。在现代汉语语境中，大师通常指的是擅长某项技能的老年人，他们传授文化与技术，是众人学习的榜样；而在西方，大师则被称为导师。

师徒关系的定义经历了从单一职业职能向多元化职能的拓展，从最初的职业技能传授，逐步扩展到对徒弟社会心理功能与角色模范的深远影响。虽然不同学者在对师徒关系的界定上各有其侧重点与独特见解，但他们都无一例外地认可了教师在师徒关系里占据的核心位置，以及教师对推动师徒关系发展所起到的关键作用。

2.3 职业女性的家庭因素研究

2.3.1 家庭生命周期

家庭生命周期理论最早由Rowntree于1903年提出，奠定了该领域的理论基础。随后，在20世纪50年代，该理论得到进一步深化，并被引入营销学研究，成为分析家庭财务特征和消费模式的重要工具。

在理论发展过程中，Lansing和Morgan提出了一个基于家长年龄和最小子女年龄的七阶段家庭生命周期模型，系统考察了家庭在不同阶段的收入、资产、住房条件及耐用品消费的变化规律。此后，Wells和Gubar的研究成为该领域的里程碑，他们在Lansing和Morgan的模型基础上进行了拓展和完善，还创新性地提出了一个九阶段的家庭生命周期模型。该模型被广泛应用于研究家庭在食品、服务、耐用品以及休闲娱乐等方面的消费习惯。然而，值得注意的是，Wells与Gubar的模型并未涵盖所有类型的家庭，尤其是那些非传统家庭，从而在一定程度上限制了其普适性。针对这一问题，Murphy与Staples进行了深入研究，他们提出，Wells与Gubar所构建的模型存在局限性，因其未将非传统家庭纳入考量范围，致使大量颇具价值的信息被遗漏。鉴于此，Murphy与Staples积极致力于拓宽研究视野，把非传统家庭纳入研究范畴，并对Wells与Gubar的模型加以优化完善，最终形成了全新的MS模型。在MS模型里，他们既保留了原有的分类准则,又引入了多个新变量,例如配偶的社会地位(特别加入了离婚类别,无论是否有子女),以及将家长的年龄细分为三个特定阶段:35岁以下、35—64岁以及64岁以上。尽管Murphy与Staples的划分标准在某些人看来可能略显武断,但社会学研究已经证实,这三个阶段在家庭结构和消费模式上呈现出明显的差异性特征。基于这些差异,MS模型最终将家庭生命周期细分为13个具体阶段,使分类体系更加精细化。

尽管Murphy与Staples的模型已经较大程度地纳入了离婚家庭等非传统家庭类型,但其覆盖范围仍存在一定局限。该模型未能充分涵盖以下几类具有研究价值的家庭形态:包括抚养18岁以上子女的家庭、未经历离婚的单亲家庭、65岁以下的丧偶女性、34岁以上的未婚群体,以及子女年龄超过64岁的老年家庭等。这些被忽略的家庭类型在实际社会经济活动中同样具有重要的研究意义,表明现有模型仍有进一步完善的空间。不过,相较于Wells与Gubar的模型,MS模型已经显著降低了美国无法归类的家庭比例,将其控制在17.2%—19.4%。在此基础上,Gilly与Enis进一步推动了家庭生命周期模型的发展,他们重新定义了一个包含13个较为完整阶段的模型,该模型更好地适应了美国家庭结构的演变。在构建模型时,Gilly与Enis采用了多个关键测量指标,例如,女性承担家庭管理职责的比例逐渐提高,单亲家庭的数量持续增多,以母亲作为家庭支柱的单亲家庭占比越来越大,选择推迟生育或者决定不生育的夫妻比例不断攀升,以及已婚女性投身劳动力市场的比例显著提升等。他们着重指出,之所以以女性年龄及其家庭角色作为参考依据,主要是因为女性的年龄与子女的成长阶段息息相关,并且女性在社会中所扮演的角色愈发关键。这一观点不仅丰富了家庭生命周期模型的理论内涵,也为后续研究提供了新的视角和思路。

2.3.2 家庭中的职业女性发展的阶段性特征

职业女性的成长轨迹呈现出鲜明的阶段性特点。Hall在2002年提出的职业发展四阶段理论,即探索期、试用期、职业建立期和维持期,为理解个人职业发展的动态过程提供了重要视角。在这一框架下,个体在不同的职业发展阶段中,会逐步获取信息、学习新知、累积经验并精进技能,以适应职业生涯中不断出现的新挑战和新角色。郭新彦于2004年进一步细化了人才成长的阶段划分,提出了包括准备阶段、适应阶段、快速发展和稳定阶段、停退阶段以及可持续成长阶段在内的五阶段模型。她强调,这些阶段的划分更多是作为一种概念性框架,而非僵化的界限。实际上,人才的成长是一个渐进的过程,阶段之间的过渡以及阶段内部的稳定性都是相对而言的。

当聚焦于家庭中的职业女性时,其成长阶段的特点更为独特且复杂。廖泉文在2004年总结了女性职业发展的几种典型模式,揭示了不同文化和社会背景下女性职业路径的多样性:一级模式,也就是倒"L"形模式,它刻画了女性从工作开始一直持续到退休的职业生涯轨迹。在这种模式里,女性即便经历了结婚、生育这些人生阶段,仍旧要同时肩负起工作和家庭两方面的重任,这种情况在中国女性的就业模式里表现得格外突出两极模式,又称倒"U"形模式,则反映了女性在婚后参与劳动力市场程度的迅速下降,特别是在婚后初期。这种就业模式在新加坡、墨西哥等国家的女性就业领域较为常见。而三级模式,也就是"M"

形模式，呈现的是女性在婚前或生育前投身职场，婚后或生育后暂时离开工作岗位，等子女长大一些后又重新回到劳动力市场的典型就业路径。像美国、日本、法国和德国等发达国家，女性就业模式大多具有这一特征。另外，多阶段就业模式呈现出波浪式的特点，女性能够依据自身实际情况，多次进出劳动力市场。这一模式在过去十年里逐渐兴起，特别是在社会福利水平较高的北欧国家，已经开始得到推广。还有一种隐性就业模式，即女性的就业主要围绕家庭经济展开。结婚后，女性只是调整了家庭工作的内容，但这类家庭就业情况通常未被纳入官方就业统计数据之中。在一些经济相对落后的发展中国家，这种女性就业模式尤为常见[1]。

2.4 职业女性的工作生活平衡研究

2.4.1 关于工作生活平衡的影响因素研究

当前，对工作与生活平衡影响因素的探讨主要聚焦于三大维度：人格特质、工作特性以及家庭状况。在人格特质的研究领域，学者们深入剖析了前瞻性人格、神经质人格以及乐观型人格对于工作与家庭平衡所扮演的角色。

关于人格特质对工作生活平衡的影响，相关测量结果显示，整体而言，人格特质与工作生活的正向促进存在显著的正相关关系，而与工作生活的冲突则呈现出负相关关系。在这一背景下，前瞻性人格对工作生活关系的影响趋势与人格特质整体保持一致，展现了其积极的促进作

---

[1] 吴贵明. 中国女性职业生涯发展研究［M］. 北京：中国社会科学出版社，2004.

用。神经质人格则呈现出截然不同的特征，如缺乏自信、疑虑重重、易于陷入得失焦虑之中。Grzywacz 和 Marks（2000）以及 Wayne 等（2004）的研究揭示，随着个体负面情绪的累积，员工往往会面临更为严重的工作生活冲突。这表明，神经质人格特征可能加剧工作与生活的失衡状态。相比之下，乐观型人格则展现出了截然不同的风貌。Baruch（1983）的研究指出，乐观型人格以高度的自信为基石，能够积极面对问题，并主动采取行动以实现期望，从而增强个体的心理幸福感。Aryee（2005）从社会支持的角度出发，进一步发现乐观性格在应对压力时能够采取更多样化的策略和行动。乐观态度不仅具有强大的感染力，能够吸引更多的社会支持，还为实现工作生活平衡提供了有力的支撑。

在探讨工作特征对工作生活平衡影响的学术研究中，主要焦点集中在三个方面：工作特点、工作角色参与度以及组织提供的支持。工作特点涵盖了一系列企业为协助员工更好地平衡工作与家庭生活所采取的灵活措施，如弹性工作时间和远程工作选项等。Hill（2001）的研究揭示，实施弹性工作时间制度和提供弹性工作地点安排，为员工在处理工作与家庭事务时提供了极大的便利，特别是在面对突发家庭事件时，这些措施使员工能够体验到更高层次的工作与家庭和谐。Greenhaus 和 Parasuraman（1999）以及 Aryee（2005）的研究进一步表明，工作操作的灵活性不仅能够提升员工的工作参与度，赋予他们更大的自主权，还能增强员工对企业的归属感，从源头上改善员工的工作生活平衡状况。然而，值得注意的是，高度的工作角色投入也可能带来潜在的风险。当个体过度沉浸于工作角色时，往往会在分配工作与家庭资源时出现偏差，导致工作过度侵占家庭空间，从而引发工作生活冲突。Carlson 和 Perrewe

（1999）、Thompson 等（1999）以及 Alan 等（2001）的研究均共同表明，组织所提供的各类支持形式，特别是那些旨在推动员工家庭友好的政策举措，往往能够助力增进家庭成员对员工工作的理解与尊重，减少个体遭遇工作与生活冲突的可能性，让员工在提高工作满意度的同时，更出色地达成工作与家庭的平衡。此外，王永丽（2009）关于员工工作生活平衡的初步研究成果显示，角色超载是导致工作生活冲突的主要前置因素，而角色投入则是推动工作生活质量提升的关键前置变量。这些发现不仅深化了对工作特征与工作生活平衡之间复杂关系的理解，也为企业和组织提供了制定和实施有效策略以促进员工福祉的宝贵洞见。

探讨个体工作生活平衡的影响因素时，家庭特征、家庭角色的参与度以及家庭所提供的支持是不可忽视的关键要素。在针对家庭现状的学术研究中，学者们的目光多聚焦于家庭中的孩子数量以及家庭生活模式等方面。Carlson（1999）、Grzywacz 和 Marks（2000）以及 Greenhaus 等（2003）的研究成果均清晰地揭示了一个现象：对于那些拥有两个或更多孩子的家庭而言，职业女性相较于没有孩子或仅有一个孩子的同事，需要倾注更多的时间和精力在孩子的照顾与教育上。特别是在孩子未满18岁的阶段，他们通常需要父母给予更为密集的关怀与协助。这一系列挑战无疑会对职业女性维持工作生活平衡的能力构成严峻考验。Salzstein 等（2008）的研究则进一步指出，在传统家庭结构中，男性相较于女性更容易遭遇工作生活失衡的困境。然而，在当前社会环境下，对于有孩子的双职工家庭而言，女性所承受的工作生活失衡带来的负面影响似乎更为显著。这一发现无疑揭示了性别角色在家庭与工作交织中的复杂动态。与此同时，Carlson 和 Perrewe（1999）以及 Grzywacz 和 Marks（2000）

的研究还证实,个体若在家庭角色中投入过多的时间与精力,极易导致工作生活失衡,进而引发工作生活冲突的问题。更棘手的情况在于,那些得不到家庭支持,特别是缺乏配偶支持的个体,会遭遇更为严重的工作与生活之间的冲突困境。并且,配偶给予的支持程度和其学历水平紧密相连。一般来说,配偶若具备本科及以上学位,往往更能给予支持与理解,进而在一定程度上减轻个体所承受的工作生活冲突带来的压力[①]。

2.4.2 关于工作生活失衡的后果研究

学术界对工作生活失衡的探讨,主要聚焦于工作—家庭平衡缺失所带来的负面效应,特别是工作—家庭冲突对个体造成的深远影响。在这一领域,研究的核心议题之一便是工作家庭平衡状态对个体工作满意度、家庭满意度、整体生活质量以及组织忠诚度的影响。

Clark(2001)、Aryee(2005)以及王永丽(2009)的研究成果均有力地表明,工作—家庭平衡状态与个体的满意度之间存在着密切关联。具体而言,当个体能够在工作与家庭之间找到良好的平衡点时,其角色冲突得以有效减少。进一步而言,工作与家庭的和谐共生能够显著提升个体的生活满意度,反之,工作家庭冲突则会削弱工作生活满意度,呈现出一种负相关关系。Marc J.Schabracq与Cary L.Cooper(2000)的研究则更为深入地揭示了工作生活冲突对员工的全面影响。他们发现,工作与生活的冲突不仅会逐渐消磨员工的工作热情和工作带来的愉悦感,还会给员工的社交生活品质带来不容小觑的消极影响。这种冲突的存在,

---

① 庞廷英. 职业女性工作—家庭平衡与工作绩效的关系研究:以情绪智力为调节变量[D]. 大连:东北财经大学,2014.

无形中降低了员工的工作效率,长此以往,甚至可能引发身心疾病,对员工的身心健康构成严重威胁[1]。

陆佳芳、时勘与John J.Lawler(2002)在北京的科研机构、金融行业和高科技产业领域展开了一项实证研究,对工作家庭冲突与家庭工作冲突在预测工作压力以及后续产生的影响方面所存在的差异,进行了深入细致的分析,揭示了两者对员工心理状态的不同作用机制。研究结果显示,相较于家庭对工作产生的冲突,工作对家庭产生的冲突在预测工作压力方面展现出了更强的预测力。这意味着,当工作责任与家庭需求之间发生冲突时,员工所承受的工作压力往往更为显著。而这种工作压力,并非孤立存在,它进一步通过复杂的心理路径,间接地作用于员工的工作满意度。换句话说,工作家庭冲突不仅直接加剧了员工的心理负担,还通过影响工作压力这一中介变量,对员工的工作满意度产生了深远的负面影响。尤为值得注意的是,研究还发现,女性员工在面对工作家庭冲突时,其工作压力的受影响程度相较于男性员工更为显著。这一发现揭示了性别差异在工作家庭冲突影响中的具体体现,提示组织在制定相关政策时,应充分考虑女性员工的特殊需求与挑战,以期更有效地缓解她们的工作压力,提升整体的工作满意度与生活质量[2]。

李超平、时勘与罗正学等(2003)针对医护人员这一特定职业群体开展了一项深度调研。此次研究重点围绕工作家庭冲突和工作倦怠之间的联系展开,目的是探究减少工作家庭冲突在预防和改善工作倦怠方面

---

[1] 李纯.酒店员工工作—生活平衡研究[D].长沙:湖南师范大学,2010.

[2] 陆佳芳,时勘,John J.Lawler.工作家庭冲突的初步研究[J].应用心理学,2002,8(02):45-50.

可能产生的作用。调查结果表明，工作家庭冲突和医护人员的工作倦怠之间有着紧密的联系。具体而言，当医护人员在工作与家庭之间面临难以调和的冲突时，他们往往更容易陷入工作倦怠的困境。这种倦怠不仅表现为身体上的疲惫与心理上的耗竭，还可能进一步影响他们的职业热情与工作绩效，甚至对医护人员的个人生活与职业发展产生长远的负面影响。然而，研究同样揭示了一个积极的信号：通过采取有效的措施来降低工作家庭冲突，可以显著地预防和矫治医护人员的工作倦怠。这意味着，当医护人员能够在工作与家庭之间找到更为和谐的平衡点，他们的职业热情与工作满意度将得到显著提升，从而有效地抵御工作倦怠的侵袭[1]。

Linda Duxbury及其团队（2003）针对加拿大雇员开展了一项深入细致的研究，其结果揭示了工作生活冲突对加拿大人健康及家庭生活的广泛影响。研究清晰地表明，工作生活冲突已成为危害众多加拿大人身心健康的重要因素。具体而言，这种冲突不仅加剧了个体的心理压力，导致焦虑、抑郁等情绪问题的频发，还可能引发一系列生理健康问题，如睡眠障碍、心血管疾病等。更为严重的是，工作生活冲突如同一道无形的墙，悄然侵蚀着家庭关系的和谐与稳定，成为家庭矛盾与冲突的重要诱因。许多原本温馨和睦的家庭，因工作生活难以平衡，而陷入了紧张与不和的境地。Linda Duxbury等的这一发现，无疑为加拿大社会敲响了警钟，提醒人们必须正视工作生活冲突所带来的严重后果。它不仅关乎个体的身心健康，更关乎家庭的幸福与社会的稳定。因此，寻求有效策

---

[1] 李超平，时勘，罗正学，等.医护人员工作家庭冲突与工作倦怠的关系［J］.中国心理卫生杂志，2003，17（12）：807-809.

略以缓解工作生活冲突,已成为加拿大社会亟待解决的重要课题①。

邱琇与王临虹(2006)在深入探究工作压力的成因之后,细致地阐述了压力所引发的在生理和心理方面出现的一系列不良反应。尤为值得关注的是,他们着重探讨了压力对女性身体健康所带来的负面影响,揭示了压力如何悄然侵蚀着女性的身心健康,成为不容忽视的健康隐患。与此同时,Joanna Hughes与Nikos Bozionelos(2007)的研究则进一步拓宽了工作生活失衡影响的视野。他们发现,在受访群体中,工作生活失衡不仅扮演着焦虑情绪重要诱因的角色,更是工作满意度低下的主要原因之一。这一发现揭示了工作生活失衡对个体心理状态及工作态度的深刻影响,提醒人们必须正视这一问题的严重性。此外,研究还表明,工作生活平衡问题与个体的"退缩行为"之间存在着显著的关联。这里的"退缩行为"涵盖了离职意愿的增强以及不真实的因病缺席等现象。这些行为不仅反映了个体在面对工作生活失衡时的无奈与挣扎,也可能对组织的稳定与发展构成潜在的威胁②。

Meghna Virick及其团队(2007)通过严谨的实证研究,揭示了高工作负荷对特定群体——"下岗幸存者"工作生活平衡及满意度所产生的深远影响。这一群体因经历了职场动荡而更显脆弱,他们的心理状态与工作态度成为研究的焦点。研究结果显示,高工作负荷如同一座沉重的大山,压在了"下岗幸存者"的肩头,不仅严重破坏了他们的工作生活

---

① Linda Duxbury, Christopher Higgins, Donna Coghill. Voices of Canadians: Seeking Work-Life Balance [M].Québec: Human Resources Development Canada, 2003.

② Joanna Hughes, Nikos Bozionelos. Work-life Balance as Source of Job Dissatisfaction and Withdrawal Attitudes: An Exploratory Study on the Views of Male Workers [J].Personnel Review, 2007, 36(01): 145.

平衡，还进一步削弱了他们对工作与生活的整体满意度。具体而言，过高的工作要求与紧张的工作节奏，使这些员工难以在工作与家庭、个人生活之间找到恰当的平衡点，导致他们身心俱疲，生活品质大打折扣。更为严重的是，这种失衡状态不仅影响了"下岗幸存者"的心理健康与幸福感，还可能对他们的职业发展产生长远的负面影响。在长期的压力下，他们或许会慢慢失去对工作的热忱与干劲，甚至萌生出离职的想法。这对个人与组织而言，无疑都是一场潜在的危机[①]。

顾华康、刘苹及李健等一众学者（2009）在铁路女职工的工作与生活压力研究领域迈出了重要一步，他们精心设计了包含"薪酬回报不平衡量表""家庭压力量表"以及"一般健康量表"在内的综合调查工具，对全国范围内1679名铁路女职工进行了全面而深入的调研。这一举措旨在深入剖析铁路女职工在双重压力下的身心健康状况，为后续的干预与改善提供科学依据。调研结果揭示了一个令人忧虑的现象：在参与调查的铁路女职工中，有高达41.9%的个体存在着不合理的健康问题，这些问题不仅涵盖了生理层面的疾病与不适，更触及了心理层面的困扰与失衡。这一比例之高，无疑凸显了铁路女职工在维护自身健康方面所面临的严峻挑战。更为引人深思的是，研究还发现工作与铁路职工的心理健康状况之间存在着显著的负相关关系。具体而言，那些在工作中感受到薪酬回报不平衡、家庭压力沉重的铁路女职工，其心理健康水平往往更为低下，表现出更为明显的焦虑、抑郁等负面情绪。这一发现不仅揭示

---

① Meghna Virick, Juliana D.Lilly, Wendy J.Casper.Doing More with Less: An Analysis of Work Life Balance Among Layoff Survivors [J].Career Development International, 2007, 12（05）: 463-480.

了工作压力与家庭压力对铁路女职工心理健康的双重挤压,也为后续制定针对性的干预措施提供了重要线索[1]。汤舒俊(2010)在针对高校教师群体开展的一项深入实证研究中,对工作家庭冲突与职业倦怠之间的关系进行了细致的剖析。研究结果显示,工作家庭冲突成为高校教师职业倦怠的一个显著且正向的预测因素[2]。

杜学远与陈锦华(2010)针对职业女性从事家务劳动的现状展开深度探究,从多个层面剖析并揭示出,过度承担家务劳动会对职业女性的职业发展造成严重的负面影响。他们指出,这一现象不仅悄然改变着职业女性对职业发展的积极态度,使她们在面对职场挑战时显得更为犹豫与退缩;还无情地压缩了职业女性用于自我提升与学习的时间,让她们在专业技能与知识更新上难以跟上时代的步伐。更为严重的是,过度家务劳动如同一道无形的枷锁,引导着职业女性不自觉地降低了对职业发展的期望与目标,使她们在职业生涯中难以实现自我价值的最大化。与此同时,李纯(2010)从工作生活平衡这一独特角度切入,凭借严谨的实证研究,得出了颇具启发性的结论。他指出,工作生活平衡和职业满意度之间呈现出显著的正相关关系,即那些能够在工作与生活中找到和谐平衡点的个体,往往对自己的工作持有更为满意与肯定的态度;而且,工作生活平衡还与情感承诺紧密相连,那些能够在工作与家庭之间游刃有余的个体,往往对自己的职业与团队有着更为深厚的情感依恋与承诺[3]。

---

[1] 顾华康,刘苹,李健,等.工作与生活压力对铁路女工心理健康的影响[J].中国心理卫生杂志,2009,23(04):286-290.

[2] 汤舒俊.高校教师工作家庭冲突与职业倦怠:社会支持的中介作用[J].教育学术月刊,2010(09):35-38.

[3] 李纯.酒店员工工作—生活平衡研究[D].长沙:湖南师范大学,2010.

2.4.3 关于工作生活平衡的策略研究

E.Jeffrey Hill 及其研究团队（2001）在探讨员工工作与家庭生活平衡的实现路径时，提出了两个极具前瞻性的观点："弹性工作时间制度"与"弹性工作场所"。他们深刻洞察到，在现代社会的快节奏与高压力之下，员工在追求职业发展的同时，也渴望能够拥有更多时间与精力去照顾家庭、享受生活。E.Jeffrey Hill 及其团队的研究不仅证实了工作弹性在改善工作与家庭生活平衡方面的积极作用，更为企业与组织提供了宝贵的启示。他们强调，企业应积极探索并实施弹性工作制度，以满足员工多样化的需求，从而构建更加人性化、高效的工作环境，实现员工与企业的共赢发展[①]。

许红梅（2003）针对高校中青年女教师这一特定群体，深入剖析了她们在职业生涯中面临的工作压力与家庭压力，并在此基础上，从个人与学校两个维度出发，系统阐述了心理调适的有效措施。李烨（2003）通过严谨的实证研究，得出了社会支持在缓解"工作家庭冲突"中的积极作用。他发现，当个体能够获得来自家庭、朋友、同事乃至整个社会的支持与理解时，他们能够更好地平衡工作与家庭的关系，减少冲突与压力，从而提升生活幸福感与职业满意度。Jim Bird（2006）则进一步拓宽了工作生活平衡策略的视野，他指出，实现工作生活平衡不仅依赖于组织层面的系统途径，如企业制定灵活的工作制度、提供员工关怀计划等，还离不开个人途径的积极探索。他强调，每位员工与经理都是独一无二的个体，他们有着各自的生活背景、职业追求与价值观，因此，组

---

① E.Jeffrey Hill, Alan J.Hawkins, Maria Ferris, Michelle Weitzman.Finding an Extra Day a Week: The Positive Influence of Perceived Job Flexibility on Work and Family Life Balance [J].Family Relations, 2001, 50 (01): 49-58.

织的工作生活平衡策略虽然重要，但往往难以完全满足每个人的个性化需求。因此，个人途径的实现显得尤为重要，它要求个体根据自身情况，主动寻求工作与生活的平衡点，如通过时间管理、兴趣培养、社交活动等方式，实现工作与生活的和谐共生[1]。

Nick Bloom及其研究团队（2006）在探讨工作生活平衡改进策略时，提出了一个不容忽视的关键考量因素——企业的财务承受能力。他们深刻指出，尽管提升员工的工作生活平衡对于增强员工满意度、提高工作效率具有显著作用，但这一切都需要建立在企业能够持续稳健运营的基础之上。因此，企业在制定相关策略时，必须审慎评估自身的财务状况，确保所采取的措施既能够切实改善员工的工作生活平衡，又不会对企业的长远发展造成负担。张雯、Linda Duxbury与李立（2006）通过一项针对中国员工的实证研究，揭示了老年亲属支持在缓解"工作/生活冲突"中的独特作用。他们发现，在中国文化背景下，老年亲属往往扮演着重要的家庭支持者角色，他们的存在与关怀不仅为员工提供了情感上的慰藉与精神上的支持，还在一定程度上减轻了员工在照顾家庭方面的负担。这种来自家庭内部的支持力量，成为中国员工在面对工作与生活双重压力时的重要缓冲，有效缓解了工作与生活之间的冲突，提升了员工的生活质量与职业满意度[2]。闻锦玉（2008）通过实证研究，深入探究了工作家庭冲突与社会支持之间的关系，并得出了具有深刻意义的

---

[1] Jim Bird.Work-life Balance: Doing it Right and Avoiding the Pitfalls [J].Employment Relations Today, 2006, 33（03）: 21-30.

[2] 张雯, Linda Duxbury, 李立. 中国员工"工作/生活平衡"的理论框架 [J]. 现代科学管理, 2006（05）: 12-15.

结论：工作家庭冲突与社会支持之间存在着显著的负相关[①]。袁凌与林菲（2008）对企业的工作生活平衡计划进行了详尽分析，指出该计划主要由三大核心部分构成，即灵活多元的工作安排、完备细致的员工支持举措，以及关怀备至的家庭照料假期。这些组成部分共同构成了企业促进员工工作与家庭生活和谐共生的有力举措。进一步地，他们还深入探讨了企业与员工在实施工作生活平衡计划时应采取的策略[②]。

胡华（2008）在深入探究中学女教师生存现状的基础上，从两个关键维度出发，为教师应对工作家庭冲突提供了全面的对策。一方面，她关注了由教师个人与学校共同塑造的内部环境，强调了在这一环境中，教师需要培养自我调适的能力，同时学校也应优化管理政策，为教师创造更加灵活与支持性的工作氛围。另一方面，胡华还审视了由教师家庭与社会环境构成的外部环境，指出在这一层面上，社会各界应加强对教师的理解与尊重，同时教师家庭也应成为其坚强的后盾，共同减轻教师在工作与家庭间的双重压力。杜若洁（2009）在其研究中，针对中层管理人员的工作与生活需求进行了细致分析，并指出，仅仅依靠货币薪酬已难以满足这一群体的全面需求。基于这样的背景，她别出心裁地提出借助非货币薪酬的方式，助力中层管理人员达成工作与生活的平衡。具体实施办法如下：其一，推行弹性工作制度，给予中层管理人员在时间和空间上更多的自主支配权，让他们能更妥善地协调工作与家庭事务；

[①] 闻锦玉.职业女性工作家庭冲突中社会支持的研究［D］.南京：南京师范大学，2008.

[②] 袁凌，林菲.工作生活平衡计划的构成及其实施策略［J］.统计与决策，2008（20）：176-177.

其二，组织专业培训活动，帮助中层管理人员树立科学合理的工作生活平衡理念，增强他们的自我管理和自我调节能力；其三，推出家庭援助服务项目，这一举措旨在为中层管理人员的家庭提供必要的支持与帮助，从而减轻他们在家庭方面的负担，使其能够更加专注于职业发展[①]。汤舒俊（2010）围绕高校教师群体展开了一项细致深入的实证研究。研究结果表明，社会支持是高校教师不可或缺的有力支撑资源，在缓解他们的工作家庭冲突、降低职业倦怠程度上发挥着极为关键的作用[②]。

2.4.4 关于工作与生活冲突的总体状况和程度研究

多项实证研究揭示了我国职场人士面临的工作生活平衡困境。张雯、Linda Duxbury 与李立（2006）的实证研究表明，中国员工普遍存在工作时间过长的问题，反映出工作与生活界限模糊的职场现状[③]。这一研究为理解中国特色的工作生活平衡问题提供了理论框架。针对已婚职业女性的研究发现同样令人深思。安砚贞与 Philip C.Wright（2003）的调查显示，尽管已婚职业女性普遍重视家庭并追求工作家庭平衡，但组织支持和配偶理解的缺失使她们长期处于身心俱疲的状态[④]。这一群体面临的双重压力值得社会关注。徐峰与邢亚柯（2007）的研究则从人口学角

[①] 杜若洁.非货币薪酬——实现中层管理者工作与生活的平衡[J].现代商业，2009（35）：62.

[②] 汤舒俊.高校教师工作家庭冲突与职业倦怠：社会支持的中介作用[J].教育学术月刊，2010（09）：35-38.

[③] 张雯，Linda Duxbury，李立.中国员工"工作/生活平衡"的理论框架[J].现代科学管理，2006（05）：12-15.

[④] 安砚贞，Philip C.Wright.已婚职业女性工作家庭冲突调查研究[J].中国人力资源开发，2003（06）：56-58.

度切入，指出推迟婚育年龄的现象与高强度工作需求密切相关。他们特别警示中国员工普遍存在的高水平工作生活冲突，呼吁重视员工身心健康[1]。服务业从业者的处境更为严峻。李纯（2010）针对酒店业的专项研究发现，员工周均工作时间长达52.22小时，在特殊的工作性质下，实现工作生活平衡面临更大挑战[2]。这些研究共同指向一个现实：建立合理的工作生活平衡机制已成为我国职场发展的迫切需求。

2.4.5 关于工作家庭冲突的比较研究

多项实证研究揭示了不同职业群体面临的工作家庭冲突特征。李九群与石兰萍（2006）采用标准化测量工具，通过"工作与家庭冲突量表"对已婚护士群体进行了专项调研。研究发现，与其他已婚职业女性相比，护理从业人员面临着更为突出的角色冲突问题。具体表现为：职业要求显著挤占了护士的家庭相处时间、家务参与度和心理健康状态。在时间冲突、精力冲突和行为冲突三个维度上，护士群体的冲突体验强度均显著高于对照组[3]。另一项针对教育系统的研究发现，高校教师群体同样承受着较重的工作家庭冲突压力。汤舒俊（2010）的对比研究表明，重点院校教师的工作家庭冲突程度和职业倦怠水平明显高于普通本科及高职高专院校教师。这一发现揭示了高等教育机构内部不同层级教师面临的压力差异，为理解知识密集型职业的工作生活平衡问题提供了

---

[1] 徐峰，邢亚柯.中国企业员工工作/生活冲突的预警及原因分析［J］.人力资源开发，2007（08）：42-43.

[2] 李纯.酒店员工工作—生活平衡研究［D］.长沙：湖南师范大学，2010.

[3] 李九群，石兰萍.护士工作与家庭冲突的调查分析［J］.现代护理，2006，12（27）：2554-2556.

新的视角①。这些研究结果共同表明，职业特性和工作环境是影响工作家庭冲突程度的重要因素。这一发现进一步凸显了不同教育层次与类型的高校教师在工作生活平衡方面所面临的独特挑战②。

总体来看，当前对工作生活平衡领域的探讨主要聚焦于三大核心议题：工作生活平衡的影响因素、工作生活冲突或失衡所带来的后果，以及应对工作生活平衡的有效策略。国外学术界在这一领域已经取得了一系列显著的实证研究成果。例如，研究表明，每周的工作时长、承担抚养子女的首要责任，以及配偶的支持程度等因素，均会对个体的工作家庭冲突产生显著影响。而这种冲突，进一步地，会深刻波及员工的家庭满意度、职业满意度、整体生活满意度，甚至导致沮丧情绪及身体健康问题。相比之下，国内关于工作生活平衡的研究现状呈现出一定的差异。目前，国内的大部分文献资料主要集中于对工作生活平衡议题的文献综述或政策建议层面，而深入的理论探讨与实证研究相对匮乏。鉴于中国文化背景的独特性以及社会发展阶段的特殊性，针对职业女性工作生活平衡问题的细致且全面地研究显得尤为重要。这不仅有助于揭示在中国文化背景下，职业女性如何在工作与家庭之间寻求平衡的独特挑战与困境，还能为制定更加贴合实际、有效的政策与策略提供坚实的实证基础，从而助力职业女性在职业生涯与家庭生活之间实现更加和谐与平衡的发展。

---

① 汤舒俊. 高校教师工作家庭冲突与职业倦怠：社会支持的中介作用[J]. 教育学术月刊，2010（09）：35-38.

② 杨哲. 职业女性工作生活平衡研究[D]. 北京：首都经济贸易大学，2012.

第3章
Chapter 3

核心概念的界定及理论基础

在当今社会，女性，特别是职业女性，已然成为人力资源领域中一支不可小觑且至关重要的力量。若能充分而有效地利用并开发职业女性的潜力，无疑将对社会经济与人类文明的进步产生深远的积极影响。然而，在职业发展的征途中，职业女性相较于男性而言，往往需要面对更为复杂多样的问题与挑战，其中最为显著且亟待解决的便是如何在繁忙的工作与个人生活之间找到一个恰当的平衡点。为了深入探讨这一议题，首先需要从基础做起，即明确核心概念的定义并阐述其背后的理论基础。这包括但不限于对"职业女性""工作生活平衡"等关键术语的精准界定，以及探讨支撑这一研究领域的相关理论框架。通过对这些核心要素的梳理与解析，能够为我们后续的研究提供坚实的理论支撑与方向指引，从而更加全面且深入地理解职业女性在工作与生活中所面临的种种挑战，以及探索有效的应对策略与路径。

3.1 核心概念的界定

3.1.1 职业女性界定的研究

随着社会的持续进步与发展，女性群体的角色定位正经历着前所未有的变革。越来越多的女性勇敢地踏入职场，积极参与到社会分工的广阔天地中，从传统的"贤妻良母"或"家庭主妇"角色，华丽转身为同时肩负职场与家庭双重职责的现代女性。这一转变，无疑引发了学术界对职业女性相关议题的广泛关注与深入探究。国内外学者纷纷从各自独特的学术视角出发，对职业女性面临的诸多挑战与热点话题进行了全面而细致的剖析。其中，职业倦怠、和谐家庭的构建、女权的维护与提升、教育投入的重要性，以及职业生涯规划与发展等，均成为研究的焦点。

从经济学的视角来看，研究重点聚焦于职业女性在工作与生活上的投入与回报，深入探讨了其经济价值的实现与衡量，强调了经济性在职业女性生活中的重要地位。社会学领域的研究，则更加关注职业女性的社会归属感，以及她们在社会环境中所面临的性别差异与不平等问题，致力于揭示并改善这些现象对职业女性发展的影响。心理学学者则将目光投向了工作家庭冲突对职业女性造成的负面影响，深入分析了这一冲突如何影响她们的心理健康与生活质量，为寻找缓解冲突、提升幸福感的有效策略提供了科学依据。法学学者则从法律层面出发，探讨了现行法律法规对职业女性权益的保护与限制，致力于推动法律制度的完善，以确保职业女性能够在公平、公正的环境中实现自我价值与职业发展。

职业女性在当代社会中始终扮演着举足轻重的双重角色。一方面，她们需承担家务劳动的重任，细心照料孩子的成长与老人的赡养，另一方面，她们也是组织或企业内不可或缺的宝贵成员，以其专业能力和职业精神贡献着自己的力量。关于职业女性这一概念，学术界虽众说纷纭，尚未形成统一界定，但学者们的共识在于，职业女性的一个显著特征便是其独立性，不再单纯依附于家庭。现有界定大致可划分为两个维度。从广义层面理解，职业女性指的是那些凭借自身劳动获取社会回报，实现经济自主，不再完全依赖家庭的女性。这一范畴广泛涵盖了行政与事业单位的女干部、企业女职工、自由职业者、农村妇女及进城务工女性等，她们在社会各个领域活跃，拥有一定的收入来源。而在狭义层面，职业女性特指那些掌握一定职业技能，在企事业单位、行政机关、学校及社会团体中从事具体工作或作为自由职业者，以稳定收入维持生计的女性管理者、经营者及劳动者。吴明贵（2004）曾对职业女性概念进行了分层解读，其广义界定几乎囊括了所有从事社会经济活动、拥有收入的女性群体；而狭义界定则聚焦于企事业单位、行政机关等正式组织中的女性员工，强调其职业身份与稳定的经济来源[①]。杨丽玲（2008）则强调，职业女性是通过参与社会经济活动获取报酬的女性，尽管家务劳动不属于这一范畴。在诸多研究中，与职业女性相关的词汇如女职工、女员工、女经理、白领女性等频繁出现，体现了社会对这一群体的多样化认知。而360百科对职业女性的描绘更为生动，将其定义

---

① 吴贵明.中国女性职业生涯发展研究［M］.北京：中国社会科学出版社，2004.

为经济独立、自信积极、引领潮流的现代女性，她们在职场上与男性同事并肩作战，承受相同压力，回归家庭后又需扮演好妻子与母亲的角色。社会既期望她们展现出男性的果断与坚强，又希望她们不失女性的温柔与细腻。这种双重标准给职业女性带来了巨大压力，使她们在光鲜亮丽的外表下，隐藏着身心的疲惫与脆弱[1]。

综上所述，本书对职业女性这一概念进行了如下界定：她们是那些接受过高等教育，投身于蕴含深厚专业知识与高超技术要求的工作领域，并以此作为经济独立的基石，积极追求事业成功的现代女性。职业女性不仅是家庭经济的坚实支柱之一，更是企业不可或缺的宝贵资源[2]。她们所从事的工作，无论是从专业深度还是技术含量上，都与男性同事相媲美，甚至在某些方面更胜一筹。尤为重要的是，职业女性的工作成效往往难以用简单的量化指标来衡量，她们以独特的视角、创新的思维以及细腻的情感，为企业的发展注入了难以估量的价值。在企业的运营与发展中，职业女性发挥着举足轻重的作用。她们不仅在自己的专业领域内展现出卓越的能力与才华，还通过团队协作与领导力，推动企业的创新与进步。同时，职业女性还以其独特的视角和敏锐的洞察力，帮助企业把握市场动态，优化决策过程，从而为企业创造更加广阔的发展空间和更加丰厚的经济效益。因此，职业女性不仅是现代社会的中坚力量，更是企业发展中不可或缺的重要资源。她们以自身的实力与努力，

---

[1] 周新霞.高校女教师工作家庭冲突类型及影响因素研究［D］.西安：陕西师范大学，2007.

[2] 杨菲.组织支持对工作家庭冲突的影响及其组织行为后果［D］.北京：对外经济贸易大学，2007.

证明了女性在职业领域同样能够取得辉煌的成就，为社会的进步与发展作出了积极的贡献。

3.1.2 工作生活平衡的定义

在探讨工作与家庭关系的学术领域中，多数学者倾向于从"工作家庭冲突"的角度进行深入分析，而少数研究则另辟蹊径，选择了"工作家庭促进"的视角。早期研究普遍将工作家庭冲突视为不平衡的代名词［如Clark（2001）等的观点］，相应地，工作家庭促进则被看作是平衡的象征。然而，基于角色理论的研究揭示了一个更为复杂的现实：角色平衡更多地与积极影响相关联，即没有冲突并不等同于实现了平衡。Clark（2000）从角色理论视角对工作生活平衡进行了创新性诠释，将其界定为个体在职业领域与私人生活领域均能获得满足感的理想状态。该理论强调，实现这种平衡的关键在于有效协调不同社会角色之间的张力，通过系统性地减少角色间冲突来达成动态平衡。这种阐释突破了传统二元对立的分析框架，将工作生活平衡视为一个需要通过角色管理来实现的积极心理状态[①]。Frone（2000）在综合前人研究的基础上，将冲突与促进视为工作家庭平衡的两种并存状态。他指出，工作家庭平衡是个体在同时兼顾工作与家庭时，体验到冲突与促进交织的一种生活状态[②]。随后，Carlson和Frone（2003）进一步阐明了工作家庭平衡是一个包含工作对家庭、家庭对工作双向影响的四因素结构，其中既包含冲突也包含

---

① Sue Campbell Clark.Work Cultures and Work/Family Balance［J］.Journal of Vocational Behavior，200（58）：348-365.

② Frone M R.Work-family Conflict and Employee Psychiatric Disorders：the National Comorbidity Survey［J］.The Journal of Applied Psychology，2000（12）：888-895.

促进，从而正式提出了工作家庭平衡的四因素模型[1]。学术界对工作家庭平衡的界定呈现多元化视角。Major 和 Klein（2002）从系统功能论出发，将工作家庭平衡定义为家庭系统与工作系统协同运作的理想状态，其特征表现为个体的高度参与感与满足感，以及角色间冲突的有效控制。这一观点在组织管理研究领域得到广泛关注[2]。Duxbury 和 Higgins（2003）则基于资源分配理论，提出"需求平衡说"，认为工作生活平衡本质上是工作需求与生活需求达到动态均衡的状态[3]。这种界定突出了资源分配的公平性原则。Jeffrey H.Greenhaus、Karen M.Collins 和 Jason D.Shaw（2003）构建了三维度平衡模型，系统阐释了工作家庭平衡的内涵：（1）时间分配维度，强调工作与家庭活动的时间对等性；（2）心理投入维度，关注个体在两个领域的专注度平衡；（3）情感体验维度，着重于角色满意度的均衡状态[4]。Wayne（2004）进一步提出"角色促进理论"，突破了传统的平衡视角，指出工作与家庭角色之间可能存在正向溢出效应，即某一领域的角色投入所获得的资源（如技能、情绪等）可以提升另一领域的表现水平。这一理论为理解工作家庭关系提供了新的研究范式。而

---

[1] Dawn S.Carlson, Michael R.Frone.Relation of Behavioral and Psychological Involvement to a New Four-Factor Conceptualization of Work-Family Interference [J] .Journal of Business and Psychology, 2003（06）: 515-535.

[2] Edwards, J.R.Person-environment Fit in Organizations: An Assessment of Theoretical Progress [J] .Academy of Management Annals, 2008（12）: 45-48.

[3] Duxbury, Higgins.Work—Life Conflict: Myths Versus Realities [J] . FMI Journal, 2003, 13（03）: 16-20.

[4] Jeffrey H.Greenhaus, Karen M.Collins, Jason D.Shaw. The Relation between Work-family Balance and Quality of Life [J] .Journal of Vocational Behavior, 2003, 63（03）: 513.

Greenhaus（2006）则进一步指出，工作家庭促进意味着从一个角色中获得的收益能够提升另一角色的质量，这种质量的提升主要通过积极的情感或角色绩效来体现[①]。Grzywacz等（2007）则将研究视角推向了一个新的高度，在他们看来，工作家庭平衡意味着达成一种角色期望，而实现这一目标的方式，是在工作和家庭这两个领域内，与各自相关的角色合作者展开协商并共享信息与资源。这一定义强调了工作家庭平衡是建立在个体履行工作和家庭责任的基础上，而非仅仅依赖于主观的满意感。在国内研究中，唐汉瑛（2007）也指出，工作家庭促进是一个双向的过程，即个体在某一系统中的投入会对另一系统的发展产生有益的贡献。这些研究共同揭示了工作与家庭关系的多维度和复杂性，为理解并促进个体的工作家庭平衡提供了丰富的理论视角和实践指导。

过往的研究成果主要聚焦于"工作家庭"这一特定领域。然而，直至20世纪90年代末，研究者们的视野才开始拓宽，逐渐认识到"非工作生活"的范畴远不止家庭这一单一维度，它涵盖了更为广泛的活动形式。这一认识转变促使研究视角从原先的工作家庭冲突，逐步扩展到更为宽泛的工作生活平衡议题上。在国内学术界，对于工作生活平衡问题的深入探讨尚显稀缺，多数研究仍然局限于工作家庭冲突的探讨。值得注意的是，"工作家庭冲突"与"工作生活平衡"这两种研究视角，在界定"非工作生活"的范畴上存在显著差异，同时，它们的研究目的也截然不同。工作家庭冲突的研究，其核心在于解决冲突给员工带来的消极影响，而工作生活平衡的研究，则秉持着一种更为积极和建设性的态

---

① 马丽，徐纵巍. 基于个人—环境匹配理论的边界管理与工作家庭界面研究[J]. 南开管理评论，2011（05）：141-152.

度，认为在特定条件或标准下，工作与生活是可以实现和谐共存的。这一转变意味着，无论是学者、政府、组织，还是个人，都可以从更为积极和建设性的角度出发，探索实现工作生活平衡的有效路径与方法。传统的冲突视角往往过于强调工作与生活的对立性，认为二者难以兼容，因此，对于平衡一面的研究几乎处于空白状态。鉴于此，学者们给出的工作家庭冲突定义为：在工作与家庭这两个领域之间，呈现出一定程度的不兼容状况，而这种不兼容进而引发了不同角色之间的冲突以及压力。而对于工作生活平衡的定义，则更为积极和全面，它指的是个体在最小化角色冲突的同时，达到工作和生活的满意状态[1]。这一转变不仅拓宽了研究的视野，也为人们寻求工作与生活的和谐共存提供了新的思路和方向。

综上所述，为了精准地界定"工作生活平衡"这一概念，首要任务是明确"平衡状态"的内涵，并进一步探讨哪些科学且合理的指标可以用来衡量这种"平衡"的程度。本书认为，"工作生活平衡"与个体的心理感知紧密相连，它体现的是个体在工作与生活中所获得的一种感知上的均衡状态。具体而言，这种状态是指个体在工作领域和生活领域中，能够感受到一种相对等同的满足与和谐，即在工作上获得的成就感、满足感与在生活中获得的幸福感、宁静感之间达到了一种平衡[2]。这种平衡不仅关乎外在的时间分配、任务完成等客观因素，更深入到个

---

[1] Sue Campbell Clark. Work/Family Border Theory: A New Theory of Work/Family Balance [J]. Human Relations, 2000, 53 (06): 747-770.

[2] 张莉，张林. 职业女性的工作家庭冲突——工作自主性和上司支持的调节效应 [J]. 工业工程与管理，2010 (05): 87-90, 114.

体的内心体验，是一种主观与客观相结合、内在与外在相统一的和谐状态。因此，在探讨"工作生活平衡"时，必须充分考虑到个体的心理感知这一关键因素。

3.2 理论基础

3.2.1 社会性别理论

1995年，第四次世界妇女大会在北京隆重举行，这一具有里程碑意义的事件，为社会性别理论在中国的广泛传播搭建了关键平台。借此契机，中国的妇女理论研究工作者开始采纳性别视角，深化对女性相关理论的探索，旨在推动其进一步发展。社会性别理论的核心观点可概括为以下几点：

1. 生理性别与社会性别

生理性别，即一个人自出生起便因生物学特征被划分为男性或女性，这是基于基因与性器官的先天分类。而社会性别，则是在个体成长历程中，因环境、社会文化及价值观的差异而逐渐形成的后天属性。

社会性别理论强调，生理性别根植于人类的生物学本质，体现在男女两性在生理结构与机能上的多样性，如基因构成、性激素水平、大脑下丘脑功能、大脑半球特性、肌肉与脂肪比例以及寿命等方面。这些生物学差异并非衡量优劣的标准，而是展现了性别间的独特特征。

相比之下，社会性别则是在社会与文化层面上被赋予的定义，它由特定的社会文化环境塑造而成。男女在性别角色与行为上的展现，实则是社会文化影响的产物，属于可改变的社会属性。社会性别理论对此深刻批判了生物决定论中将女性生理差异视为不利地位的偏见，明确区分了性别的社会文化差异与生物学基础，揭示了社会文化对两性身份的深远塑造力，并对生理决定论的本质主义观念提出了挑战。这一理论框架为提高女性社会地位、改革不合理的性别制度提供了坚实的理论基础与行动指南。

2.性别角色的社会建构

（1）性别角色。"角色"这一概念，其起源可追溯至戏剧领域，原本专指舞台角色及其行为模式。随后，社会学家巧妙地将此概念融入现实生活，用"社会角色"一词来描绘处于特定社会地位个体所承担的任务与展现的活动。在纷繁复杂的人生舞台上，每个人都需扮演多种社会角色，而性别角色便是这一系列角色中不可或缺的一环。任何社会均存在一套关于男女角色与行为的基准规范。举例来说，社会普遍期望男孩展现出强壮与勇敢的品质，并鼓励男性追求自我提升，在职业生涯中取得卓越成就；而对于女孩，则更多地要求她们展现出温柔与顺从，期望她们能够成为贤良淑德的妻子与母亲，同时保持尊严与道德操守。这些由社会文化所界定的男女行为规范与期望，即为性别角色的体现。简而言之，性别角色指的是社会针对男性和女性分别设定的、各具差异的期望以及行为准则的综合体现。性别角色的形成是一个多维度的建构过程，其背后蕴含了多种理论观点，如精神分析理论、社会学习理论、认知发展理论以及性别图式理论等。这些理论大多从本质主义或个体角度出发，探讨性别角色的成型机制。然而，社会性别理论则提出了截然不同的见解，认为性别角色并非自然天成，而是父权制社会文化的产物。在父权制社会架构下，男性占据着主导与支配的优越地位，而女性则往往处于从属与被动的弱势地位。社会对女性的期望、规范与评价，往往以男性为参照标准，这深刻反映了男性对女性的权力控制。社会性别理论积极倡导打破传统的性别角色桎梏，寻求更加平等与多元的性别关系。

（2）性别社会化。社会化，这一深刻而复杂的过程，标志着个体依据社会与文化规范，逐步融入社会并成为其不可或缺的一员。它不仅是自然人向社会人转变的关键步骤，更在个体的成长与发展历程中占据着举足轻重的地位。在这一蜕变之旅中，个体需不断习得并掌握参与社会生活所必需的行为准则。尤为重要的是，社会化在性别角色的塑造中扮演着核心角色。自呱呱坠地之日起，每个生命便被赋予了特定的性别标签，这预示着其性别社会化之旅的启程。在社会的广阔舞台上，两性角色逐渐清晰并固化。性别社会化是个体持续学习并内化性别角色及其相应内在规范的过程，这一过程贯穿人的整个生命历程，且始终处于动态发展之中。从婴儿期的懵懂探索，到儿童期的初步认知，再到青春期的深刻体悟，直至成年期的稳固确立，乃至老年期的持续影响，性别角色在不同生命阶段得以强化与深化。性别社会化的塑造力量源自多元，家庭、学校、同伴群体以及社会文化等因素交织其中，共同作用于个体的性别角色形成。家庭，作为社会化的首要阵地，其影响力尤为显著。在儿童早期的性别社会化进程中，父母针对不同性别子女所持有的态度以及采取的养育方式，发挥着关键的塑造作用。父母常常在不经意间，或是刻意为之，把成人世界里的性别规则传递给自己的子女。甚至在孩子降生前，便基于社会认可的性别角色观念，对孩子寄予特定期望。孩子出生后，根据其性别，父母会采取不同的对待方式与教育方式。例如，父母倾向于教导男孩勇敢坚韧，而鼓励女孩温柔顺从；为男孩准备的玩具多为汽车、枪支、机器人等,而女孩则更多接触洋娃娃与家庭游戏。此外,父母在性别观念上的言行举止,亦在潜移默化中塑造着孩子的性别角色与行为模式。值得强调的是,性别角色的形成与发展并非单一因素所能决定,而是多重因素交织作用的产物。在性别角色塑造的过程中,传统性别文化的深远影响不容忽视,性别刻板印象往往难以避免地渗透其中。

(3)性别刻板印象。刻板印象,作为一种对社会群体的普遍且固化的认知模式,往往并不基于确凿的事实,而是深植于人们心中的一系列既定观念。这种观念虽非客观真实,却能对个体的认知框架与行为模式产生深远影响,有时甚至阻碍了对新事物的接纳,进而滋生偏见。性别刻板印象,作为这一现象的特定表现,反映了社会生活中人们对男性与女性角色的固有期待与看法。简而言之,它是对两性角色特征的先入为主之见,潜藏于大众的意识深处。在现实生活中,性别刻板印象涉及外貌形象、性格特质、角色行为以及职业期待等多个维度。在外貌层面,男性常被描绘为高大健硕,女性则被期待为娇小玲珑;性格上,男性常被赋予勇敢、坚强、冷静自信的标签,而女性则更多被看作是温柔、贤惠、柔弱顺从的化身;在角色行为上,男性往往展现出独立、勇敢、理性、富有竞争性的特质,活跃于社会生活的广阔舞台,女性则倾向于细心、体贴、感性、依赖性强,更多地投身于家庭与服从型的活动;至于职业期待,男性常被认为适合从事具有竞争性和开创性的职业,如科学家、建筑师、工程师等,相较之下,社会往往更倾向于期待女性投身于家务劳动以及服务类职业,像教师、秘书、护士这类岗位便常被视为适合女性的选择。与性别刻板印象紧密相关且不容忽视的另一个方面,是性别气质,它指的是社会对男性和女性各自所应具备的性别特征所作出的界定。男子气概强调男性应具备的成就导向、行为导向等个性与心理特质,而女性气质则侧重于女性的同情心、友好、关怀他人的品质。诸如"阳刚"象征着男性气质,"阴柔"则代表女性气质。当个体的性别气质与社会文化的期待相吻合时,便会被称赞为具有"男子气概"或"女性魅力";反之,则可能遭受"娘娘腔""女气"或"假小子""男人婆"等负面评价,被视为性别气质上的"异常"或"畸形"。

社会性别理论深刻揭示,传统观念所塑造的性别刻板印象与性别气质,并非性别生理差异的必然映射,而是个体所处的社会文化环境,尤其是父权文化深刻影响的产物。这些刻板印象严格框定了性别角色的标准,过度强调两性间的差异,同时忽视了群体内部的多样性,这不仅对女性的自由发展空间构成了束缚,也对男性的自由成长构成了障碍。性别刻板印象的普遍存在、潜在影响及其难以动摇的稳固性,已成为制约性别潜能充分释放的关键因素。超越性别刻板印象的桎梏,挣脱传统性别角色框架的羁绊,拒绝将性别角色简单且僵化地划分,对于构建正确的性别角色认知框架至关重要。此举将极大促进女性的全面发展,使她们能够摆脱预设的角色限制,探索并实现自我潜能的最大化。同时,这也为男性提供了更为广阔的成长空间,鼓励他们超越传统性别角色的束缚,追求更加多元与真实的自我表达。

3.*性别不平等产生的根源和机制*

社会性别理论以敏锐且深刻的视角揭示出,生理层面的差异本质上并不足以直接造就性别地位的悬殊差别,真正导致性别不平等现象深植于社会之中的,是社会文化层面的诸多因素。玛格丽特·米德在其著作

《三个原始部落的性别和气质》中，以无可辩驳的事实论据，有力地证明了"男性与女性特征的界定，并非源自生物性别的本质差异，而是特定社会文化环境的映射"。换言之，男女两性所展现出的性别特征和行为模式，实则是他们所处不同社会文化背景的产物。

社会性别理论深入探究了性别不平等的根源，不仅聚焦于表层现象，更进一步挖掘了其背后的制度性与结构性成因，展现了性别差异产生和持续存在的复杂社会运作体系。该理论指出，性别并非自然天成，而是由社会文化精心塑造的产物，并在此基础上逐步固化成一套稳定的社会制度与结构框架，明确划分了两性在社会中的角色定位和地位层级。这一体系借助社会、政治、经济、文化、宗教、伦理、道德等多方面的交织作用，悄无声息地影响着男女两性，促使他们在不知不觉中接受并认同既定的角色期待和行为准则。

性别理论不仅揭示了性别差异建构的动态过程与内在机制，更强调性别是一个持续演变与重构的概念。它反对将妇女问题孤立地看待，而是主张将其置于性别关系的广阔结构中进行深入研究。通过反思传统性别规范对性别发展的束缚，性别理论为打破传统性别文化观念与制度的桎梏提供了有力支持，有助于汇聚起推动性别平等与女性赋权的强大力量。

4. 揭示社会性别观念中蕴含的两性权力关系

"权力"，这一深刻影响人际互动的核心要素，本质上是一种具备强制性的主导性力量，它在人与人之间悄无声息地运作着。马克斯·韦伯曾对此有过精妙论述，他指出，权力赋予个体或群体在特定社会情境中实现自身意愿的能力，即便这一意愿的实现并未遭遇来自其他参与者的明确反对。权力关系,作为社会结构中的重要组成部分,不仅体现了压迫与反抗的张力,更深刻地揭示了个人意志如何微妙地作用于他人的行为选择,成为权力概念的核心所在。

社会性别理论进一步拓宽了我们对权力关系的理解,明确指出两性之间同样存在着复杂而微妙的权力动态。琼·W.斯科特在其著作《性别:历史分析中的一个有效范畴》中,深刻剖析了性别作为社会关系的一种,其根基深植于可观察到的性别差异之中。性别,不仅是权力关系表达的基本途径,更是其主要载体。女性权力与统治的制度化关系,作为这一权力框架内的关键一环,揭示了女性在社会结构中所处的特殊地位。

在社会的广阔舞台上,男性往往扮演着更为支配性的角色,而女性则更多地处于从属地位,这一现象在社会的各个领域均有体现。在审视与理解女性问题时,唯有把相关现象放置于男女两性在社会中所扮演的角色以及权力架构的宏大格局之中,我们才能够深入探寻并把握其本质特征。当我们对性别文化、性别制度以及性别结构展开精细入微的剖析时,便能清晰地察觉到男女之间在权力分配上存在着显著的不平等状况。以及两性间相互制约的复杂关系。这一过程不仅有助于揭示传统性别规范对性别发展的制约,更为推动性别平等与女性赋权提供了重要的理论支撑与实践路径。

3.2.2 角色理论

"角色"这个词,它的源头能一直追溯到戏剧和电影领域的专业术语里,最初是用来表示演员在舞台或者银幕上所演绎、塑造出来的特定人物形象。直至20世纪二三十年代,这一概念被一些敏锐的学者引入社会学领域,逐渐演变成为社会学研究中的一个核心术语,并构建起了关于社会角色的理论体系。社会角色理论的构建,主要植根于以下几个重要源头。

首要之源,是以米德为代表的美国芝加哥学派,他们首次系统性地采纳并发展了社会角色的概念。米德认为,个体乃是众多角色的集合体,这些角色是在纷繁复杂的互动行为中逐渐形成的。社会角色这一概念,揭示了在人际交往过程中,互动行为模式具有可被预见的特性,同时也深刻展现了个人与社会之间紧密相连的关系。米德强调,社会角色自我意识的觉醒,是一种模仿与扮演的过程,但这绝非简单的剧本式表演,文化仅为角色扮演设定了一个大致的范畴。

其次,美国人类学家拉尔夫·林顿对社会角色理论的构建同样贡献斐然。他将角色视为一套规范体系,通过合作,为特定领域的参与者提供了丰富的文化元素。林顿认为,人们所扮演的社会角色与他们的社会地位紧密相连,当身份所蕴含的权利与义务产生实际影响时,这便是角色扮演的生动体现。默顿与科塞,作为美国结构功能主义的代表人物,他们认同林顿的观点,并进一步阐释:"在社会研究中,角色是与相关社会地位紧密相连的行为规范的总和。"与米德不同的是,林顿更倾向于认为角色扮演是在文化预设的框架内进行的,角色本身具有预先规定的性质。

最后,社会戏剧理论也为社会角色理论提供了重要视角。美国心理学家雅各布·莫雷诺是心理戏剧疗法的奠基人,他提出,借助角色扮演,个体能够真切地沉浸于角色所蕴含的情感与思维之中,进而实现原有行为习惯的转变。角色交换,正是心理剧角色扮演理论的核心精髓。与此同时,"完形主义心理学"也针对社会角色概念展开了深入剖析。该理论指出,社会角色所涉及的所有心理活动,皆是整合模式运作的产物,社会角色的行为根基深深扎在完形主义模式之中。还有一部分社会学家,他们倾向于从角色要素的构成角度来解读社会角色。这些学者认为:"社会角色,本质上是对某一成员的关注与期待,它体现了处于特定地位的成员对自身特殊期待的系统性呈现。"

综合以上观点,社会角色是一种高度综合的行为模式,在这种模式下,个体的社会身份、地位、权利和义务实现了有机统一。它代表着群体成员对特定角色行为习惯的普遍预期,是构建群体与社会组织不可或缺的重要基石。

社会角色的多样性体现在其丰富的分类之中,依据角色获取途径、规范化程度以及角色所追求的目标等多元标准,可以将社会角色细分为以下几类:

1.预先分配角色和自我诱导角色

社会角色的多样性,在很大程度上源于角色获取方式的差异,据此,社会角色可被划分为预先分配角色与自我诱导角色两大类别。预先分配角色,亦称归属角色,是一种与生俱来的角色类型,它深深植根于个体的生物性特征之中,如性别、民族、种族等,这些角色在生命孕育之初乃至诞生之后便已确定。通常,个体被期待按照这些先天赋予的角色特质去发展,例如,女性往往被期望展现出温柔、大方与矜持的特质。这种角色分配模式,在很大程度上塑造了个体的社会期待与行为规范。相比之下,自我诱导角色则是个体通过不懈努力与积极行动,在社会中主动争取并获得的角色。这类角色包括但不限于因英勇行为而获得殊荣的个人,或是通过创立企业而成为商人的个体。自我诱导角色的获得,往往伴随着个体持续地学习与成长,是个人能力与价值的直接体现。

在传统社会结构中,预先分配角色,尤其是基于血缘关系的角色,占据了主导地位。个体想要通过个人努力改变既定角色,面临着极大的挑战。然而,随着社会的不断演进与发展,尽管先赋角色依旧存在,但自我诱导角色的数量与影响力正日益增长。这一变化,不仅体现了社会结构的多元化与开放性,也反映了人们对于个体能力与成就的认可与尊重。从社会发展的宏观视角来看,预先分配角色的动态调整与自我诱导角色的不断涌现,不仅是社会进步的重要标志,也预示着个体在社会中的角色与身份将更加多元与灵活。随着社会上提供的机遇日益丰富,个体有机会通过自身的努力与创造,开发出更多的自我诱导角色,从而在社会舞台上扮演更加积极主动的角色,共同推动社会的持续进步与发展。

2.规范性角色和开放性角色

基于社会角色所具备的规范化水平差异,我们能够把社会角色进一步划分为规范性角色和开放性角色这两种类型。规范性角色,顾名思义,是指那些具有相对严格且明确规定的角色类型。在这类角色中,个体应当履行的职责、应避免的行为,以及所拥有的权利与义务均被清晰界定。处于这一角色中的人,必须审慎考虑并遵循角色所赋予的权责界限,其行为不可随心所欲,而应严格遵循既定的规范。例如,教师、学生、司机、售票员等,均属于典型的规范性角色,他们的行为与职责均受到明确的社会期待与规定。相比之下,开放性角色则展现出更多的灵活性与选择空间。在这类角色中,并没有严格的行为界限与必须遵循的规范,个体可以根据具体情境与自身意愿进行相应的活动。同学、同事、亲戚、朋友等角色,便属于开放性角色的范畴,它们并不设定明确的行为准则,而是允许个体根据关系的亲疏远近与具体情境进行自由调整。

然而,值得注意的是,虽说能够依据规范化程度的不同,把社会角色分成规范性角色和开放性角色这两类,但在现实生活中,纯粹意义上的规范性角色或开放性角色并不多见。多数社会角色实际上融合了规范性与开放性的双重特质,只是在不同角色类型中,其侧重点有所不同。这种融合,不仅丰富了社会角色的内涵,也赋予了个体在角色扮演中更多的自主性与创造性。因此,在理解社会角色时,应充分考虑其规范性与开放性的双重属性,以及在不同情境下的具体表现。

3.功利性角色和表现性角色

在社会的大舞台上,每个人都在参与着各式各样的活动,而背后驱动他们的,往往是各不相同的目标与追求。有人追求名利双收,有人致力于公益事业,弘扬社会正能量,种种追求,不一而足。按照社会角色所追寻的目标来划分,社会角色能够被归为功利性角色和表达性角色这两大类型。功利性角色,如企业家们,他们投身于生产、经营等经济活动之中,其核心动力在于追求利润与经济效益的最大化。衡量一个功利性角色是否扮演得成功,关键在于其是否能够创造显著的效益,带来经济上的丰厚回报。这类角色在现代社会中备受瞩目,他们通过创造经济价值,推动着社会的发展与进步。与功利性角色截然不同,表达性角色则更加注重社会价值的传递与表达。新闻记者、教师、医生等职业,虽然同样能够获得正当的利益回报,但他们的职业使命并非单纯追求经济效益。相反，他们致力于表达社会制度与秩序、社会行为规范、社会价值观与思想道德，成为社会的良心与精神的灯塔。这类角色往往承载着社会的理想与期待，他们的行为举止，往往能够引发广泛的社会共鸣与反响。

从社会学的视角来看，无论是功利性角色还是表达性角色，都有其特定的适用范围与行为规范。功利性角色因其创造经济价值的特性，在现代社会中占据着举足轻重的地位。而一些企业家在功成名就之后，也会积极投身于社会宣传教育、慈善事业等领域，实现个人价值与社会价值的双重提升。然而，对于表达性角色而言，社会往往抱有更为理想化的期待。当这些角色的行为与活动涉及功利性目的时，往往会引发广泛争议与不满。这种分歧，反映了社会对于角色行为规范与价值追求的深刻关注。

社会角色扮演，是个体依据特定的角色行为规范，履行权利与义务的过程。无论是大学毕业生初登讲台，以教师的身份重塑自我形象，还是顾客转身成为售货员，以全新的角色服务于消费者，都是社会角色扮演的生动体现。这一过程，主要包括角色确定、角色理解、角色学习与角色实践四个层次。通过这些层次的逐步深入，个体得以在社会的大舞台上，找到属于自己的位置，演绎出精彩纷呈的人生篇章。

3.2.3 工作/家庭边界理论

在早期的研究中，学者们倾向于将工作和家庭视为两个相互独立的系统，并分别进行考察。然而，到了20世纪70年代，研究视角发生了转变，开放系统的方法被引入到了这一领域的研究中[1]。研究人员逐渐认

---

[1] 张再生.职业生涯管理［M］.北京：经济管理出版社，2002.

识到，尽管工作和家庭系统各有其独特性，但两者之间的行为却是相互影响、相互交织的。Staines提出了溢出理论，这一理论假设，尽管工作和家庭在物理空间上存在暂时的分界，但个体在一个领域的情感和行为却会不自觉地渗透到另一个领域。比如，有位员工在工作上遭遇了糟糕的一天，满心疲惫与不悦地回到家中，很可能在无意识间就把负面情绪倾泻到了家人那里。随后，在1990年，Staines又进一步提出了补偿理论，作为对溢出理论的补充和完善。该理论认为，当个体在一个系统中遭遇失望或挫折时，他们往往会在另一个系统中寻求全力的投入和行为表现；在一个领域有所丧失，就会在另一个领域中倾注更多的精力和时间，试图弥补这种缺失。因此，家庭生活不如意的人往往会在工作中追求更多的满足感和成就感，而工作不顺心的人则可能会在家庭生活中寻找慰藉和支撑。

2000年，美国学者Clark在深入剖析并批判以往工作家庭关系理论的基础上，创新性地提出了工作家庭边界理论。该理论旨在阐释个体在工作与家庭这两个不同领域间穿梭时所扮演的复杂角色，揭示由此产生的冲突，并提供一种维持两者平衡的结构性框架。工作家庭边界理论认为，工作与家庭是两个截然不同的领域，它们各自拥有独特的目的和文化氛围。人们在工作与家庭之间不断徘徊，遵循着不同的规则和规范。边界，作为工作或家庭范围的明确界定，决定了相应行为发生的场域。这些边界主要可以划分为三种形式：物理边界、世俗边界和心理边界。物理边界，诸如公司的办公楼或家庭的围墙，清晰地界定了行为发生的具体空间。世俗边界，如工作时间的设定，标志着工作任务的结束和家庭责任的开始，两者之间往往存在潜在的冲突点。心理边界则是个体为自身思维模式、行为模式和情绪所设定的规则，这些规则在不同领域内具有特定的适用性。那些经常在工作与家庭之间流动的人，可以被视作边界过境者。工作家庭边界的创建和管理与边界跳跃者在各自领域内的参与程度密切相关。领域的核心参与者或成员能够增强他们对领域边界的影响力，加深对领域的认同感，这有助于在工作与家庭之间维持一种平衡状态。在定义领域范围和边界的过程中，某些人扮演着特殊角色，他们被称为边界维护者。在工作领域，主管通常是边界维护者的典型代表；而在家庭领域，这一角色则多由夫妻来担当。其他领域成员虽然对领域范围和边界的定义也有一定影响，但他们并不拥有对边界过境点的决策权。边界维护者和其他领域成员在边界过境点的管理中发挥着至关重要的作用。边界维护者与过境点之间对于工作与家庭的范围和构成的不同理解，往往会对过境点的工作家庭平衡产生深远影响。因此，边界维护者与过境点之间的定期沟通显得尤为重要。通过沟通，双方可以增进相互了解，明确过境点在另一领域的责任，支持过境点履行这些责任，从而有效缓解因角色冲突带来的压力。

工作家庭边界理论为组织和个人在维护工作家庭平衡方面提供了有力的工具，对于制定切实可行的工作家庭平衡计划具有重要的指导意义。

3.2.4 社会支持理论

社会支持这一概念，既是科学研究的热点议题，也是专业领域内的关键术语。自20世纪70年代首次被提出后，无论是在跨学科研究范畴，还是在单一学科内部，其内涵始终呈现出多样性和未达成统一认知的特点。在美国，将社会支持网络应用于临床治疗的实践可以追溯到20世纪60年代。进入20世纪70年代，斯佩克特开创性地采用了社会网络干预的方法来培训治疗师，并大力推广了社会网络治疗理论。在家庭治疗的过程中，斯佩克特观察到，当给予适当的鼓励时，每个人都蕴含着巨大的互助潜力，而治疗师的角色更多的是作为一个促进者和中介者。在治疗师的积极引导下，一些家庭成员会自然而然地承担起治疗师的部分角色，成为家庭内部的支持力量。

从20世纪70年代到80年代，美国社区支持项目步入了迅猛发展的阶段。尤其是对于那些从治疗机构离开、回归社区生活的精神病患者而言，各类社会支持项目搭建起了学习社交技巧、投身休闲活动的平台，意在助力他们更顺畅地融入社会，达成真正意义上的社区回归。1987年，美国国家心理健康组织公开表明了支持态度，主张将非正式网络纳入精神病患者的康复计划之中。这一行动突出强调了康复过程应置于自然的社会网络环境里开展，而非单纯依赖治疗机构。其终极目的在于推动精神病患者能够自然而然、毫无阻碍地回归社区，融入正常的生活节奏。在这样的社会背景和实践需求下，社会支持理论得以不断发展和完善，为理解社会支持在个体康复、社区融合以及更广泛的社会互动中的作用提供了重要的理论支撑。

关于社会支持的概念界定，不同研究者基于各自的理论视角给出了多样化的定义，这些定义大致可以归纳为三类：

第一类定义从主观感受的角度出发，强调社会支持作为人与人之间客观存在或可感知的密切关系。从社会互动的视角来看，中国学者李强对此进行了阐述，他认为："社会支持，从社会心理刺激与个体心理健康之间的关联来考量,应被界定为个体通过社会接触所获得的影响,这种影响能够减轻心理压力反应,缓解心理紧张状态,并增强个体的社会适应能力。"

第二类定义是从客观行为层面展开阐述的,它把社会支持看作是一种能够起到推动、协助或支撑作用的行为与过程,这种行为和过程反映了个体针对他人社会需求所作出的积极回应。阮丹青等提出:"社会支持,指的是人们从社会环境中获得的来自他人的各种形式的帮助。"

第三类定义则采用了综合视角,从社会资源利用和社会关系网络的角度出发,认为社会支持系统是由多种资源构成的资本组合,旨在为有需要的人提供支持。在社会学对社会支持的深入研究中,林楠在整合了众多学者观点的基础上,给出了一个全面的定义:社会支持,是由社区、社会网络以及亲密伙伴所提供的,既可以是有意识的也可以是实际的,既可以是工具性也可以是表达性的帮助。

在支持的具体形式方面,林楠做了更细致的划分,将其分为工具性支持与表达性支持两类。工具性支持,是借助人际关系去实现某个特定目标,像求职、借钱或者帮忙处理家务等情形都属于此类;表达性支持则比较特殊,它既是达成某种效果的手段,自身也是目的所在,涉及分享内心感受、宣泄情绪与挫折、探寻对问题的理解或意义,以及认可自身和他人的价值与尊严等诸多层面。

一般来说,社会支持程度的高低受制于三大核心因素:发展因素、个人因素以及环境因素。首先,谈及发展因素,个体对人际关系的内在表现实则是一个从出生起就持续发展的过程。从发展的视角审视,个体对关系的感知是其内在心理特质与外部环境因素相互交织、相互作用的产物。这种对关系的不同感知，直接塑造了个体未来人际关系的建立模式。进一步地，从发展的维度深入探讨，社会支持领域的关键议题在于：过去的经验如何潜移默化地影响着个体未来的社会生活轨迹。而转换到治疗的视角，这一议题则转化为：如何有效改变个体过去生活中的消极经历，或如何弥补其生活经历的缺失，进而解决个体生活中存在的问题。其次，个人因素在社会支持的发展和使用中扮演着举足轻重的角色。这主要包括自尊、社会性、控制点等人格特质。具体而言，低自尊往往成为建立人际关系的绊脚石，而高自尊的个体则更有可能获得更为丰富的社会支持。那些自我评价较高的人，由于更易被人接纳和认可，因此他们可能收获更多的社会支持；而社会性强的人，则倾向于更积极地利用社会资源来满足自身需求，从而有可能构建起更为广泛的社会支持网络。最后，环境因素在个人社会支持网络的形成中同样发挥着不可忽视的作用。这种作用在不同类型的生活环境中体现得淋漓尽致。在开放、包容的社会环境中，个体更有可能主动建立并积极利用社会支持网络；相反，在封闭、保守的社会环境中，个体对社会支持网络的使用则可能会相对减少。

3.2.5 组织支持理论

组织支持理论着重探讨的是组织向其内部成员提供的一种特定形式的支持，这种支持体现在组织对成员贡献的认可程度以及对成员福利的关切之上。该理论核心观点在于，组织与员工之间关系的稳固性，是建立在员工通过个人的辛勤付出与忠诚，来换取相应的福利及社会回报这一基础之上的。换言之，组织对员工所展现出的承诺或支持，是促使员工愿意继续留在组织内,并积极为组织贡献力量的关键因素。这种双向的承诺与责任,即组织先行的支持与员工随后的忠诚与责任感,共同构成了组织—员工关系稳固的基石。组织支持理论的诞生有着坚实且广泛的理论根基,主要涵盖社会交换理论、互惠原则以及组织人格化理念。

1.社会交换理论

社会交换理论最早由美国社会学家乔治·霍曼斯提出。当时,他尝试从经济学的角度去解读人类的社会行为。该理论指出,人类是理性的行动主体,行为的动机主要是为了获取奖励或者避免惩罚。所以,人们在行动前通常会权衡行为可能带来的后果以及得失,倾向于用最小的成本获取最大的收益,这种行为模式就被称作"社会交换"。基于此,该理论被归入行为主义社会心理学的范畴。

彼得·布鲁是社会交换理论的杰出代表人物,他进一步把交换阐释为一种有特定目的的交流形式。他着重强调,交换行为是基于对回报的期待而展开的。这些行为能否发生取决于他人对奖励的反应,要是预期的反应没有及时出现,行为就会停止。在早期对组织员工关系的研究中,学者们大多聚焦于组织与员工之间的经济交换关系,对社会交换关系的探讨相对较少。不过,随着对组织员工关系研究的逐步深入,基于社会交换理论的研究视角愈发凸显出其重要性。

这里所说的社会交换,是指员工与组织之间持续存在的、遵循平等原则的交换关系。在这种关系里,双方通过交换各自独有的资源来实现互利共赢,其核心在于自利与相互依存。社会交换理论为解释员工对组织支持的感知和员工行为之间的关系提供了有力的理论支撑。在组织与员工的雇佣关系中,员工的努力和忠诚与他们所获得的实际利益和社会回报之间存在一种交换关系。员工认为，组织或上级给予的支持会让自己受益，所以他们会以长期的努力和积极的工作态度来回报组织。同样，依据社会交换理论，员工所感知到的同事支持也是影响他们工作效率、知识共享以及努力程度的关键因素。

2.互惠原则

互惠原则是社会交换理论的核心支撑，它广泛渗透于组织与个人、个人与个人之间的社会交往活动里。在这种交往情境中，交流得以开展的前提是双方都能从交流过程中有所收获，这便是互惠原则的核心要义。

1960年，A.W.Gouldner提出了互惠原则需满足的两个基本条件：一是人们应该对曾经帮助过自己的人予以回报；二是不应伤害那些给予过自己帮助的人。他还将互惠进一步划分为同质互惠和异质互惠两类。同质互惠是指双方交换的内容或者所处情境是一样的；而异质互惠则是指双方交换的物品或服务虽然不同，但在认知层面的价值是等同的。Gouldner还提到，反馈责任感的强弱与对方付出价值的大小紧密相连。

之后，马歇尔·萨利斯对互惠原则展开了更为深入的拓展研究。他从及时性、等价性和利益这三个维度对互惠进行了全新分类，进一步丰富了互惠的内涵与外延。在此基础上，华盛顿大学的查德·埃默森教授深入阐释了在社会交换关系中，双方贡献之间潜在的相互依存关系，并把社会关系划分为协商交易、互惠交易和生产交换这三种类型。

依据互惠原则，在社会交换进程中，组织和员工都会认真权衡自身所获得的报酬与所付出的成本之间的关系。倘若报酬与成本的差额大于或等于零，那么这种交换关系便有可能持续下去。在组织内部的社会交往中，这一原则要求组织和员工都要遵循特定的交流规则。组织要善待员工，为员工提供经济报酬、晋升机会以及奖励；而员工作为回报，也会更加勤奋地工作，用实际行动来回馈组织。

3.组织人格化理念

1965年，美国组织行为学界的学者莱文森提出了组织人格化这一颇具创新性的概念。他提出，组织并非只是毫无生气的物质存在，而是拥有和人类类似的气质与行为特质。在这一理论体系下，组织员工不会把组织看作是冰冷无情的机构，而是倾向于把一些人类的行为特点赋予组织，进而在心中塑造出一个具有人格特质的组织形象，并与之建立情感联结。员工们常常会把组织代理人的行为理解为组织的意图，而非单纯看作是代理人个人的动机。他们会依据组织针对自己所采取的支持或不支持举措，来评判组织是否重视自己的贡献、是否关心自身的幸福感。

组织人格化的理念主要基于以下三个方面：其一，组织要对其领导者的行为承担责任，涵盖法律责任、道德责任以及经济责任；其二，组织通过制定规范、政策和制度，明确员工的角色定位与行为准则，以此推动组织的可持续发展，让组织成员能够清楚知晓自己的角色和职责；其三，组织通过授权代理人来管理员工，这一过程中，代理人的行为在很大程度上被视为组织的代表。

组织人格化的概念还反映了这样一种观念：员工往往认为控制组织资源和象征性资源的人是领导者，因此，上级领导的行为在很大程度上体现了组织的意图。员工们会将领导者对他们的态度和采取的措施，视为组织是否重视他们的努力和贡献的直观表现。基于此，员工会依据组织借助代理人所展现出的支持性或非支持性人际关系方面的表现，来推断组织是否充分重视并关心他们的贡献与福利。

此外，组织的人格化思想还体现在为员工提供重要的社会和情感资源方面。组织不仅仅是员工个人工作和物质交流的场所，更扮演着员工社会和情感资源的重要来源渠道，如提供情感支持、增强归属感和提升自尊等。

基于社会交换理论、互惠原则以及组织人格化理念，并结合以往研究中只强调员工对组织的承诺，而相对忽视组织对员工的承诺这一现状，1986年，美国社会心理学家罗伯特·艾森伯格等学者提出了组织支持理论和组织支持感的概念。这一理论的提出，为探索组织—员工关系提供了新的研究视角，进一步丰富了组织行为学的研究领域。

3.2.6　EAP理论

员工援助计划（Employee Assistance Program，EAP）是一项源自国外的员工福利计划。该计划由企业全额资助，旨在为员工及其家属提供专业的心理和行为问题支持服务。通过这一服务项目，企业致力于推动员工在组织内保持良好的身心状态，提高其工作成效，进而优化企业的整体组织氛围以及管理效率。营造一个更加和谐、高效的工作环境。EAP不仅关注员工的心理健康状态，还致力于帮助员工解决个人及家庭生活中的困扰，从而确保员工能够以最佳状态投入到工作中，为企业的持续发展贡献力量。EAP的内容主要包括：

1.心理资本提升

员工援助计划不仅着眼于帮助员工解决当前面临的问题，更重视采用更为积极的方法来增强员工的应对能力和心理韧性，从而进一步提升员工的工作绩效，进而推动组织整体绩效的提升。在这一过程中，心理资本的提升成为从积极视角出发，实施员工援助计划的一项重要手段。

心理资本的概念由弗雷德·卢桑斯首次提出，它描述的是个体在成长与发展的历程中所呈现出的一种积极向上的心理状态。具体而言，心理资本体现在以下四个方面：其一，面对具有挑战性和高难度的工作任务时，个体能展现出十足的信心（也就是自我效能），并且愿意投入必要的精力去拼搏成功。其二，个体对于当下和未来的成功秉持积极的归因观念（即乐观），坚信凭借自身的努力能够收获良好的成果。其三，个体对既定目标有着坚定不移的追求，为了在关键时刻达成成功，能够灵活地改变实现目标的路径（即希望）。其四，当遭遇逆境或者被难题缠身时，个体可以保持坚韧不拔的精神，快速从困境中恢复过来，并在挫折中实现成长（即韧性），最终迈向成功。心理资本包含自我效能、乐观、希望和韧性四个关键维度，它们共同构成了个体积极心理状态的核心内容。通过提升员工的心理资本，员工援助计划不仅能够帮助员工更好地应对工作中的挑战和压力，还能够激发员工的潜力和创造力，为组织的持续发展注入新的活力。

企业可以针对心理资本的每一个维度，精心策划并实施一系列具有针对性的开发措施，旨在全面提升员工的心理资本水平，为企业的持续发展注入强大动力。卢桑斯等权威专家提议，通过团队干预的方式，可以更为有效地提升员工的心理资本。在具体实践中，团队成员首先通过"小步子"技术来设定目标，他们详细阐述并分享每一个子目标及其实现策略，不仅掌握了目标设定的技巧，还在相互交流中激发了创新思维。同时，当他们看到其他团队成员为各自的目标全力拼搏，且听闻他人取得成功的经历时，替代学习效应悄然发生，他们开始相信自己也能够通过努力取得成功。在此基础上，团队成员进一步练习制定与工作相关的具体目标，并探索多条实现这些目标的路径。他们清晰知晓自身必须跨越的阻碍，进而制订针对性计划，有条不紊地逐个将其解决。待这些任务圆满完成后，团队中的每一位成员都会收获来自团队的有价值反馈。这不仅帮助他们拓展了思路，还让他们更加清晰地认识到自己在实现目标过程中可能遇到的其他挑战。通过这样的练习，团队成员制订路径的能力和鉴别、克服障碍的能力得到了显著提升，希望之火在他们心中熊熊燃烧。在规划行动路径、攻克重重阻碍的进程里，团队成员的自我效能感逐步增强，这为形成积极预期筑牢了坚实根基。他们开始更加自信地面对各种挑战，相信自己能够识别并克服任何障碍。这种自信心的增强使他们对成功的期望日益增加，而消极期望则逐渐减少。乐观的态度在他们心中生根发芽，他们开始以更加积极的心态去面对工作中的每一个挑战。此外，团队干预还注重引导团队成员充分认识并利用自己的个人资产，如天赋、技能和社会网络等。他们被鼓励认真思考如何利用这些资源来帮助实现特定的目标，并列出自己能够想到的所有资源项。团队里的其他成员会主动协助他们挖掘更多可利用的资源，并积极鼓励他们充分运用这些资源。与此同时，团队成员也会被引导提前察觉那些可能阻碍自己走向成功的因素，进而制定出针对性的应对方案。在培育希望的过程中，核心在于制订计划以扫除障碍；而在塑造韧性的阶段，则更侧重于探寻避免障碍出现或防止障碍恶化的方法。最终，借助团队的干预举措，每一位团队成员都能更透彻地了解自己在遭遇逆境时的内心想法和真实感受。他们会基于对克服障碍的资源与方法的评估，挑选出更具韧性的思维模式来应对各种挑战。这样的团队干预方式不仅能够全面提升员工的心理资本水平，还能够对他们的职业生涯产生深远的影响，让他们在未来的工作中更加自信、乐观、有韧性地面对各种挑战。

2.压力管理与心理干预

组织为了提升员工的心理健康水平，助力员工更有效地应对各种压力，实施了一系列精心设计的干预手段和措施。这些举措构成了员工援助计划（EAP）中的重要组成部分。通过提供专业的心理咨询、开展压力管理培训、设置放松身心的活动空间，以及提供个性化的心理支持服务，组织致力于为员工打造一个全方位、多层次的心理健康保障体系。这些措施不仅有助于员工及时缓解心理压力，还能提升他们的工作满意度和幸福感，进而促进组织的整体和谐与稳定发展。

3.组织变革中的员工心理辅导

在组织转型的特殊阶段，会面临诸如兼并、重组、裁员以及新管理方式推行等一系列重大变革。这些变革所产生的强烈冲击，让组织内的员工长期陷入心理亚健康状态。工作不安全感时刻笼罩，工作倦怠情绪也在不断扩散，它们已然成为威胁员工个人身心健康以及组织整体良性发展的关键要素。为有效应对这一难题，员工援助计划（EAP）顺势而生。该计划包含对员工沟通流程的细致规划、对各类危机行为的提前预防以及及时且高效地应对处理机制。尤其需要强调的是，EAP搭建了高效的员工沟通桥梁，不仅会妥善安排裁员过程中的沟通会谈，还会针对变革引发的心理问题提供专业辅导。旨在帮助员工更好地适应变革，减轻心理压力，从而维护员工的心理健康，促进组织的稳定与发展。

4. 劳动关系与人际关系的改善

随着经济的高速发展与组织的不断转型，各种矛盾与挑战随之涌现，这要求企业构建一套和谐稳定的劳动关系体系以应对复杂多变的环境。为了确保组织内部人力资源的充足与高素质，企业在追求经济效益最大化的同时，必须投入大量资源与精力，谨慎妥善处理劳动关系问题，以维护企业的稳定与发展。员工援助计划（EAP）在此扮演着至关重要的角色，其基本作用在于调整和优化劳动关系，通过提供专业的支持与服务，增强企业的内部凝聚力与竞争力。

此外，组织内部人员之间良好的人际关系是企业持续健康发展的必要基石。EAP不仅致力于培养和训练员工，使他们掌握改善人际关系的技巧，提高处理人际关系的能力，还积极助力企业建立合理的组织结构，营造畅通有效的沟通渠道和和谐融洽的交往氛围。通过这些举措，EAP帮助组织的管理者引导内部人际关系朝着更加积极、健康的方向发展，为企业的长远发展奠定坚实的人际基础[①]。

---

① 董克用，李超平. 人力资源管理概论[M]. 北京：中国人民大学出版社，2021.

第4章
Chapter 4

中国职业女性的发展历程及职业女性工作与生活关系的演进史

在历史长河的激荡中,中国职业女性的劳动轨迹始终与文明进程紧密交织,其地位嬗变构成了一部生动的社会变迁史。从农耕时代"男耕女织"的性别分工体系,到近代工业文明催生的首批产业女工群体,从新中国"半边天"话语体系下的全面社会参与,到数字经济时代的技术赋能与认知革新,生产力发展始终扮演核心驱动角色——铁犁牛耕固化家庭定位,蒸汽机轰鸣冲破私领域边界,自动化消解体力差异,人工智能重构劳动时空。制度变革与社会观念形成双重推力,计划经济政策打破职业壁垒,市场经济催生权益保障命题,生育政策优化与数字游民新姿态则推动新生代女性在职业成就与生命价值间探索平衡。这一历程深刻揭示,女性解放既是社会进步的标尺,更是文明转型的内在动力,其轨迹始终印证着经济基础与上层建筑的辩证关系,在代际认知重塑中书写着性别平等的永恒命题。

第4章 中国职业女性的发展历程及职业女性工作与生活关系的演进史

4.1 中国职业女性的发展历程

4.1.1 原始社会妇女地位由主变辅

在洪荒初开的史前期，人类亲缘谱系的书写悄然历经了母系血脉与父系轴心的文明嬗变。这段跨越数万年的社会演进史，恰似一部以性别为载体的生存智慧史诗，镌刻着人类对自然法则与社会结构的双重探索。

当新石器时代的曙光穿透云层，母系氏族公社如野火燎原般在广袤大地上蔓延。这不是偶然的历史选择，而是生存逻辑的自然沉淀——在采集经济的命脉中，女性展现出惊人的适应能力。男性成员追逐猎物的身影常消失在密林深处，带着或丰或歉的偶然性归来；而女性躬耕于林地边缘，指尖流淌着采集的韵律，陶罐中沉积的坚果与块茎，编织出稳定的食物网络。这种分工看似原始，实则蕴含着深邃的生存智慧：当男性与猎物进行着危险的博弈时，女性已与土地建立起可持续的共生关系。

在仰韶文化的半坡遗址，彩陶上游动的鱼纹与蜷曲的蛙纹，隐喻着对女性生育神力的崇拜。传说中燧人氏以燧石叩击出文明火种，伏羲氏用网罟驯服江河生灵，神农氏发明耒耜开启农耕纪元——这些被神话包裹的"文化英雄"，其原型很可能正是观察自然规律的女性智者。她们将采集经验升华为种植技术，将藤蔓编织转化为纺织工艺，用陶土捏塑出炊煮容器，在火与土的炼金术中，将偶然所得淬炼成稳定的生产力。

母系血缘的纽带在此刻绽放出独特的文明之花。定居聚落沿着河流蜿蜒生长，房屋以环形布局守护氏族火种，外嫁男性如候鸟般往来于不同氏族，子女承袭母系血脉，财产沿着女性谱系涓滴传承。在红山文化的祭坛上，女性祭司手持玉琮沟通天地，她们的决断影响着氏族的迁徙与祭祀；在河姆渡的干栏式建筑中，女性长者分配着稻谷与织物，皱纹里沉淀着四季轮回的智慧。这种"重女不轻男"的社会范式，实则是生存资源的自然配置——当女性掌握着稳定的食物来源，便自然成为氏族事务的隐形指挥者。

这种以女性为轴心的社会架构，在考古发现中得到了诗意印证。甘肃秦安大地湾遗址出土的彩陶瓶上，人形浮雕夸张地突出腹部与乳房，彰显着生育崇拜的图腾；江苏连云港将军崖岩画中的禾苗与女性符号，诉说着农耕文明与女性创造力的永恒关联。即便在父权制浪潮席卷全球后，西南少数民族的"走婚"习俗与"阿注"婚姻，仍如活化石般保存着母系社会的文化基因，提醒着我们：性别权力的天平，始终在生存逻辑的砝码上摇摆[①]。

在新石器革命的浪潮中，人类正经历着生存方式的史诗级蜕变。磨制石器的广泛应用与骨耜、木耒等复合工具的发明，如同打开潘多拉魔盒般释放出惊人的生产力。当氏族部落开始以集群力量砍伐森林、焚烧灌木、开垦连片耕地时，劳动形态发生了质的飞跃——深耕细作取代了粗放开荒，持续耕作需要更强健的体能储备，这让男性在肌肉爆发力与耐力上的先天优势得以凸显。在黄河流域的粟作农业区，考古学家从半

---

① 陶毅，明欣. 中国婚姻家庭制度史[M]. 北京：东方出版社，1994.

坡遗址的窖穴中发现了成层的炭化粟粒，这些需要重复翻土、除草、灌溉的精细农活，逐渐从女性主导的采集经济中分离，演变为需要集体协作的耕作体系。男性开始系统地进行土地轮作与水利管理，其汗珠浸润的沟垄间，萌发着文明转型的密码。与此同时，狩猎技术的革新催生了驯养革命：先民们发现圈养野猪可稳定获得肉源，放牧鹿群能规律获取皮毛，这种"驯养—繁殖"的循环模式，促使畜牧业从偶然的狩猎活动中独立出来。在浙江余姚河姆渡遗址的干栏式建筑群落里，稻作农业与家畜饲养形成了奇妙的共生关系。男性成员在稻田与牧场间奔波，女性则更多转向纺织、制陶等辅助性生产。这种劳动分工的微调，悄然改变着氏族的权力结构——当粮仓钥匙从女性长者手中转移到男性首领腰间，当驯养的牛羊成为衡量家族财富的新标尺，母系社会的血缘纽带开始松动。

但这场性别地位的逆转绝非压迫的序曲，而是生存逻辑的必然延伸。仰韶文化墓葬中随葬石斧与陶纺轮的并列现象，红山文化祭坛上男女祭司共执祭器的岩画，都印证着两性协作的新平衡。在龙山文化的黑陶作坊里，女性仍掌握着制陶核心技艺；在良渚文化的玉琮祭祀中，女性祭司依然能与男性首领共商大事。这种父系社会的雏形，本质上是以体能优势重构经济分工，而非建立性别等级——当男性在田野上挥汗如雨时，女性在聚落中延续着文明火种，两者共同编织着新石器时代的生存图景。

4.1.2 封建社会妇女地位由辅入奴，显现中国古代职业女性雏形

在长达两千余年的封建桎梏中，中国女性始终被禁锢在"三从四

德"的伦理铁笼里,其生命轨迹被礼教规训雕琢成扭曲的浮雕。当青铜鼎彝铭刻着"男率外职,女守内事"的训诫,整个文明将女性贬抑为生殖工具与家务奴隶——她们在婚姻市场如货物般被交换,在家族祠堂连牌位都不配拥有,在科举考场外连驻足的权力都被剥夺。武则天以铁腕打破琉璃顶,慈禧在垂帘后运筹权谋,这些看似突破性别壁垒的个案,实则是男权统治出现裂缝时的应急补丁,她们头戴的凤冠之下,依然是父权制度的铁箍。从《女诫》到《列女传》,从缠足陋习到贞节牌坊,封建礼教编织出密不透风的精神囚笼。在"四权"压迫(政权、族权、夫权、神权)下,女性成为被双重剥削的群体:既要承担繁衍生息的生物学使命,又要履行侍奉翁姑的社会学义务。即便是深宅大院里的贵妇,锦缎华服下也藏着被规训的灵魂;田间地头的农妇,粗糙的十指既握着耕织工具,也攥着被践踏的尊严。这种系统性压迫跨越阶级界限,将"女子无才便是德"的符咒烙在所有女性的命运额角。

然而正是这片精神荒原,孕育了文明裂缝中的思想火种。当明朝中后期的江南市镇飘荡着资本主义的晨雾,李贽在麻城龙湖书院挥毫写下"谓男子之见尽长,女子之见尽短"的惊雷之语,如同在铁板一块的礼教城墙炸开缺口。这位"异端之尤"痛斥"妇人不见客,不出闺门"的荒谬,主张"各从所好,各聘所长",其锋芒直指"存天理灭人欲"的理学窠臼。及至清代,李汝珍以《镜花缘》构建女儿国度,让才女执掌科举、治理邦国,这种浪漫主义的倒置叙事,实则是压抑到极致的精神突围,在虚幻的笔墨间完成对性别秩序的解构与重构。这些思想萌芽如同暗夜流萤,虽未照亮整个时代,却在文明长河中刻下不灭的印记。当封建枷锁在历史的地震中崩解,这些先行者的呐喊终将成为唤醒性别平

第4章　中国职业女性的发展历程及职业女性工作与生活关系的演进史

等的晨钟。

在封建礼教的荫翳下，中国女性如同被囚禁在金丝笼中的云雀，秦汉以降"女正位乎内"的教条如铁链镣铐，朱门垂花构筑起性别隔离的结界。然而穿透礼教铜墙，我们却在故纸堆中发现她们突破桎梏的璀璨轨迹——当程朱理学尚未窒息思想的中古时期，女性以惊人的韧性在市井巷陌书写着生存史诗：敦煌莫高窟第329窟壁画里媒婆持红绫穿梭求亲者，吐鲁番文书记载唐代"女户"经营酒肆的商事博弈，敦煌遗书《推背图》残卷或许正残留着女占卜师推演天机的智慧。这些被正史遗忘的碎片，拼凑出女性在公共领域活动的真实图景。及至宋代，全汉昇先生勾勒的职业图谱恰似性别史的棱镜，折射出女性生存的多元维度。实业领域有采桑织妇、茶农蚕娘耕耘土地，商业空间见酒肆当垆、药铺间病长袖善舞，服务业中稳婆接生、乳母育婴传递温暖，游艺行业则飘荡着伎乐笙歌的悲欢离合。在《唐六典》与《宋刑统》的律法夹缝里，她们肩挑货郎担丈量市井烟火，掌灯夜纺织就生计经纬，用布满老茧的双手在男权社会撕开裂缝。这些职业选择镌刻着鲜明的时代印记：晋代女占卜师借玄学之风登堂入室，唐代媒婆执婚牍穿梭士族门第，宋代茶娘在榷茶制度下结成行业联盟。

尽管多数职业被囿于"三姑六婆"的底层框架，但女性在其中的生存智慧堪称惊艳。盐妇能根据潮汐推算采卤最佳时辰，药婆守护着《千金方》外的民间秘方，妓女在乐籍制度下淬炼出诗词歌赋的绝技。这些被礼教斥为"末技"的营生，实则是封建重压下绽放的生存艺术。就像青铜饕餮纹在礼器上镌刻的文明密码，她们以盐渍的智慧、茶香的坚韧，在男权社会的肌理深处刻下不可磨灭的荧光，证明着被压迫的灵魂从未停止对自由的向往。

4.1.3 中国近代职业女性发展

1. 19世纪末职业女性的萌芽

当西方列强的坚船利炮轰开闭关锁国的国门，裹挟着工业文明的浪潮涌入神州大地，中国传统小农经济如同遭遇飓风侵袭的堤坝，在资本主义原始积累的冲击下逐渐崩解。这场剧烈的社会嬗变中，一个特殊群体被推至历史前台——在封建枷锁与资本异化的双重压迫下，19世纪70年代的中国，首批职业女性如燎原星火般在时代褶皱中艰难生长。在机器轰鸣的纱厂、缫丝坊与火柴车间，我们目睹着传统女性命运的骤变[①]。那些因土地兼并失去生计的农家女、因手工业破产流落街头的匠人妻，被迫将纤弱身躯裹进粗布工装，在蒸汽与粉尘交织的地狱中讨生活。她们被资本选中的"优势"透着黑色幽默：因手指更灵巧、性情更温顺，便成为纺织女工的首选；因薪资可低于男工三成，便被大量填充进不需要重体力的轻工业流水线。上海杨树浦的纱厂女工每日需站立13小时，天津卷烟厂的女工在粉尘中劳作至咯血，而她们微薄的工钱甚至不足以购买治疗硅肺的药品。这场女性劳动参与的革命，在血泪中孕育着觉醒的种子。当《万国公报》译介的欧美女性参政新闻与教会女学培养的首批知识女性相遇，传统性别秩序开始出现结构性松动。1881年，金雅妹从纽约医学院归国创办女子西医书院；1904年，吴贻芳在苏州振华女校推行"科学救国"教育；更遑论那些手握粉笔的女教师，在教会学校的讲台上播撒着"男女平等"的启蒙火种。这些穿梭于病房、教室与油墨

[①] 刘方. 民国时期的新兴职业女性 [D]. 长春：吉林大学，2006.

第4章　中国职业女性的发展历程及职业女性工作与生活关系的演进史

之间的新女性，虽如晨星般寥落（据1876年统计，全国教会女学生仅2101人），却以燎原之势冲击着"女子无才便是德"的千年铁幕①。从江南制造总局女工宿舍的夜灯，到燕京大学女教授办公室的晨光，这场始于生存压迫的女性职业革命，最终在民族危亡的催化下，演变为重塑华夏性别文明的惊雷。她们用缠足走出的血印丈量着现代文明的进程，在男权社会的裂缝中，凿出了通向职业平等的幽径。

在血与火的淬炼中，中国女性开始以主体姿态登上历史舞台。19世纪中叶的狂飙突进，将千百万女性卷入社会变革的漩涡，她们在革命洪流的冲刷下，完成了从"闺阁囚徒"到"历史参与者"的蜕变。这场性别突围战，在太平天国与维新变法的烽火中，书写下惊心动魄的篇章。金田起义的硝烟中，洪秀全以《天朝田亩制度》为剑，劈开了封建伦理的铜墙铁壁。这部纲领性文件以"凡天下田，天下人同耕"的均田理想为基石，首次将女性纳入土地分配体系——"分田照人口，不论男妇"。更具颠覆性的是，政权突破"女子不得预政"的千年禁令，构建起完整的女官制度：女检点执掌刑律，女卒长统领军旅，女管长监管后勤，女性首次以管理者身份进入国家权力体系。洪秀全还颁布诏令禁止缠足、娼妓与人口买卖，设立女军女营，开创科举女科，这些举措如同惊雷炸响在男权社会的穹顶。半个世纪后，维新派接过性别革命的火炬。康有为在《大同书》中疾呼"女子当与男子平权"，梁启超创办《时务报》开辟"女学专刊"。1897年，中国女学会应运而生，康同薇、李惠仙等维新女性主笔的《女学报》横空出世。这份石印旬刊以"伸张女权"为

---

① 何黎萍.中国近代妇女职业的起源［J］.妇女研究论丛，1997（03）：37-42.

宗旨，30余位女编辑用锐利的笔锋刺破礼教阴霾，她们抨击"三从四德"是"奴隶之刑"，呼吁"婚姻自由、兴办女学"。在舆论推动下，蒋婉芳、龚慧苹于1898年创办第一所自办女塾，开启女性教育本土化进程。至1907年，清政府被迫颁布《女子小学堂章程》，承认女性受教育的合法权利，虽将女学限制在师范与小学领域，却终是撕开了一道天光。

这场自上而下的性别突围，在职业领域激起层层涟漪。女教师、女医生作为新兴职业群体开始涌现，北京首家女工艺厂（1908）的成立，更昭示着女性进入工商业的尝试。然而这些星星之火，在封建残余与资本异化的夹击中艰难摇曳。直至辛亥革命前夕，女性职业发展仍呈现"纵向突破，横向困局"的态势——女教师多囿于初等教育，女医生难入公立医院，商业领域更如镜花水月。这场发轫于革命烽火中的性别革命，终需等待更彻底的社会变革，方能迎来真正的破晓。

2. 20世纪初期职业女性群体的壮大

辛亥革命与"五四运动"共同构筑了中国女性解放运动的制度基石，在立法、教育、经济三重维度推动传统性别秩序的现代转型。这场跨越30年的社会变革，通过制度重构、实践突破与文化观念革新，使中国女性逐步挣脱封建依附，以独立主体姿态登上历史舞台。

制度重构层面，南京临时政府成立之初即启动系统性变革。1912年教育部颁布《普通教育暂行办法》，首次以国家意志确立男女平等教育权，打破"女子无才便是德"的伦理枷锁。北京女子师范学校、上海爱国女校等新型学堂如雨后春笋，培养出首批具备现代知识的女性群体。至1924年国民党一大，性别平等原则被纳入政纲，明确提出"在法律、经济、教育、社会确认男女平权"，女性权利从伦理诉求上升为国家意志。1930年《中华民国民法》亲属编颁布，以法典形式规定"夫妻权利义务对等"，彻底瓦解"男尊女卑"的法制根基。这些制度设计不仅重构家庭关系，更赋予女性"国民"身份——秋瑾创办《中国女报》疾呼"扫千年专制之毒"，何香凝以"双清楼主"身份参与革命，她们以鲜血与笔墨证明，女性不仅是家庭中的"贤内助"，更是民族救亡的"生力军"。

经济突围过程展现女性参与现代化建设的强劲生命力。实业救国浪潮中，女性职业解放呈现井喷式发展。1912年孙中山"振兴实业"的号召催生上海女子蚕桑讲习所、北京女子法政学堂等教育机构，批量培养职业女性。天津女界爱国同志会创办的中华女工厂、江苏女子职业传习所等经济实体，使女性首次系统性进入现代工业体系。金融领域突破尤为引人注目：1924年上海女子商业储蓄银行成立，其"女子掌财权"的理念震撼传统社会；报业领域《妇女时报》《女声》等刊物由女性主编，以"铁肩担道义"之姿参与舆论构建。尽管袁世凯复辟引发礼教回潮，北洋政府以"维护风化"之名限制女性就业，但职业女性数量已从1913年的23万增至1928年的130万，在纺织、教育、医疗等领域形成不可忽视的社会力量。

社会文化变革则呈现观念革新的深层脉动。五四新文化运动以科学民主为旗，将"妇女解放"纳入社会改造核心议程。李大钊在《新青年》发文揭露"三从四德"的吃人本质，胡适倡导"易卜生主义"鼓励女性人格独立。知识女性群体迅速将理论探索转化为实践：1919年长沙赵五贞以死抗争包办婚姻，引发全国范围内婚姻自由大讨论；1922年北京女子师范大学学生周峻发起"剪发运动"，象征性地斩断传统束缚。

更值得关注的是女性参政意识的觉醒：1922年国民党中央执行委员会设立妇女部，1924年广州国民政府出现首位女性市长，这些政治实践标志着女性从"被解放者"到"解放主体"的历史跨越。

这场革命在传统文化与现代文明的碰撞中艰难推进。尽管面临职场歧视、法律执行滞后等结构性障碍，但女性在账房里的算盘声、车间里的机器轰鸣、报馆里的油墨香，共同谱写着文明开化的新乐章。她们以职业装束丈量着通向现代文明的征途，在民族救亡与现代化转型的双重变奏中，完成了从家庭依附到社会参与的史诗般跨越。

五四新文化运动犹如一道思想闪电，撕裂了封建伦理的阴云，在女性解放的荒原上点燃了职业革命的燎原之火。这场跨越20年的社会变革，通过理论译介、媒介传播、实践突破与制度保障的四重奏，将中国女性从"灶台"推向"写字台"，在现代化进程中镌刻下性别平等的崭新篇章。

理论译介构建起女性职业革命的思想坐标系。陈独秀在《新青年》开辟"妇女问题专号"，系统译介易卜生《娜拉》与泰勒《妇女的选举权》等西方经典，将"人格独立"与"经济自主"确立为女性解放的两大支柱。李大钊《现代女权运动》等文章，创造性地将马克思主义阶级理论与女性主义结合，揭示封建经济制度对女性的双重压迫。更值得关注的是吉尔曼《妇女与经济》的中译本，其"经济独立是女性解放先决条件"的论断，在知识女性中引发强烈共鸣。北京女子高等师范学校学生王兰英在读书笔记中写道："经济权如未得，则种种权利皆如镜花水月"，道出新一代女性觉醒的深层逻辑。

媒介传播则成为职业启蒙的扩音器。《妇女》杂志自1915年改版后，开辟"职业调查"专栏,连续三期介绍欧美女性职业状况,详细列举打字员、速记员等新兴职业的收入前景。上海《申报》副刊"自由谈"更以连载形式,刊登职业女性口述史,如电话局女接线员张秀英自述:"每日接线千次,虽手指生茧,然闻四方讯息,知天下事,胜于困守闺中。"这种媒介叙事成功构建了"新女性"的公共形象。据统计,1920—1925年,全国新创刊的女性刊物达46种,形成强大的舆论矩阵。

职业实践在多元路径中展现突破与困境。银行业成为职业革命的先锋阵地,1924年上海女子商业储蓄银行以"女子经理、女子柜员"的全女性团队运营,虽因资金短缺仅维持3年,却开创了女性进入金融领域的先例。天津永利碱厂招收女工的举措更具示范意义:1921年首批30名女工经过严格考核上岗,她们佩戴特制铜质工牌,在男工主导的化学车间中展现出非凡的适应能力。至1930年,该厂女工比例已达18%,其"同工同酬"的实践比国家立法早10年。然而,职业性别隔离仍如幽灵般游荡:南京下关码头的女搬运工需佩戴"女力夫"字样胸牌,上海先施公司电梯女郎必须保持"淑女式微笑",这些隐性歧视折射出结构性的不平等[①]。

制度保障在曲折中逐步完善。1931年《工厂法》明确规定"女工产前产后休假八星期",虽执行率不足15%,却为劳动权益争取提供法理依据。更具突破的是《中华民国民法》第一千零二条:"夫妻各保有其本姓",从法律上终结了"夫权婚姻"制度。这些立法成果与女性团体的持续抗争密不可分:1929年全国妇女协会提交《争取女公务员平等待遇书》,列举

---

① 何黎萍.抗战以前国统区妇女职业状况研究[J].文史哲,2002(05):163-168.

"女职员不得参与决策会议""同等职位薪资低30%"等27项歧视条款，迫使内务部出台《公务员任用暂行条例修正草案》。至1936年，南京国民政府38个部会中已有女性公务员476人，虽仅占2.3%，但已突破"女子不得任政务官"的传统禁忌。

这场职业革命在数据维度呈现出鲜明的现代性特征。据实业部1933年统计，全国22个城市共有职业女性87.4万人，其中教育、医疗、金融领域女性占比分别达12.7%、8.9%、6.4%。更值得关注的是职业结构的代际变迁：1912年女教师90%集中于小学，至1931年大专院校女教师已占同级教师总数的5.8%[①]。这种"知识上行"趋势，在医疗领域尤为显著——1925年北京协和医学院招收首批女实习生，标志着女性突破传统职业天花板的重大转折。

在现代化浪潮与封建残余的激烈碰撞中，职业女性展现出惊人的适应能力。上海纱厂女工杨秀英发明"细纱接头法"，使生产效率提升15%；北平女律师郑毓秀代理的"李秀贞抗婚案"，经《大公报》连载引发全国大讨论。这些个体奋斗汇聚成历史洪流，正如《申报》1935年社论所言："女子就业已成社会常态，昔之视为异端者，今则习以为常。"当1937年抗战爆发，无数职业女性脱下工装换上戎装，在救亡图存的烽火中续写着性别平等的壮丽诗篇。这场始于五四运动的职业革命，终将封建伦理的坚冰融化为现代文明的春水，在民族复兴的征程中，镌刻下女性觉醒的永恒印记。

新民主主义革命的狂飙突进，将中国女性解放事业推向了前所未有

---

① 潘迎华.19世纪英国妇女家庭经济作用分析[J].浙江教育学院学报，2006（05）：74-76.

的历史高度。这场由无产阶级政党领导的革命浪潮,不仅以阶级解放的宏大叙事重构社会结构,更以制度性变革重塑性别秩序,在千年封建桎梏的废墟上,矗立起现代女性权利保障体系的历史丰碑。

新文化运动播撒的思想火种,在马克思主义理论的浇灌下迸发出璀璨光芒。早期马克思主义者深刻揭示"经济独立乃人格独立之基"的真理,将职业平等具象化为"机会均等"与"报酬公允"的双重维度。1921年中国共产党应运而生,其党纲开宗明义:"废除一切压迫妇女的法律与习惯",将性别平等纳入无产阶级革命的总纲领。次年《关于妇女运动的决议》更以纲领性文件形式,系统提出"打破旧道德束缚""实行教育、职业、工资三平等""确立女性继承权"等革命主张,构建起妇女解放的理论框架。

在血与火的革命实践中,中国共产党人将理论主张转化为制度性安排。中央苏区时期,《中华苏维埃共和国婚姻法》首开先河,规定"男女结婚离婚绝对自由",以法律利刃斩断封建包办婚姻的锁链。陕甘宁边区创造性地实施"二二制"职业教育,延安中国女子大学培养出首批兼具革命理想与专业才能的女性干部。在"劳动光荣"的革命话语体系中,纺织合作社、军需工厂等经济实体成为女性实现经济独立的革命熔炉,吴贻芳领导的金陵女子文理学院更将高等教育权延伸至广大劳动女性。

解放区的社会实验展现出妇女解放的乌托邦图景。太行山区的"妇救会"组织妇女参与春耕秋收,使"男耕女织"的传统分工瓦解于集体劳动的号子声中;东北解放区的"妇女挺进队"驾驶着苏制拖拉机,在广袤的黑土地上犁出性别平等的深痕。哈尔滨兆麟公园的万人大会上,

3000余名女工手持《劳动保护条例》，用俄语高唱《国际歌》的场景，成为工业文明与性别平等交融的历史定格。

这场革命重塑了女性主体的政治想象。山东沂蒙山区涌现出"红嫂"群体，她们用乳汁救活八路军伤员，用肩膀架起战略转移的桥梁；晋察冀边区的"子弟兵母亲"戎冠秀，将革命与母爱熔铸成精神图腾。在参政议政的实践中，1949年华北人民代表会议中女性代表占比达17%，她们佩戴着"妇女能顶半边天"的胸章，在议事厅里发出制度变革的强音。

新民主主义革命建构的妇女解放范式，突破了新文化运动时期"贤妻良母"改良主义的局限。通过土地革命瓦解封建经济根基，以《婚姻法》重塑家庭关系，用劳动立法保障职场权益，中国革命为性别平等开辟了制度化的实现路径。尽管在革命进程中，城乡差异与战争环境导致政策执行存在张力，但解放区"自带行李闹革命"的女战士们，已用鲜血与汗水证明：当女性以革命主体身份参与社会变革时，千年未有的性别平等曙光终将照亮整个民族的精神天空。这场革命不仅为现代中国妇女事业奠定基石，更在人类文明史上书写了制度性性别平等的伟大实践。

4.1.4 新中国时期职业女性发展

社会主义制度的旭日东升，在神州大地上熔铸出一座前所未有的性别平等丰碑。国家权力作为红色巨轮的舵手，以计划经济为经纬，编织出覆盖全民的社会运行网络，将"男女平等"的金色丝线织入每个社会细胞的基因序列。在这场堪称人类史上最彻底的社会革命中，女性群体从"历史的配角"蜕变为"时代的建设者",在社会主义的宏大叙事中书写着主体觉醒的壮丽诗篇。"妇女能顶半边天"的铿锵誓言,在工厂车间化为轰鸣的机械交响曲。沈阳第一机床厂的女车工王淑芬,带领"三八突击队"将精密零件误差控制在0.01毫米以内;武汉长江大桥建设工地,女钢筋工李素珍在四十米高空架设钢梁的身影,成为工业化进程的生动注脚。这些"铁姑娘"们用沾满油污的双手,将"男工能做的事,女工同样能做"的信念镌刻在共和国的工业基石上。

经济领域的制度性变革释放出惊人的性别红利。1950年《婚姻法》以法律利剑斩断封建婚姻枷锁,1954年《宪法》明确"男女平等"为国策,1955年《女职工劳动保护条例》构建起职场性别权益保障体系。数字见证了这场静默革命:1949—1957年,女职工人数以年均38.6%的增速攀升,从60万激增至328.6万,在棉纺、医疗、教育等领域形成"巾帼方阵"。北京同仁医院女医生林巧稚创造的"接生四万婴儿无事故"奇迹,正是女性职业成就的时代缩影。

政治参与维度的突破更具划时代意义。1953年普选运动中,江苏南通唐闸镇纺织女工陈贞玉当选人大代表,她肩扛"妇女号"纺车走进人民大会堂的身影,定格为历史经典瞬间。至1957年,全国人大代表中女性占比达14.7%,申纪兰、邓颖超等女性领袖在最高国家权力机关发出制度强音。这种从"灶台"到"议政台"的跨越,不仅重构了政治空间的性别构成,更重塑了"女性公民"的现代身份认同。

文化领域掀起的女性主体性建构运动同样波澜壮阔。1950年全国扫盲协会成立,"识字班"的灯火照亮千万农家女求知的眼睛;中央人民广播电台《妇女》节目用无线电波传递育儿、卫生、法律新知,构建性别平等的媒介话语体系。当山东快书艺术家高元钧创作《夸女将》在民间传唱时，新时代的"穆桂英"们已在社会主义建设中谱写出超越传说的英雄史诗。

这场制度重构的深刻性在于，它不仅通过法律与政策消除显性歧视，更以社会动员重塑文化潜意识。当"时代不同了，男女都一样"的标语刷遍城乡，当女拖拉机手梁军印上人民币票面，社会主义中国完成了对传统性别秩序的基因重组。尽管在城市化进程与计划经济转型中，性别平等实践面临市场化挑战，但1949—1957年的历史巨变已然证明：当国家机器以革命意志推动社会变革时，千年未有的性别平等曙光终将照亮整个文明进程。

市场浪潮的激荡重构了中国女性的职业版图，这场始于计划经济堡垒松动的经济体制改革，将性别命运的罗盘引向未知的海域。国家权力从微观经济领域有序撤退，社会结构呈现出前所未有的多元形态，个体生命在时代漩涡中演绎着截然不同的生存叙事。

制度转型引发的资源重组，恰似地壳运动般剧烈。当"铁饭碗"的釉面剥落，有人抓住民营经济的缆绳攀上创业高峰，有人紧握信息技术的舵轮驶入白领航道，却也有人被下岗的飓风卷入生存漩涡。在这场没有硝烟的社会变革中，女性群体展现出惊人的适应能力，其职业轨迹勾勒出时代转型的立体图景。

在机遇的浪尖上，女性迸发出耀眼的光芒。民营经济沃土中生长出独特的女企业家群落，她们以家庭作坊为起点，编织出遍布全国的中小企业网络。科技革命的春风里，女性专业技术人员构成一道独特风景线——1982—1990年的跨越中，这支队伍激增544万，性别比从

161∶100骤降至121∶100，数字背后是实验室里彻夜不眠的身影，是图纸堆里反复演算的坚持。第三产业崛起更似为女性量身打造的舞台，金融保险、公共服务等领域迅速绽放着职业女性的智慧之花。

但变革的暗流同样凶险。国有企业减员增效的剪刀差，将大量女性推至改革成本的前线。1993年后下岗工人数量翻倍的冰冷数字中，女性构成不容忽视的沉默群体。那些在流水线上奉献青春的纺织女工，那些因年龄学历失去竞争力的普通职工，在劳动力市场化的浪潮中，被迫从体制内温室移植到风雨飘摇的市场丛林。2000年后持续攀升的失业率曲线，犹如一道刺目的警戒线，提醒着性别平等的脆弱性。

这场职业重构的双重变奏，在数据中呈现戏剧性反差：当女企业家在商海弄潮，女工程师在科技攻关，女性领导在政坛发声时，另有数百万下岗女工在再就业市场中艰难跋涉。这种结构性分裂，既彰显着制度转型的解放力量，也暴露出新旧体系碰撞中的阵痛。那些在高考独木桥上厮杀突围的农家女，那些被迫创业的下岗工人，以各自的人生轨迹，在时代画布上绘就女性职业革命的斑斓图景。

当历史的指针滑向20世纪80年代，职业女性如同被推上双面神祭坛的现代祭品，既要在职场丛林中搏杀，又要守护家庭港湾的温情。这种双重枷锁在90年代发酵成社会性的精神困境——西装套裙与围裙的撕扯，在无数个暮色四合的傍晚，化作写字楼格子间里未完成的报表和幼儿园门前匆匆掠过的高跟鞋影。

社会文化惯性的滞后如同隐形牢笼，家庭结构的代际牵绊织就细密罗网，工作责任的数字化考核成为悬顶利剑。当职业满意度在角色撕裂中流失，绩效曲线在精力分散中波动，人们惊觉这已不是个体困境，而是整个性别群体在现代化转型期的阵痛。

时间快进至21世纪，职场性别图景呈现出令人困惑的倒置景观。在制造业流水线上，女性身影构成蓝领大军的主体，其比例高出男性12.7个百分点；而玻璃幕墙背后的白领战场，女性身影却稀疏了18.4个百分点。这种垂直分布的差异，恰似职场性别金字塔的诡异倒影。

教育晋升的螺旋阶梯对女性尤为陡峭——要触及同样的职位星辰，她们需背负更沉重的学历行囊。行业选择更似布满暗礁的航道：女性多拥挤在农业、工业、服务业这些低门槛港湾，而信息产业的数字疆域，男性旗帜几乎遮蔽了整个天空。这种结构性隔离，在大数据的透视镜下无所遁形：第四类行业中，女性从业者仅占19.3%，而男性高达76.8%。

这场静默的职业性别革命，在统计曲线的起伏中诉说着深层真相：当社会以效率之名重构分工体系时，传统文化基因仍在暗处指挥着性别角色的惯性编排。那些在车间挥汗如雨的女工，在代码世界孤独跋涉的女程序员，在会议室据理力争的女高管，正以不同的人生轨迹，共同书写着性别平等的当代寓言。

4.2 职业女性工作与生活关系的演进史

女性职业发展史反映了文明演进中突破与桎梏的交织进程。工业革命时期，女性作为廉价劳动力被迫进入工厂，虽推动社会生产变革，却未改变其从属地位，父权结构下的性别分工依然牢固。20世纪80年代中国体制转型期，职业女性在民营经济崛起和第三产业扩张中获得新机遇，呈现多元化发展态势：女企业家群体形成、白领比例提升、就业领域拓宽。然而国企改革引发的结构性失业，使大量女性承受转型代价，尤其低学历中老年女性成为主要冲击对象。全球化时代，信息技术革命催生更多职业可能，但性别隔离仍显著存在：女性多集中于低门槛行业，在高科技领域占比偏低。职业成就的背后，是女性在双重角色冲突中的持续调适，既需应对职场竞争压力，又需平衡家庭责任，其职业发展轨迹深刻折射出社会制度、文化观念与个体能动性间的复杂互动。

4.2.1 工作与生活相互排斥阶段

19世纪初至19世纪中后期，以英国为策源地的工业革命席卷西欧，彻底重构了传统社会生产模式。在这一历史进程中，女性劳动力的规模化入场既是工业资本主义扩张的必然产物，也是前现代社会结构裂变的微观缩影。工厂体系对廉价劳动力的吞噬性需求，促使社会中下层家庭的女性在生存压力驱动下，以被动姿态卷入工业化浪潮。尽管19世纪中期女性工厂工人数量呈现显著增长态势，但这一群体始终徘徊在资本主义生产体系的边缘地带[1]。

当时占主流的社会性别意识形态，仍以维多利亚时代的"女性领域"理论为基石，将家庭空间建构为女性的天然归属。公众舆论对女性就业普遍持否定态度[2]，这种价值判断不仅体现在《泰晤士报》等主流媒体对"工厂女性道德堕落"的连篇累牍，更通过《工厂法》等立法实践得到制度性强化。中产阶级女性凭借家庭经济保障，得以维系"家庭天使"的传统角色，而底层女性则被迫在棉纺车间、矿井巷道等危险场所

---

[1] 何黎萍.近代美国妇女职业活动考察透视[J].通化师范学院学报，2003，24（03）：39-43.

[2] 庄解忧.英国工业革命对劳动妇女的影响[J].厦门大学学报（哲学社会科学版），1982（04）：53-61.

从事超强度劳动。这种阶层分野在19世纪中期男性工资水平提升后愈发显著，大量底层女性开始主动选择回归家庭，显现出传统性别秩序的强大吸附力。

从劳动过程维度考察，早期职业女性群体承受着制度性剥削的多重压迫。在曼彻斯特棉纺厂，女工日均劳作时间长达14—18小时（不同史料存在2—4小时偏差）[1][2]，其劳动强度远超生理极限。在工资分配体系中，性别歧视形成系统性差序格局：1839年英国工厂调查数据显示，女性工人周薪仅为同岗位男性的42%—58%。已婚女性对劳动收入的支配权更受到《已婚妇女财产法》等法律的严格限制，其经济地位呈现双重依附特征。

这种生存驱动型劳动模式导致女性职业发展呈现显著的结构性矛盾。工厂劳动对家庭空间的挤压效应，迫使已婚女性在工作与家务间疲于奔命，而未婚女性虽具时间优势，却丧失传统生命历程的完整性。童工现象加剧了这种异化，1841年人口普查显示，英国纺织业女工中12—16岁群体占比达37%。在恶劣的工作环境下，硅肺病、纺织工人肺等职业病在女性群体中高发，其平均寿命较男性工人缩短8—10年。

这种劳动异化的深层机制，源于前工业社会向工业社会转型期的制度失序。工厂制度将女性身体转化为可计算的劳动力商品，却未建立相应的社会保护机制。当生存需求压倒一切时，女性不得不以生命健康为代价换取基本生存资料，其劳动价值被简化为维持肉体存续的最低成

---

[1] 周莉萍.20世纪20年代美国妇女婚姻家庭生活特点及其地位和角色变迁［J］.宁波大学学报（人文科学版），2006，19（04）：65-68.

[2] 杨丽红.简述1890—1920年美国职业女性［J］.沧桑，2009（05）：32-33.

本。这种生存策略的本质，是前现代人身依附关系在工业体系中的延续，而非现代意义上的职业选择。

4.2.2 工作与生活关系缓和阶段

在历经工业化初期的生存困境后，19世纪末至20世纪20年代的职业女性发展呈现出清晰的递进式突破。这一历史进程通过制度赋权、经济重构、教育革新和社会观念转变的协同作用，构建了女性社会角色转型的完整链条：

首先，制度性权利突破构建法律基础。从19世纪末开始，西方工业化国家逐步启动性别权利的法律重构。英国通过《1832年改革法案》启动选举权扩展，历经四次立法改革，最终在1928年实现男女普选权平等；美国女性经过72年抗争，于1920年通过宪法第19修正案获得选举权[①]。北欧国家率先突破，芬兰（1906）、挪威（1913）成为早期典范。选举权革命引发连锁效应：1908年英国《已婚妇女财产法》确立女性财产独立权，瑞士1911年修订民法承认夫妻法律平等。这些制度变革虽未瓦解父权体系，却首次以法律形式承认女性的完整公民人格，为后续发展奠定法理基础。

其次，产业转型开辟职业新空间。第二次工业革命催生第三产业革命性扩张，自动化办公设备与商业服务网络创造大量新型岗位。19世纪80年代美国雷明顿打字机普及催生百万速记员群体，电话交换台成为女性就业新阵地（AT&T公司1910年雇佣2.5万名女性接线员）。英国"伦

---

① 潘迎华.19世纪英国妇女家庭经济作用分析[J].浙江教育学院学报，2006（05）：74-76.

敦打字员协会"1900年会员达3万人，显示女性向技术型岗位迁移。与蓝领岗位相比，白领职位提供清洁环境、可控强度与职业尊严，吸引大量女性进入。美国女性白领从业者从1890年的17.1万激增至1920年的200万[①]，英国女性就业增幅（220%）远超男性[②]。同时，工人运动推动工时制度变革：福特公司1914年首倡8小时工作制，国际劳工组织1919年《工时公约》加速全球标准化，显著改善蓝领女性劳动条件。

再次，教育革命重塑认知体系。工业化需求倒逼教育体系重构，英国《1870福斯特教育法》建立全民初等教育，1875年剑桥大学首开女子入学考试[③]；美国《莫里尔法案》推动赠地学院发展，1892年斯坦福大学首招女生。至1920年，美国高校女性入学率从1870年2%升至18%，英国牛津女性学生占比达15%。专业教育取得突破，1868年波士顿大学医学院首招女医生，1870年哈佛法学院录取首名女生。中国1907年《女子学堂章程》颁布后，至1920年建立120所女子师范学校，北京女高师（1919）成为精英摇篮[④]。教育普及不仅提升职业技能，更促成性别意识觉醒——《新青年》1915年"女子问题专号"引发全国讨论，标志知识女性开始系统反思传统性别秩序。

此外，职业升维挑战性别壁垒。20世纪初，女性开始突破职业天花板。医学领域率先突破，英国1914年有200余名注册女医生[⑤]，美国女医生从1870年的50人增至1910年的8700人[⑥]。法律界出现里程碑式进

---

①③⑤ 李娜.19世纪中后期英国中产阶级妇女职业状况探析[J].安庆师范学院学报（社会科学版），2006，25（04）：16-17.
②④ 何黎萍.中国近代妇女职业溯源[J].文史精华，1997（08）：1，38-45.
⑥ 杨丽红.简述1890—1920年美国职业女性[J].沧桑，2009（05）：32-33.

第4章　中国职业女性的发展历程及职业女性工作与生活关系的演进史

展,1910年美国拥有1500名女律师,阿拉巴马州成为首个允许女性担任陪审员的州。尽管高端职业仍属少数,但"玻璃天花板"首次出现裂纹。就业结构同步转型:美国20世纪20年代新入职女性中已婚者占比达45%[①],显示家庭角色与职业身份的融合趋势。部分先锋女性甚至进入政治领域,如英国艾米琳·潘克赫斯特领导参政运动,美国珍妮特·兰金成为首位国会女议员(1917)。

最后,生活空间扩展彰显主体觉醒。制度松绑与职业赋权催生生活领域重构。20世纪20年代"新女性"现象显现:她们参与高尔夫球、网球等体育活动,电影院、百货公司成为社交新场景。美国"弗莱施曼酵母小时"运动(1920)推动家庭劳动时间压缩,使职业女性每周获得6—8小时闲暇。这种从"生存劳动者"向"发展型个体"的转型,通过购物、旅游、体育等现代消费形式得以具象化,标志着女性开始主动构建超越家庭的生活领域。

这一时期的社会进步虽为职业女性发展注入动力,但其突破始终在传统性别秩序的夹缝中艰难生长。工业化浪潮与教育普及推动女性职业队伍规模扩张、工作条件优化及教育机会提升,但父权意识形态仍以"家庭天使"的想象规训女性生命轨迹。尽管女性就业已成为不可逆的社会事实,但"女性就业仅是婚前过渡"的主流叙事仍占据文化场域,医学界更以生理差异为由强化职场性别隔离。尽管已婚女性就业比例开始攀升,但社会规训与家庭责任的双重挤压使该群体占比始终未突破临界值(如美国20年代不足半数),多数女性在生育后被迫回归家庭,

---

① 周莉萍.20世纪20年代美国妇女婚姻家庭生活特点及其地位和角色变迁[J].宁波大学学报(人文科学版),2006,19(04):65-68.

暴露出性别平等进程的表层性与脆弱性。这种结构性矛盾导致职业女性始终在传统角色期待与现代职业身份间摇摆，难以在公共领域与私人空间间建立稳定支点。

4.2.3 工作—家庭平衡阶段

20世纪20年代末至30年代初的经济大萧条如飓风般席卷全球，职业女性首当其冲成为经济危机的牺牲品。在这场持续数年的经济寒冬中，美国女性失业率飙升近40%，英国纺织业女工裁员比例高达65%，大量受过专业培训的职业女性被迫脱下制服换上围裙，家庭领域再次成为她们唯一的"就业市场"。这种倒退不仅体现在经济层面，更是通过媒体叙事得到强化——《纽约先驱论坛报》刊登的"女性应回归家庭以缓解就业压力"系列报道，折射出当时社会对女性职业参与的矛盾心态。

第二次世界大战的爆发意外打破了这种僵局。当1600万美国男性应征入伍时，后方劳动力缺口达到战前水平的37%，女性成为填补工业空白的"隐形部队"。从底特律汽车工厂的焊接工到伦敦空袭警报解码员，女性在军工、交通、通讯等关键领域证明了自己的价值。战争部推出的"铆工罗茜"宣传海报，将女性劳动者塑造为国家英雄，这种形象重塑对战后性别观念产生了深远影响。尽管战后初期出现男性复员潮引发的岗位置换，但女性已不再是职场边缘人——1947年美国女性白领比例较战前增长28%，英国女性工程师注册人数实现百倍增长。

20世纪后半叶的产业结构转型为职业女性创造了新机遇。第三次科技革命催生的计算机产业中，女性程序员占比一度超过35%；服务业崛起带来的信息处理、客户服务等岗位，天然具有性别中立特性。1963年美国《同工同酬法案》的颁布，虽未彻底消除性别工资差距，但为女性争取职场权益提供了法律支点。此时的职业女性开始采用更积极的策略平衡双重角色：时间管理技术被系统引入家庭生活，家电自动化浪潮中洗衣机普及率从1950年的9%跃升至1970年的68%，家庭服务业市场规模每10年翻一番。

这种平衡术的运用折射出深层社会变革。贝蒂·弗里丹《女性的奥秘》引发的第二次女权浪潮，将家庭主妇形象解构为"舒适的集中营"，推动职业选择成为女性主体意识的实践场域。1975年联合国世界妇女大会提出的"家务劳动社会化"倡议，促使北欧国家率先建立普惠性托育体系。当日本女性劳动参与率从1960年的38%攀升至1990年的63%，职业女性的发展轨迹已突破"家庭—职场"二元对立，在全球化浪潮中重构着性别与劳动的互动关系。历史进程表明，职业女性的平衡之路不仅是个人选择，更是社会文明演进的重要维度。

4.2.4 工作—生活平衡阶段

自20世纪70年代起，全球职业女性发展浪潮以不可阻挡之势重塑着社会性别图景，这场静悄悄的性别革命正从职业领域向生活场域全面渗透。在权力重构的维度上，女性突破传统政治玻璃天花板的轨迹震撼人心：英国撒切尔夫人1979年以"铁娘子"姿态重塑国家经济版图，其私有化改革不仅创造了"撒切尔主义"政治遗产，更使女性领导力成为国家竞争力的核心要素；美国奥尔布赖特1997年佩戴国务卿徽章时，其推动北约东扩的外交战略，让女性视角首次深度介入全球安全架构重构；德国默克尔2005年登顶总理宝座后，在欧债危机中展现的危机管理智慧，彻底打破"女性不适合领导大国"的性别偏见。这些政治强人的崛起，标志着女性领导力开始在全球权力中枢形成独特的话语体系。

职业领域的范式升级在发达国家呈现裂变式发展。随着高等教育性别差距持续收窄（美国女性本科学位获得率从1970年的40%跃升至2000年的60%），女性群体突破"玻璃天花板"的集体诉求转化为具体实践：华尔街投行女性董事比例从1980年的3%增至2010年的15%，硅谷女性创业者占比10年间实现翻倍，生物医药领域女性诺贝尔奖得主数量占该领域总获奖数的11%。这种职业突破深刻重构了家庭时序，美国1970—1982年独居女性增长75%（占单身人口60%），30—34岁女性首育年龄推迟现象普遍化（1972—1980年推迟比例达44%[①]），哈佛大学研究显示76%的职场女性将职业发展置于生育计划之前。

生活领域的扩容与重构则展现出同步演进的深刻性。服务业革命催生的休闲经济（OECD国家文化消费年均增速5.8%）与智能家居技术普及（欧美家庭渗透率超70%），为职业女性构建"第三空间"提供物质支撑。在纽约曼哈顿，高端健身房女性会员年增长率达男性两倍，SoulCycle室内骑行课程70%学员为职场女性；在巴黎玛黑区，女性主导的艺术展览场次占比提升至65%，蓬皮杜中心女性策展人比例达历史高点。这种生活方式转型的深层动因，是女性从"家庭责任承担者"向"生活策展人"的角色蜕变，伦敦政经学院研究显示68%的职场女性将自我实现置于家庭责任之上。

---

① 费涓洪. 西方职业妇女的现状和趋势［J］. 社会，1984（05）：54-55.

第4章 中国职业女性的发展历程及职业女性工作与生活关系的演进史

在中国,这种转型呈现出压缩式现代化的独特轨迹。独生子女政策塑造的"421家庭结构"显著削弱家务传承,北京、上海双职工家庭家务外包率达82%,盒马鲜生等生鲜电商平台的崛起使家庭采买时间压缩60%。新一代都市女性将工作生活平衡视为基本人权,一线城市女性职业转换频率(年均15%)与兴趣爱好支出增速(22%)形成鲜明正相关,Keep健身APP用户中女性占比达68%,豆瓣女性阅读小组年均新增会员12万人。这种平衡诉求的质变体现在:深圳科技园女性创业者通过时间管理矩阵实现多线程工作;成都太古里职业女性主导的读书会、戏剧工坊等新社群形态层出不穷,方所书店女性主题沙龙场均参与人数超百人;北京798艺术区女性创作者占比达45%,其作品集在苏富比拍卖行创下千万元级成交纪录。

值得关注的是,中国职场女性正在重构"平衡"的深层内涵。不同于传统"工作家庭平衡"的二元对立思维,新一代女性追求的是涵盖职业发展、自我实现、社会参与的多维生活平衡。这种转变的背后,是服务业升级提供的物质基础(北京第三产业占比达82%)、家庭结构变迁(独生子女政策下家务承担代际递减40%)与观念革新(85%的90后女性认为伴侣应共同承担家庭责任)的三重驱动。当上海白领女性在陆家嘴金融城午休时间参与冥想课程,当广州女企业家通过远程办公技术协调跨国项目,这些具体实践都在印证:职业女性正在突破传统时空束缚,在全球化与本土化的双重语境中,开创着工作生活融合的新范式①。

---

① 杨哲.职业女性工作生活平衡研究[D].北京:首都经济贸易大学,2012.

第5章
Chapter 5

我国及广东省职业女性发展概况

女性唯有挣脱"被赋予者"的思维茧房，以实力为刃开拓资源疆土，方能在时代浪潮中镌刻独立印记；当她们以主体姿态深耕专业领域、创新社会价值、重塑行业规则时，那些曾被规训的"保护话语"便自然失去存在的土壤。真正的权益从不是施舍的糖果，而是女性在科技革命与产业变革中锻造出的认知红利与决策话语权——通过持续精进职业技能、构建跨界资源网络、主导社会创新议程，她们不仅实现了从"资源受体"到"生态共建者"的蜕变，更以发展成果的共享性证明：当女性充分释放人力资本价值时，性别平等的晨曦终将照亮每个奋力生长的梦想。

5.1 我国职业女性发展情况

5.1.1 中国女性教育发展水平实现跨越式突破

近10年来，中国教育领域性别平等进程显著加速，女性受教育水平提升成为推动社会进步的重要引擎。第四期中国妇女社会地位调查数据揭示，中国女性正在通过知识赋能突破发展壁垒，展现出教育代际跃升与结构性优化的双重突破。

1. 基础教育普及深化性别平等根基

18—64岁女性平均受教育年限达9.41年，较2010年提升0.61年，与男性9.66年的差距缩小至0.25年。这一数据背后，是义务教育全面普及和扫盲运动的持续深化。值得注意的是，55岁及以上女性平均受教育年限为7.67年，较10年前增长1.43年，反映出教育红利在不同代际间的渗透效应。政策保障与观念革新形成合力，使"知识改变命运"从口号变为现实。

2. 新生代女性教育优势持续扩大

在18—24岁群体中，女性平均受教育年限达12.81年，不仅较同龄男性高出0.81年，更比55岁以上女性多出5.14年。这种代际差异揭示出教育性别平等的演进轨迹：年轻女性通过高考扩招、职业教育发展等制度红利，正在构建超越前人的知识资本。其中，该年龄段女性接受大学专科及以上教育比例达50.9%，比全国平均水平高出32.9个百分点，预示着未来高层次人才性别结构的深度变革。

3. 高等教育领域出现历史性反超

全国女性接受专科及以上教育比例达18%，较男性高出1.6个百分点，较2010年提升3.7个百分点。在本科教育阶段，女性占比达53.6%，较10年前增长5.8个百分点，形成显著的"学术性别反超"现象。这一逆转不仅源于教育扩张政策，更反映了女性在选择STEM①领域时的勇气突破和社会观念的革新，正在重塑高校学术生态。

4. 区域教育鸿沟呈现系统性收窄

西部农村地区女性平均受教育年限从2010年的5.4年提升至7.44年，增幅达2.04年，与东部农村女性的差距从0.9年缩小至0.61年。这种收敛效应得益于"特岗计划""春蕾计划"等精准教育扶贫政策，以及数字化教学资源的下沉。当西部女性开始通过知识摆脱地域限制时，区域发展不平衡的代际传递链条正在被打破。

这场静悄悄的教育革命，正在重塑中国的人力资源版图。当女性通过教育获得认知升级与技能储备时，她们不仅成为科技创新的生力军、乡村振兴的引领者，更在家庭教育场景中传递着新的知识价值观。这种人力资本的正向循环，终将推动社会从形式平等走向实质平等。

5.1.2 中国女性经济赋权：实现从参与力量到发展主力的蜕变

在中国经济社会高质量发展的宏大叙事中，女性正以全方位深度参与重构经济版图的力量格局。第四期中国妇女社会地位调查数据显示，女性通过就业规模扩张、职业结构升级和农村发展赋能，正在从传统辅

---

① STEM是科学（Science）、技术（Technology）、工程（Engineering）、数学（Mathematics）四门学科。

助角色成长为推动产业升级和社会转型的核心动能。

1. 就业规模扩张折射出女性经济参与的广度延伸

18—64岁在业人群中女性占比达43.5%，较10年前提升2.3个百分点，与男性形成43.5∶56.5的就业分布格局。城乡女性在业比例分别达到66.3%和73.2%，差距缩小至6.9个百分点，新型城镇化进程推动女性人力资本实现更均衡的配置。在科技研发、金融服务、数字创意等新兴领域，女性从业者占比达44%，以硬核实力打破职业性别壁垒，成为行业创新的关键力量。

2. 职业结构转型见证着女性经济地位的质变跃升

女性就业呈现"两降一升"的显著特征：第一产业就业比例从2010年的45.3%降至28.8%，第二产业就业比例微增至17.1%，第三产业就业比例则大幅提升至54.1%。在制造业转型升级中，女性技术工人占比达42%，成为智能制造生产线上的中坚力量；在第三产业领域，女性主导的教育培训、医疗健康、社会服务等行业，正以柔性管理优势推动行业服务升级。

3. 农村女性非农就业突破展现乡村振兴的"她动能"

农村在业女性非农就业比例达39.5%，较十年前增长15.4个百分点，37.8%的农村女性拥有外出务工经历。返乡女性中从事非农劳动的比例高达52.6%，她们将城市经验反哺乡村，在电商直播、乡村旅游、特色种植等新兴产业中大展身手，既创造了经济价值，更重塑了乡村经济形态。

这场深刻的经济赋权变革，不仅使女性成为物质财富的创造者，更在决策层、创新链、产业链的关键节点发出"她声音"。当女性以45%的占比进入企业管理层，当她们主导的科技项目获得国际认可，当农村女性合作社创造亿元产值,这些数字背后是中国性别平等事业的历史性跨越,更是中国式现代化道路上不可或缺的"她力量"。

5.1.3 女性政治参与:实现从权利赋予到效能释放的转型

在中国民主政治进程与基层社会治理创新的双轮驱动下,女性正以愈发主动的姿态从政治生活的旁观者转变为深度参与者。第四期中国妇女社会地位调查数据显示,互联网赋能与代际观念革新正在重塑女性的政治参与模式,其效能释放呈现出多维度突破特征。

1.政治参与深度:从投票表达向竞选实践延伸

女性在村/居委会选举中的认真投票比例达87.5%,较10年前提升7.1个百分点;人大代表选举投票率83.3%,增幅达9.7个百分点。数据跃升的背后,是31.1%的女性表达出参与基层竞选的政治抱负,其中城镇年轻女性展现出更强主动性:18—24岁城镇女性竞选意愿达37.6%,农村同龄女性亦达31.3%。这种代际差异揭示出政治参与意识的代际传递效应,当"95后"女性开始将公共责任纳入人生规划时,性别政治平等的代际基础正在重构。

2.基层治理实践:从被动响应向主动塑造转变

39.8%的女性近3年参与过民主管理、监督或公益活动,城镇女性44.4%的参与率较农村31.9%高出12.5个百分点。值得注意的是,18—24岁农村女性参与比例达52.5%,不仅反超同龄男性4.5个百分点,更较2010年提升8.8个百分点。这种"青春逆袭"现象,折射出数字原住民一代突破传统性别角色的勇气。从社区议事会的据理力争到公益项目的创新实践,女性正在用"她视角"重塑基层治理的温度与效能。

3. 社会组织赋权：从边缘参与到核心领导突破

女性参与社会组织的比例达27.4%，较10年前增长12.5个百分点，其中18—24岁女性46.7%的参与率领先同龄男性8.2个百分点。更具标志性的是，女性在社会组织担任负责人的比例从37.6%跃升至46.6%，在环保、教育、助农等领域涌现出大量女性领导者。这种角色跃迁不仅源于政策扶持，更得益于女性独特的共情力与行动力，使社会组织成为性别平等实践的前沿阵地。

4. 数字政治参与：从信息接收向议题塑造升级

93.5%的女性通过互联网关注国内外重大事务，与男性95.2%的比例差距仅1.7个百分点。18—24岁女性97.3%的关注度印证着"Z世代"的数字政治觉醒。65.8%的女性将网络作为首要信息渠道，其中18—24岁群体比例高达91.2%。从社交媒体的话题倡导到政务平台的建议反馈，女性正在数字空间构建更具包容性的政治话语体系，推动"数字性别鸿沟"向"数字性别红利"转化。

这场静悄悄的政治参与革命，既彰显出制度保障与技术创新双重赋能的成效，也暴露出城乡参与效能失衡的短板。当农村女性参与民主管理比例仍低于城镇12.5个百分点时，缩小数字素养差距、完善基层赋能机制，就成为释放"她政治"潜能的关键路径。这种从权利赋予到效能释放的转型，终将推动中国社会在性别平等的轨道上实现更高质量的发展。

5.1.4　家庭建设中的女性力量：从责任主体到平等伙伴的转型

在当代中国家庭生态的重构进程中，女性正以其独特的韧性智慧，推动传统家庭模式向现代平等关系转型。第四期中国妇女社会地位调查数据显示,女性在承担家庭照料责任的同时,正在通过法律赋能、观念革新和技术支持,重塑家庭权力的分配格局。

1. 双重角色背后的时间密码

在业女性日均劳动时间达649分钟,其中有酬劳动495分钟,家务劳动154分钟,是男性家务参与时间的两倍。这组数据折射出职业女性"职场拼搏者"与"家庭守护者"的双重身份困境。调查数据显示,在未成年子女(0—17岁)的日常养育过程中,母亲承担了最主要的照料责任。具体而言:日常生活照料方面,母亲作为主要承担者的比例达到76.1%;课业辅导方面,母亲主导的比例为67.5%;子女接送任务中,母亲负责的比例为63.6%。这一组数据清晰地反映出在当前家庭育儿分工中,母亲仍然是子女养育工作的主要承担者,在儿童成长的各个关键环节都发挥着不可替代的作用。特别是在日常生活照料方面,母亲的角色优势更为突出,承担比例超过3/4。这种不均衡的家庭分工模式,既体现了传统性别角色观念的持续影响,也反映出当代家庭在育儿支持体系方面仍存在结构性失衡。已婚女性日均家务劳动时间120分钟,印证着家庭照料责任的性别化特征。然而,这种传统分工正在被新生代家庭打破——3岁以下儿童白天由母亲照料的比例虽仍占63.7%,但托幼服务需求已达35.1%,显示家庭照料社会化趋势初现端倪。

2. 决策机制中的性别平衡术

家庭重大事务决策正呈现"共治"新形态。现代家庭呈现出显著的共同决策特征和性别平等化趋势,调查数据显示,超过80%的家庭采用夫妻共同协商的决策模式,其中生育决策的共识度高达91.1%,反映出当代家庭在重大生活决策中注重民主协商的特点。在经济决策领域，妻子的参与度显著提升：在投资/贷款决策中参与率达89.5%，在买房/盖房决策中达90.0%，较10年前分别增长14.8个和15.6个百分点，体现了家庭经济决策中性别平等的实质性进步。这种决策模式的嬗变，既源于《中华人民共和国反家庭暴力法》实施后女性家庭地位的法治保障，更得益于女性经济赋权带来的底气提升——已婚女性独立拥有房产比例达18.8%，较10年前增长5.6个百分点，与配偶联名置产比例则跃升11.9个百分点至39.9%。

3.法律护航下的权益跃升

我国在家庭文明建设领域取得显著成效，呈现出法治保障与社会观念进步的双轮驱动格局。最新监测数据显示，家庭暴力发生率实现历史性下降，女性遭遇配偶身体暴力与精神暴力的比例已降至8.6%，较10年前降低5.2个百分点。这一成果既得益于《中华人民共和国反家庭暴力法》实施形成的制度性保障，也折射出全社会性别平等意识的普遍提升。在家庭责任分担方面，新型育儿文化正在形成。统计表明，35岁以下在职女性生育期间，配偶享受带薪护理假的比例达到81.2%，其中休假时长7天及以上的占比70.8%，两项指标较10年前分别提升14.6个和19.7个百分点。这种变化生动体现了政策引导下传统性别角色的现代转型，标志着男性在家庭照料责任承担上取得实质性突破。当前，法治建设与社会观念变革正在共同塑造更加平等、文明的家庭关系新格局。

4.挑战与突破并存的发展图景

尽管女性在家庭财产分配、决策参与、法律保障等方面取得显著进步，但家庭照料负担过重与公共服务不足的矛盾依然突出。托幼服务覆盖率仅2.7%与需求率35.1%的巨大缺口，揭示出家庭支持政策体系的完善需求。这种结构性矛盾，呼唤更系统的制度设计——从弹性工作时间到家庭友好型社区建设，从普惠托育服务到家务劳动社会化支持，通过政策组合拳破解"母职惩罚"困境。

这场静悄悄的家庭革命，既是中国性别平等事业的历史见证，也是社会治理现代化的生动实践。当女性在家庭领域实现从"责任主体"到"平等伙伴"的转型，不仅重塑了家庭关系的微观生态，更为社会整体进步注入了温暖而坚韧的力量。

5.1.5　女性健康革命：从基础保障到全面赋能的跨越

中国女性健康事业正经历着从基础服务普及到品质提升的系统性跃迁。第四期妇女社会地位调查数据显示，过去10年间，健康服务可及性、就医行为模式及健康保障体系均发生深刻变革，区域间、城乡间的健康鸿沟呈现显著收窄态势。

1. 健康服务可及性实现普惠突破

体检数据的城乡倒置现象见证着公共服务均等化进程。66.4%的女性近3年接受过健康体检，较10年前提升18个百分点，其中农村女性增幅达27个百分点，增速远超城镇。西部地区更以30.1个百分点的增幅实现跨越式发展，67%的体检覆盖率与东部68.6%、中部61.1%形成区域协同格局，京津沪81.8%的高覆盖率则彰显城市群的示范效应。这种服务下沉趋势，既得益于基本医保的全民覆盖，更源于健康扶贫工程的精准施策。

2. 健康管理理念催生行为转型

"隐忍就医"传统正在瓦解，15.7%的女性患病拖延就医，较10年前下降4.1个百分点，城镇女性14.1%的比例显示城市健康素养提升更为显著。这种转变背后，是健康中国行动催生的全民健康管理意识觉醒。从社区健康讲座到互联网医疗平台，从疾病治疗到预防保健，女性正成为健康服务的主动消费者，定期体检、疫苗接种、心理健康服务等新兴需求持续增长。

3.健康质量维度呈现多维提升

慢性病防控成效显著，77.2%的女性未患慢性病，81.6%无妇科疾病，93.3%社会适应良好。这组数据勾勒出女性健康质量的立体图景：生理健康基础稳固，生殖健康水平提升，心理健康建设同步推进。特别是在生殖健康领域，产前检查覆盖率高达95.8%，较10年前提升3.6个百分点，住院分娩费用报销/补贴比例达66.8%，城乡分别提升30.8个和32个百分点，彰显母婴安全保障体系的制度优势。

4.城乡健康鸿沟呈现结构性收窄

尽管农村女性健康自评良好率51.8%仍低于城镇9.4个百分点，但亚健康比例65.9%仅高出城镇5.9个百分点，显示城乡健康差距正从"显著落差"转向"局部差异"。这得益于新农合与城镇居民医保的整合升级，县级医院能力建设，以及村医工程的持续推进。未来需重点关注农村女性心理健康、职业相关疾病及更年期保健等新兴议题，通过智慧医疗下沉、健康管家服务等创新模式，构建全生命周期健康防护网。

这场女性健康革命，既是中国卫生体系现代化的缩影，也是社会文明进步的标尺。当健康服务从"治已病"转向"治未病"，从"基本保障"升级为"品质生活"，女性正以更健康的状态参与社会发展，书写着"健康中国"的生动注脚。

5.1.6 性别平等认知迭代：从法律共识到文化自觉

中国社会的性别平等进程正经历着从制度保障向价值认同的深刻转变。第四期妇女社会地位调查揭示，过去10年间，公众法治意识与性别平等观念呈现代际跃升特征，传统性别规范正在现代文明框架内重构。

1. 法治共识构筑平等底线

性别平等法律体系的社会认知度持续深化，八成受访者知晓《中华人民共和国妇女权益保障法》《中华人民共和国反家庭暴力法》等核心法律，男女平等基本国策认知率达85.3%。这种法律意识的觉醒，转化为对性别歧视行为的清晰界定：70.4%的受访者能识别"限制定时生育"的违法性，75.9%反对"孕产期解雇"，66.1%抵制"性别录用歧视"，63.2%拒绝"同工不同酬"。法律条款不再停留于文本层面，而是成为公众评判社会行为的标尺，彰显法治精神对性别平等的托举效应。

2. 女性价值获得社会重估

"妇女能顶半边天"从政治口号变为社会共识，94.1%的受访者认同女性能力，较10年前提升10.6个百分点；94.8%肯定女性在经济社会发展中的关键作用。这种认知转变，既源于女性教育水平提升带来的职场突破，也受益于媒体传播塑造的多元女性形象。当女科学家、女企业家大量涌现，传统性别角色定位正在被现实成就解构。

3. 代际革命重塑观念版图

年轻一代正成为性别平等观念变革的急先锋。95.4%的受访者认同女性经济独立价值，58.3%的女性反对"男主外女主内"，较10年前提高14.7个百分点，35岁以下女性中该比例达80%。在子女养育（94.6%反对母亲独责)、婚姻平等(87.3%拒绝妻子顺从)、职业选择(77.9%女性反对性别学科限制)等领域,年轻群体展现出更强的平等诉求。这种代际认知鸿沟,预示着传统性别文化正在断裂与重生。

4.家庭制度突破性别桎梏

姓氏文化与继承制度呈现现代化转型迹象。近四成受访者接受子女随母姓,较10年前提高7.2个百分点;71.3%支持赡养义务与财产继承权对等。这些变化背后,是家庭结构核心化、女性经济地位提升、少子化趋势等多重因素共同作用的结果。当房产联名率攀升、夫妻共同决策成为常态,家庭正从"父权主导"向"平权共治"演进。

这场静悄悄的观念革命,既是中国现代化进程的必然产物,也是全球性别平等浪潮的本土化实践。当法律赋权与观念变革形成共振,性别平等正从"权利争取"转向"文化自觉"。但偏见残余仍警示我们:实现真正的性别平等,需要持续深化教育革新、完善政策执行、创新文化传播,让平等理念渗透到社会肌理,成为文明进步的永恒底色[①]。

5.2 我国职业女性的劳动参与情况

5.2.1 中国女性劳动参与率59.94%的全球化坐标与工业化文化碰撞

中国女性劳动参与率以59.948%的数值在全球版图中勾勒出独特的发展轨迹,这一指标既折射出工业化进程的强劲推力,也映射出传统文

---

① 第四期中国妇女社会地位调查课题组.第四期中国妇女社会地位调查主要数据情况[J].妇女研究论丛,2022(01):1,129.

化与现代文明的碰撞融合。通过多维度的国际比较，可以更清晰地定位中国女性就业的现状特征与发展潜力（见表5-1、表5-2）。

表5-1　历年来我国女性劳动参与率情况　　　　单位：%

年份	劳动参与率	年份	劳动参与率	年份	劳动参与率
1990	73.09	2002	67.088	2014	62.797
1991	72.595	2003	66.67	2015	62.571
1992	72.095	2004	66.25	2016	62.286
1993	71.589	2005	65.826	2017	61.911
1994	71.079	2006	65.4	2018	61.533
1995	70.564	2007	64.972	2019	61.248
1996	70.043	2008	64.541	2020	59.908
1997	69.518	2009	64.108	2021	61.181
1998	68.988	2010	63.672	2022	59.894
1999	68.453	2011	63.654	2023	59.948
2000	67.913	2012	63.318		
2001	67.502	2013	63.001		

注：模拟劳工组织数据统计口径与我国普查数据的口径有所差异，该表中的劳动参与率与我国人口普查数据存在一定差异，但不影响使用。

资料来源：世界银行数据库（模拟劳工组织估计）。

表5-2　2023年世界各国女性劳动参与率数据　　　　单位：%

国家	劳动参与率	国家	劳动参与率	国家或地区	劳动参与率
中国	59.948	俄罗斯联邦	55.199	东亚与太平洋地区	58.696
瑞典	61.763	日本	54.847	撒哈拉以南非洲地区	65.008
越南	69.533	法国	51.826	欧洲与中亚地区	51.469
加拿大	61.134	美国	56.602	拉丁美洲与加勒比海地区	51.957
德国	55.848	巴西	53.205	中东与北非地区	18.109
英国	57.365	泰国	59.285	孟加拉国	43.712
澳大利亚	62.374	印度尼西亚	52.545	意大利	41.313

续表

国家	劳动参与率	国家	劳动参与率	国家或地区	劳动参与率
以色列	61.825	土耳其	36.764	阿拉伯埃及共和国	15.3
安哥拉	73.224	阿尔巴尼亚	53.207	巴巴多斯	60.124
阿根廷	52.957	布基纳法索	41.294	不丹	56.619
亚美尼亚	56.786	保加利亚	51.043	中非共和国	65.845
奥地利	55.812	巴林	43.096	瑞士	62.294
阿塞拜疆	69.952	巴哈马	66.733	智利	51.963
布隆迪	80.138	白俄罗斯	57.385	哥伦比亚	51.859
比利时	49.831	伯利兹	49.182	古巴	39.947
贝宁	74.183	玻利维亚	71.909	芬兰	57.489

资料来源：世界银行数据库（模拟劳工组织估计）。

1. 区域比较：经济梯度中的参与率分层

在联合国开发计划署划定的区域格局中，中国女性劳动参与率呈现出鲜明的经济梯度特征。相较于东亚与太平洋地区58.696%的平均水平，中国保持1.25个百分点的优势，凸显儒家文化圈内工业化先行者的角色。但与撒哈拉以南非洲65.008%的高参与率相比，仍存在5个百分点的差距，这种反差揭示出不同发展阶段的就业驱动逻辑：非洲国家的高参与率更多源于生存压力下的非正规经济吸纳，而中国女性就业已呈现向第三产业和技术密集型产业的转移趋势。在欧洲与中亚（51.469%）、拉美加勒比（51.957%）等转型经济体中，中国保持显著优势，这既得益于完整的工业体系支撑，也与家庭劳动社会化程度相关。而中东北非地区18.109%的极低参与率，则形成宗教规范与社会现代化程度双重制约下的特殊样本，与中国形成41.8个百分点的巨大反差，凸显文化资本对女性就业的深层塑造。

2. 国家镜像：产业结构与政策效应的差异映射

典型国家的横向对比展现出更具象的参照系。西非农业国布隆迪（80.138%）、贝宁（74.183%）的极端高参与率，实质是前工业社会的生存经济映射，其就业质量远低于中国城镇女性的社会保障水平。邻国越南69.533%的参与率警示我们，劳动密集型产业对女性劳动力的虹吸效应可能伴随权益保障缺失的风险，而中国正在通过产业升级重塑女性就业的价值链位置。与发达国家对比呈现双重镜像，中国女性劳动参与率59.948%的数值超越日本（54.847%）和美国（56.602%），印证儒家文化圈内女性更高的家庭—工作协同能力；但低于瑞典（61.763%）的差距，则揭示北欧福利国家通过育儿假共享、托育公共服务等制度设计，更有效地消解了家庭责任对女性职业发展的制约，这为中国完善生育支持体系提供了政策启示。

3. 文化解构：传统与现代性的张力平衡

中国女性劳动参与率的提升轨迹，本质上是工业化、城市化与性别观念变革的共生演化。相较于中东伊斯兰世界将女性就业视为"禁忌"的文化屏障，中国儒家传统中的"男女协作"伦理为女性进入劳动力市场提供了文化缓冲带。但传统性别分工的惯性仍然存在，如农村女性劳动参与率（56.9%）低于城镇（71.7%）的数据剪刀差，恰说明城乡二元结构下文化资本转化的非均衡性。撒哈拉以南非洲的高参与率表象下，隐藏着就业脆弱性的警示：65%的女性集中于农业和非正规部门，这种"低质量参与"在经济波动中极易转化为生存危机。而中国女性向服务业（55.3%）和技术领域（24.6%）的转移，标志着从"数量增长"到"质量提升"的范式转变，这种结构性优化为可持续的性别平等发展奠定了坚实基础。

在这场全球女性就业竞赛中，中国既保持着发展中国家的高参与率优势，又面临着向高质量发展转型的挑战。未来需要通过产业转型升级提升就业质量，完善家庭友好政策释放生育潜力，在文化重构中培育更包容的性别观念，方能实现女性人力资本的国家竞争力转化。

5.2.2 中国女性劳动参与率的非线性递减

中国女性劳动参与率从1990年的73.09%降至2023年的59.948%，20余年间经历"断崖式下跌"到"波动修复"的复杂轨迹（见图5-1）。这一持续近30年的调整过程，本质上是经济结构嬗变、政策制度演进与社会文化重构三维互动的具象呈现。

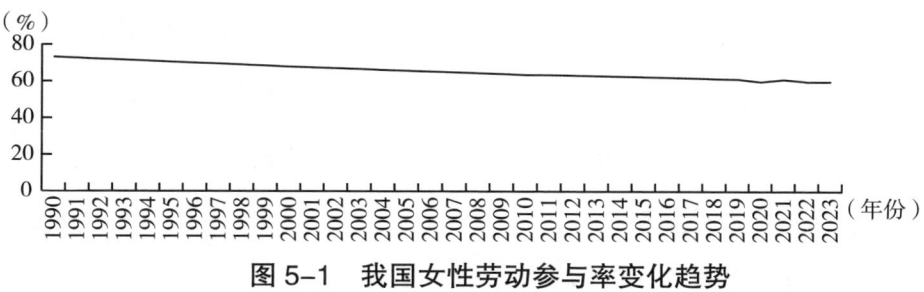

图 5-1　我国女性劳动参与率变化趋势

资料来源：世界银行数据库（模拟劳工组织估计）。

1. 三次产业转型中的"就业蓄水池"变迁

农业社会向工业社会的转型曾创造女性就业黄金期，纺织、电子等劳动密集型产业吸纳大量农村转移女性劳动力。但2010年后产业价值链攀升带来"双重挤压"：制造业"机器换人"使女性集中的装配岗位减少37.2%（2015—2020年），而现代服务业分化加剧——教育医疗领域女性占比从2000年的42.3%升至2020年的58.7%，但住宿餐饮业女性就业占比同期下降12.6%。这种结构性就业转移，折射出后工业时代对人力资本要求的代际跃升。

2.政策制度设计的"性别化时间陷阱"

教育扩张政策具有隐性矛盾：女性高等教育入学率从1990年的33.7%跃升至2020年的59.1%，但研究生比例攀升导致初职年龄推迟2.4年（2010—2020年）。生育支持体系呈现"政策剪刀差"：产假延长至158天（部分地区）与0—3岁托位缺口超500万个（2022年）形成鲜明对比，使职业女性陷入"生"与"升"的两难选择。退休制度的性别年龄差（女55岁/男60岁）①加剧劳动力老化，女性平均职业周期较男性缩短4.8年。

3.文化惯性与现代性的碰撞融合

传统家庭分工范式虽在消解，但"男主外女主内"观念仍具韧性：2020年家务劳动时间调查显示，女性日均家务时长比男性多1.7小时。婚姻模式变迁催生新矛盾：初婚年龄推迟至28.6岁（2020年）拉长职业空窗期，离婚率攀升至3.1‰（2020年）增加职业生涯断点。这种文化滞后与制度供给不足的叠加效应，导致中国女性劳动参与率降幅（13.14%）远超日本（7.2%）和韩国（9.8%）。

4.老龄化与技术革命的双轮驱动挑战

银发浪潮（2035年老龄人口超3亿人）催生照护服务新需求，但现有养老护理员中女性占比高达89.3%，职业吸引力不足加剧劳动力短缺。技术革命带来"就业极化"风险：自动化替代中等技能岗位，但数字技能培训覆盖率仅27.6%（2022年）。政策响应亟须构建"家庭友好型就业生态"：推广远程办公（欧盟经验显示可提升女性就业3.2%）、建立育儿成本税收抵扣制度（参考瑞典"爸爸月"政策）、探索性别中立退休制

---

① 本书所提"退休制度"指的是2025年1月1日之前的制度。

度（如挪威67岁统一退休改革）。

这场静悄悄的就业革命，既是中国现代化转型的必经阵痛，也是重构性别平等新范式的历史机遇。唯有通过产业升级创造高质量就业、制度创新消除结构性障碍、文化重构培育现代性别观念，方能在人口红利消退期激活女性人力资本红利，实现可持续发展目标。

5.2.3　中国女性劳动参与率的倒"U"形异化

1.教育革命重塑初职轨迹：倒"U"形曲线的左端抑制

中国女性劳动参与率在16—19岁区间呈现显著左端抑制特征（见图5-2），其根源在于教育扩张对职业入场时间的系统性推迟。高校扩招政策使该年龄段女性劳动参与率从第四次人口普查的68.3%骤降至第六次的32.04%，超70%女性选择进入大学深造。这种教育驱动的初职延迟，既体现了人力资本投资的前置化趋势，也映射出教育竞争对劳动力市场供给的代际重塑。当硕士/博士比例上升导致女性初职年龄推迟2.4年时，其职业黄金期被迫压缩，形成倒"U"形曲线的独特起点。

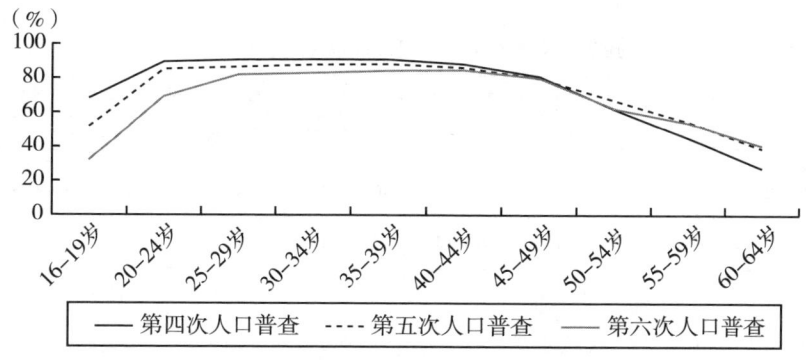

图 5-2　我国 15—64 岁女性劳动参与率

资料来源：国家人口普查办公室、国家统计局人口和社会科技统计司。

2.家庭责任与制度约束的共生演化：高位平台期的形成机制

在25—50岁区间，中国女性劳动参与率持续维持82%—84%的高位平台，展现出迥异于国际经验的特殊韧性。这一现象的本质是家庭照料责任与制度性支持缺失的共生演化：一方面，女性日均家务劳动时间比男性多1.7小时，却仍保持90%以上的在职状态；另一方面，0—3岁托位缺口超500万个的结构性矛盾，迫使职业女性采取"在职贫困"策略。这种超常规参与并非自由选择，而是传统"女主内"观念与托育服务短缺共同编织的刚性约束网。

3.退休制度性别差与高龄参与反弹：倒"U"形曲线的右端异化

退休制度制造的性别年龄差（女55岁/男60岁），使女性职业生命周期被压缩10—15年。第六次人口普查数据显示（见表5-3），50—54岁女性参与率较上次下降4.7个百分点，但60—64岁组却逆势回升至40.58%。这种"高龄参与反弹"现象，既反映养老金替代率不足（平均45%）的经济压力，也揭示健康水平提升带来的就业能力延伸。然而，制度性参与断层的存在，使女性劳动潜力远未充分释放。

表5-3　　我国15—64岁女性劳动参与率统计　　单位：%

年龄组	第四次人口普查	第五次人口普查	第六次人口普查	年龄组	第四次人口普查	第五次人口普查	第六次人口普查
16—19岁	68.3	51.7	32.04	40—44岁	88.3	86.2	84.82
20—24岁	89.6	85.4	69.34	45—49岁	81.1	79.9	80.05
25—29岁	90.8	86.7	82.09	50—54岁	62.0	67.1	62.41
30—34岁	91.0	87.9	83.19	55—59岁	45.1	54.5	53.80
35—39岁	91.1	88.3	84.40	60—64岁	27.3	38.8	40.58

资料来源：国家人口普查办公室、国家统计局人口和社会科技统计司。

5.2.4 中国男女劳动参与率的制度变迁与性别平等演进

1. 性别参与鸿沟的历史延续与现状特征

从计划经济时代到市场经济转型的四十年间，中国男女劳动参与率始终呈现显著分异。1980年普查数据显示（见表5-4），女性劳动参与率达71%，与男性（87.5%）形成16.5个百分点的差距。历经多元化到一元化再到开放后的创新低，2023年这一差距仍维持在13.6个百分点（男性73.5%，女性59.9%）。图5-3清晰显示，两性参与率随时间推移呈现同步下降趋势，但差距始终保持在13—16个百分点的区间，形成"平行下移"的独特轨迹。这种分异不仅体现在绝对数值，更折射出社会转型过程中性别角色的深刻重构。

表5-4 1980—2017年中国男性与女性劳动参与率统计　　单位：%

年份	男性	女性	年份	男性	女性	年份	男性	女性
1980	87.50	71.00	1992	84.72	72.97	2004	80.32	67.55
1981	87.20	70.90	1993	84.72	72.85	2005	79.73	66.77
1982	86.80	70.70	1994	84.69	72.71	2006	79.25	66.07
1983	86.50	71.00	1995	84.59	72.52	2007	78.87	65.46
1984	86.20	71.30	1996	84.44	72.30	2008	78.56	64.92
1985	85.90	71.60	1997	84.22	72.03	2009	78.24	64.38
1986	85.70	71.90	1998	83.95	71.73	2010	77.88	63.78
1987	85.40	72.20	1999	83.60	71.38	2011	77.67	63.53
1988	85.30	72.50	2000	83.18	71.01	2012	77.47	63.30
1989	85.10	72.80	2001	82.53	70.20	2013	77.25	63.06
1990	84.79	73.20	2002	81.80	69.33	2014	77.01	62.78
1991	84.74	73.08	2003	81.03	68.42	2015	76.73	62.44

续表

年份	男性	女性	年份	男性	女性	年份	男性	女性
2016	76.39	62.03	2019	75.80	61.30	2022	73.80	59.50
2017	76.07	61.49	2020	74.50	59.90	2023	73.50	59.90
2018	76.20	61.40	2021	74.20	59.70			

资料来源：世界银行网站https：//data.worldbank.org.cn/indicator/SL.TLF.CACT.FM.ZS？locations=CN。

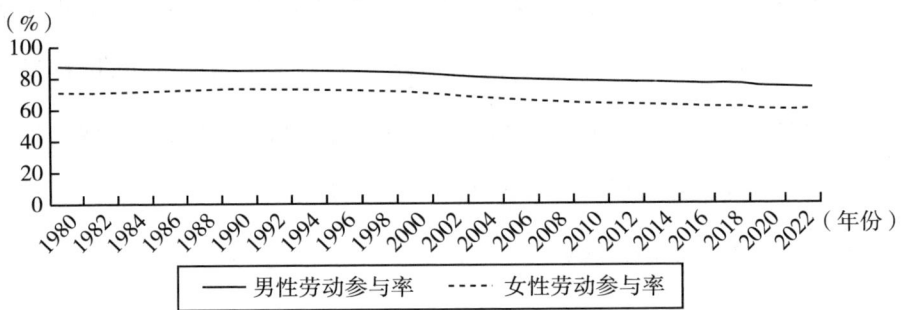

图5-3　1980—2017年中国男性与女性劳动参与率对比

资料来源：世界银行网站https：//data.worldbank.org.cn/indicator/SL.TLF.CACT.FM.ZS？locations=CN。

2.计划经济体制下的女性参与悖论

传统计划经济时期（1950—1980年），中国女性劳动参与率位居全球前列。这种反常现象源于三重制度性托举：其一，单位福利体制将托育、医疗等家庭职能社会化，国有企业办社会模式覆盖85%城镇职工；其二，"男女同工同酬"政策强制消除工资差距，1975年女性平均工资达男性的82%；其三，意识形态动员通过"铁姑娘"等符号体系，将女性参与劳动塑造为政治正确。然而这种制度设计隐含矛盾——通过"去性别化"政策实现平等，反而强化了女性对制度福利的路径依赖。

3.市场转型对性别参与的解构效应

改革开放后的制度变迁（1984年后），女性劳动参与率经历三轮冲击：第一轮（1985—1995年）伴随国企改革，城镇女性参与率骤降6.8个百分点，但农村女性因乡镇企业发展逆势上升4.3%；第二轮（1996—2010年）受全球化竞争冲击，制造业"去女性化"导致2005年女性占比比1990年下降12.4%；第三轮（2011—2023年）虽因服务业崛起降幅收窄，但技术进步使男性传统岗位减少12.4%，形成双重挤压。这种波动轨迹深刻揭示，市场转型对女性的冲击具有滞后性和累积性[1]。

5.3 女性职业选择特点

女性职业选择呈现多维度交互作用的动态特征，其决策机制既遵循个体发展的一般规律，又深受生理心理特质的内在规制、社会性别文化的符号编码以及时代发展的结构赋能三重因素影响。生理周期与职业黄金期的时空交叠形成独特的"生物社会时钟"，文化规制通过职业性别编码构建选择边界，而技术革新与政策演进则不断拓展选择空间，三者共同构成女性职业发展的非线性轨迹——在生理基底划定选择边界、文化规制塑造偏好框架的基础上，时代变革正推动职业路径向多元化、弹性化的方向演进，展现出个体能动性与社会结构互动的复杂张力。

5.3.1 女性职业选择生理特征

性别作为生命进化过程中形成的二元生物学分类，其生理构造差异

---

[1] 陈鸿玛.我国女性劳动参与率影响因素的实证分析[D].重庆：重庆师范大学，2019.

深刻影响着人类社会的劳动分工体系。这种生物进化形成的性别角色分工，在生殖领域表现为女性承担妊娠、分娩及哺乳的特殊使命，由此引发身体机能的多重适应性转变：孕期激素波动导致骨骼肌肉系统重构，盆底肌群张力改变可能引发体质下降；哺乳期催乳素分泌形成的神经—内分泌调节机制，要求工作环境具备母婴友好型设施支持。这种生理重塑过程不仅伴随着能量代谢的重新分配（基础代谢率提升15%—20%），更意味着时间资源向家庭领域的倾斜——世界卫生组织数据显示，女性因育儿平均每年减少有效工时约624小时，相当于丧失26个工作日的机会成本。

神经生物学研究揭示的性别认知差异进一步强化了这种分工模式。通过功能性磁共振成像技术（fMRI）可观察到，女性胼胝体上方的边缘系统呈现更高的神经激活强度，这种进化较晚形成的脑区与语言处理、情感记忆密切相关，使女性在符号化思维、多任务处理方面展现优势；而男性下丘脑—垂体—性腺轴主导的胼胝体下部活跃区，则与空间定向、动作执行等具象思维相关。这种神经认知分野在脑结构层面得到印证：女性大脑皮质厚度较男性薄约10%，但神经元密度更高，树突棘数量多27%，形成更精细的局部神经网络；男性白质纤维束的髓鞘化程度则支持跨脑区信息快速传导。

运动生理学的性别二态性特征同样塑造着职业适应性图谱。女性骨骼肌系统呈现慢肌纤维占优（Ⅰ型肌纤维占比65%vs男性52%），虽在绝对力量输出上较男性低约40%，但毛细血管密度高30%带来的代谢效率优势，使女性在精密装配、持续作业等场景中展现更高作业稳定性。同时，女性关节囊松弛度较男性高15—20度，配合较小的骨骼杠杆比，形成更宽广的运动包络线,在微创手术、钟表维修等需要精细运动控制的领域具有天然优势。

这种生理—认知的复合差异通过社会选择机制转化为职业隔离现象。空间认知能力测评(如心理旋转任务)显示,男性平均反应速度较女性快0.3秒,正确率高7.6个百分点,这种认知倾向性使男性在工程制图、航空导航等领域具有显著优势;而女性语言中枢的左侧化优势(布洛卡区体积较男性大12%)则支撑起教育、传媒等符号密集型产业的人才结构。劳动经济学模型进一步揭示,这种基于生物特性的职业分工作为路径依赖结果,在代际传递中形成"玻璃天花板"效应——全球范围内,STEM领域女性高管占比不足18%,而护理行业中男性从业者仅占2.3%。

值得注意的是,这种生物决定论视角需与科技革命的赋能效应形成辩证认知。辅助生殖技术、人工智能系统正在重构传统性别分工的物质基础,但生物进化形成的认知—运动模式仍将持续影响职业选择的结构性偏好,在人工智能时代催生出新的性别职业生态位。

5.3.2 女性职业选择心理特征

传统精神分析学派在性别心理研究中的男性中心主义偏误,集中体现在叔本华"女性作为第二性"的客体化论述与弗洛伊德"阴茎嫉妒"的生物学决定论中。这种理论框架将女性心理发展简约为被动性、受虐倾向与自恋特质的线性组合,实质上是将父权制性别秩序投射为自然本质。这种本质主义叙事构建出二元对立的性别气质想象:男性被赋予工具理性与主体能动性,女性则被符号化为感性主导的客体存在,其道德判断被视作情感依附的产物，而男性道德体系则被神化为理性自律的结果。这种二元叙事在哲学史上形成绵延千年的"性别认知暴政"，直到20世纪女性主义认识论兴起才开始松动。

认知科学领域的实证研究对这种本质主义进行了祛魅。斯坦福大学埃莉诺·埃姆斯与珍妮特·海德教授历时十年的元分析（N=500+研究样本）揭示，传统归因于性别的40项心理特质差异中，仅有攻击性倾向、空间认知风格等4项具有统计学显著性，其余或证据不足或纯属文化建构。这种"心理相似性优先"的结论，与神经科学研究中发现的性别认知连续谱系形成呼应——前额叶皮层激活模式显示，两性在共情与逻辑加工能力上呈现高度重叠的分布态势，差异更多体现在激活强度而非有无层面。

社会机制对性别心理差异的放大效应，在职业领域表现为三重制度性规训：其一，符号资本分配体系将"竞争性"职业编码为男性气质的延伸，通过"文静—进取"的二元划分实施职业准入区隔。这种符号暴力在霍布森选择效应下，迫使女性过早陷入"女性气质—职业成功"的虚假两难。其二，教育场域中的性别社会化过程存在隐性课程偏差，从玩具选择到学科分流，通过"粉色—蓝色"的符号系统再生产性别刻板印象。其三，组织社会学研究表明，职场空间存在"玻璃悬崖"现象，即女性被系统性配置到低风险—低晋升岗位，而男性则垄断高挑战—高回报职位，这种垂直隔离强化了"能力—性别"的虚假关联。

值得警惕的是，数字时代的算法偏见正在重构性别心理差异的生产机制。社交媒体推荐算法通过"兴趣—性别"的关联学习，不断再生产"科技男性化—人文女性化"的刻板印象。这种技术规训与资本合谋，使性别心理差异从文化想象演变为可计算、可预测的数据模型，进一步固化了职业性别隔离的结构性藩篱。打破这种路径依赖，需要构建反本质主义的理论框架，在制度设计层面践行性别中立原则，真正实现职业选择的去性别化赋权。

5.3.3 女性职业选择文化特征

传统性别制度作为深嵌于文明肌理的文化密码，塑造出性别化的生存实践图式。这种以男性为原型建构的文化模型，通过三重作用机制影响职业选择：

其一，家庭空间性别化再生产机制。父权制家庭通过"性别表演"完成代际传递，女性被建构为"自然"的照顾者角色。这种文化规训形成自我实现的预言——全球范围内，女性承担75%以上无偿家务劳动，每日平均比男性多投入2.5小时家庭照料。这种时间贫困通过"机会成本效应"转化为职业发展的玻璃天花板，世界银行数据显示，育儿责任使女性职业晋升概率降低41%。

其二，婚姻市场的隐性契约结构。贝克尔家庭分工模型揭示，婚姻构成跨代际资源分配的基本单位。我国异地婚配追踪研究表明，女性随迁比例达82.3%（男性仅为17.7%），这种"家庭跟随性迁移"导致女性职业轨迹呈现碎片化特征。配偶职业属性形成"影子效应"，金融、科技行业男性配偶的职业中断率是其他行业女性的2.3倍，折射出传统性别分工的锁定效应。

其三，效率工资制度下的退出机制。新古典经济学框架中，家务劳动的价值核算缺失导致"婚姻税收"现象。当市场工资率低于家务劳动的边际产品价值时，理性选择模型预测已婚女性劳动参与率将下降。OECD国家数据表明，缺乏托育支持的家庭中，女性劳动参与率比男性低18.6个百分点，这种差距在儒家文化圈国家更为显著。

文化认知的符号暴力进一步固化职业性别隔离。福柯的规训社会理论揭示，"女性气质"通过话语实践转化为自我监控的技术。我国职业性别隔离指数达0.47（接近临界值0.5），卫生、教育领域女性占比超70%，而工程、制造领域不足30%。这种职业分层通过"地位信号理论"实现自我验证——女性职业选择呈现"声誉优先"倾向，其职业决策中单位社会声望的权重是男性的1.7倍。

值得注意的是，数字时代的弹性劳动制度正在重构传统性别分工的物质基础。远程办公技术使"家庭友好型"职业成为可能，但算法歧视通过"性别—职位"关联学习再生产职业刻板印象。打破这种文化枷锁，需要构建反本质主义的理论框架，在制度设计层面践行性别中立原则，真正实现职业选择的去性别化赋权。

5.3.4　女性职业选择时代特征

职业选择作为社会流动的微观镜像，深刻映照出不同时代女性生存境遇的嬗变轨迹。从计划到市场的经济转型，不仅重构了资源配置方式，更在女性职业选择的自主性、自由度和价值取向层面引发深刻变革。

1.制度牢笼：计划时代的集体化生存

在计划经济体制下，国家通过"单位制"构建起严密的职业分配网络。高考制度恢复前，个体命运被编织进国家计划的宏大叙事：大学教育由单位推荐，专业选择由学校指定，职业路径由国家规划。这种"从摇篮到坟墓"的福利体系，以空间正义的缺失为代价，将职业选择权收归国有。

试图突破体制规训的个体，往往被贴上"不安分"的政治标签。恢复高考后，虽然出现通过志愿填报选择职业的制度缝隙，但多数大学生因信息不对称或生存压力，仍被动接受专业安排。劳动部门延续的计划调配机制，使职业选择呈现"政治挂帅"特征：参军是最高荣誉，进工厂是主流选择，职业流动率不足3%。

2.破冰之旅：市场转型期的流动觉醒

计划商品经济时期，商品市场的有限开放催生了职业选择的初始松动。农村剩余劳动力的转移，催生了"孔雀东南飞"的打工潮。女性开始突破地域限制，但户籍制度仍如幽灵般存在。

市场经济的确立，真正开启了职业选择的自由之门。经济多元化带来职业类型的指数级增长，女性职业流动率突破25%。"鸟型就业"模式生动诠释了这个时代的生存智慧：哪里有更好的待遇和发展空间，人才就往哪里流动。这种主动或被动的职业迁徙，折射出个体从"单位人"向"市场人"的身份转型。

3.价值重构：职业选择的代际转向

职业选择倾向的演变，勾勒出社会价值观的变迁轨迹。20世纪50年代"最可爱的人"情结，使军营成为理想殿堂；六七十年代"咱们工人有力量"的旋律，将女性引向工厂流水线；80年代"知识改变命运"的信念，推动女性向办公室迁徙；90年代"下海潮"中，女性商业精英开始崭露头角。

进入新世纪，知识经济重塑职业价值坐标系。2001年女性职业偏好调查显露出鲜明时代特征：教师（15.1%）和公司职员（12.3%）占据主流，医生、会计等传统职业保持稳定需求，新兴白领阶层成为向往对象。值得注意的是，职业选择的"去集体化"趋势明显：90年代后，女性对小组工作的偏好下降42%，转而追求高收入、高弹性的白领职位。

4. 结构桎梏：性别平等的未竟之路

尽管制度松绑释放了职业选择空间，但结构性矛盾依然存在。垂直领域的"玻璃天花板"效应，使女性高管占比长期徘徊在15%以下；职业性别隔离指数虽从0.62降至0.51，但技术岗位仍呈现3∶1的性别比。算法歧视等新兴问题，正在数字空间重构职业性别化。

这种矛盾性演进，既展现了社会进步的轨迹，也暴露了制度变革的滞后性。在数字化转型浪潮中，构建包容性职业生态系统，促进性别平等的职业流动，仍是需要持续探索的时代命题。女性职业选择的嬗变史，本质上是一部争取主体性、突破结构性桎梏的抗争史[①]。

5.4 广东省职业女性发展概况

5.4.1 教育领域：受教育水平稳步提升，性别差距逐渐缩小

从全国范围来看，根据2023年全国及广东地区男性女性就业者受教育情况统计表（见表5-5），全国就业人员中，初中以下学历（包括未上过学、小学、初中）的占比相对较高，而高中到大学专科的占比则相对较低。具体而言，全国男性就业者中，初中以下学历的占比为62.1%

---

① 吴贵明. 中国女性职业生涯发展研究[M]. 北京：中国社会科学出版社，2004.

（未上过学1.1%、小学15.8%、初中41.3%），高中到大学专科的占比为34.7%（高中17.2%、大学专科12.5%）；全国女性就业者中，初中以下学历的占比为76.3%（未上过学4.0%、小学21.6%、初中34.7%），高中到大学专科的占比为29.1%（高中12.6%、大学专科12.5%）。

表5-5　　2023年全国及广东地区男性女性就业者受教育情况　　单位：%

地区	合计	未上过学	小学	初中	高中	大学专科	大学本科	研究生
全国（男）	100	1.1	15.8	41.3	17.2	12.5	10.8	1.2
广东（男）	100	0.2	9.5	40.5	22.0	15.3	11.4	1.1
全国（女）	100	4.0	21.6	34.7	12.6	12.5	13.1	1.5
广东（女）	100	1.2	15.9	36.2	16.3	15.3	13.8	1.3

资料来源：《中国劳动统计年鉴（2024）》。

然而，在广东，就业人员的受教育程度结构有所不同。广东就业人员中，初中以下学历的占比低于全国水平，而高中到大学专科的占比则高于全国水平。广东男性就业者中，初中以下学历的占比为50.2%（未上过学0.2%、小学9.5%、初中40.5%），高中到大学专科的占比为48.8%（高中22.0%、大学专科15.3%）；广东女性就业者中，初中以下学历的占比为53.3%（未上过学1.2%、小学15.9%、初中36.2%），高中到大学专科的占比为39.4%（高中16.3%、大学专科15.3%）。这表明广东在提升就业人员受教育程度方面取得了显著成效，尤其是在中等和高等职业教育方面。

从广东女性的受教育情况来看，各级教育阶段的参与度和竞争力都在不断增强。在学前教育阶段，全省学前教育毛入园率高达107.76%，比2022年提高了3.29个百分点，更多女童获得了接受学前教育的机会。

在义务教育阶段，女童九年义务教育巩固率为97.58%，比2022年提高了1.23个百分点，显示出义务教育阶段性别差距已基本消除。进入高中阶段教育，毛入学率为97.17%，普通高中在校生中女生所占比例为49.01%，男女比例基本均衡。在职业教育领域，高等职业本专科在校生中女生所占比例为49.64%，中等职业教育在校生中女生所占比例为46.26%，女性接受职业教育的人数持续增加。在高等教育阶段，高等学校在校生中女生所占比例为51.30%，高等教育男女比例趋于均衡，甚至在部分高校中女性比例略高于男性。与全国女性相比，广东女性在受教育水平上也表现出色。在初中以下学历层次，广东女性的占比低于全国女性，显示出广东在基础教育普及方面的优势。在全国，女性未上过学、小学、初中的占比分别为4.0%、21.6%、34.7%，而广东女性分别为1.2%、15.9%、36.2%。在高中到大学专科阶段，广东女性的占比高于全国女性，表明广东女性在中等和高等职业教育方面的参与度更高。全国女性高中、大学专科的占比分别为12.6%、12.5%，而广东女性分别为16.3%、15.3%。

尽管广东女性在整体受教育水平上表现出色，但在某些特定受教育层次上，男性与女性之间仍存在明显的差距。特别是在"未上过学""小学"和"高中"这三个受教育层次上，男性与女性的差距较大。例如，在"未上过学"层次，广东男性占比仅为0.2%，而女性为1.2%；在"小学"层次，广东男性占比为9.5%，女性为15.9%；在"高中"层次，广东男性占比为22.0%，女性为16.3%。这些差距表明，在教育机会获取和受教育程度提升方面，男性相对于女性仍具有一定的优势。

综上所述，广东女性在受教育水平方面取得了显著进步，整体受教育程度稳步提升，性别差距逐渐缩小。从学前教育到高等教育，广东女性在各级教育中的参与度和竞争力不断增强。然而，在特定受教育层次上，男性与女性之间仍存在明显的差距。这需要政府和社会各界共同努力，进一步推动教育公平和性别平等，为广东女性提供更加优质的教育资源和更加平等的教育机会。

5.4.2 经济领域：就业比例稳定，职业结构多元化

首先，从就业比例来看，2023年全省城镇非私营单位就业人员中的女性所占比例为41.64%，这一比例与2022年基本持平，表明广东女性在就业市场中的占比稳定，且与男性的就业比例差距正逐步缩小。稳定的就业比例为女性提供了经济独立的基础，也体现了女性在劳动力市场中的持续参与和贡献。

其次，在职业结构方面，广东女性呈现出多元化的趋势。特别是在高端职业领域，女性的参与度有了显著提升。2023年，全省高级专业技术人员中女性比例达到48.40%，较2022年提高了1.68个百分点。这一增长表明，广东女性在科技、教育、医疗等高端职业领域的竞争力正在不断增强，职业结构不再局限于传统行业，而是向更多元化、高技能领域拓展。

最后，社会保险覆盖女性的范围也在持续扩大。2023年，全省参加基本养老保险的女性人数达到3843.08万人，比2022年增加了130.75万人。同时，参加失业、工伤保险的女性人数也有所增加。社会保险覆盖面的扩大，为广东女性提供了更全面的社会保障，增强了她们在职业生涯中的安全感和稳定性。

综上所述，广东女性在就业比例稳定、职业结构多元化以及社会保险参与情况方面均取得了积极进展。这些变化不仅反映了广东女性在经济发展中的重要作用，也体现了社会对女性地位的认可和尊重。随着女性在经济领域的地位不断提升，她们将继续为广东的经济发展和社会进步作出重要贡献。

5.4.3 政治领域：参政比例提升，决策效能待加强

在省一级层面，女性人大代表和政协委员的比例分别达到了33.04%和22.18%。这一数据表明，女性在政治决策中的代表性和影响力正在增强，但与男性相比仍存在一定差距。进一步分析显示，女性在高层政治职务中的比例仍然较低，需要继续努力提高女性在政治决策中的话语权和代表性。例如，在省人大常委会委员中，女性比例仅为23.94%，在省政协常委中，女性比例为25.17%，这些比例仍有待提升。

在企业管理方面，女性参与度逐步提升，但仍有待加强。在企业监事会里，女职工监事在职工监事群体中所占的比例达到了40.68%；而在企业董事会中，女职工董事占职工董事的比例则为37.91%。这一数据表明，女性在企业管理中的职位和影响力正在提升，但在决策层中的比例仍有待提高。为了进一步提升女性在企业管理中的参与度，需要采取更多措施，如制定和实施性别平等政策、提供女性领导力和管理技能培训等。此外，女性在企业管理中的参与度提升也反映了企业对性别多样性的重视，以及女性在职业生涯中的不断进步。

综上所述，广东女性在政治领域和企业管理中的参与度都有所提高，但仍有提升空间。未来需要进一步加强女性政治参与，提高女性在

高层决策中的话语权,确保女性在政治决策中能够发挥更大的作用。同时,也需要采取措施提升女性在企业管理中的参与度,积极推动性别平等进程,大力开展女性赋权工作,致力于为女性群体创造更丰富的发展机遇、拓展更广阔的发展空间。

5.4.4 家庭领域:决策话语权扩大,照料负担待分担

在婚姻家庭服务方面,全省共有20个地级市建有婚姻家庭纠纷人民调解委员会,比2022年增加10个,乡镇(街道)建有此类调解委员会的数量也大幅增加,这表明婚姻家庭服务不断优化,为女性提供了更好的家庭支持。此外,养老服务供给能力逐渐增强,机构养老服务女性享有人数为4.96万人,比2022年增加0.49万人,社区养老服务机构和设施共有21414个,这为老年妇女提供了更好的养老服务。

然而,女性在家庭中仍承担较多家务,需要继续关注家庭性别角色的平等分配。尽管女性在家庭中的地位有所提升,但在家务分配方面仍存在不平等现象,女性在家务劳动中的负担仍然较重。这反映了在家庭内部,性别角色的传统观念仍然存在,需要进一步加强性别平等教育,促进家庭性别角色的平等分配。在家庭环境里,一个明显的现象是,女性常常成为家务劳动的主力军,像做饭、洗衣、打扫卫生这些活大多由她们来做;而男性在家务方面的参与度则明显偏低。这种家务分配的不平等不仅影响了女性的个人发展,也影响了家庭的和谐与幸福。

5.4.5 健康领域:基础指标优化,慢病管理待强化

在健康管理方面,全省妇女每周参加1次及以上体育锻炼人数比例为64.10%,女性健康意识增强,妇女体质测定标准合格以上的比例为

96.00%，与2022年基本持平。然而，女性在特定健康领域的问题仍需关注，如心理健康、职业健康等，女性可能面临更大的压力，需要更多的支持和关注。

在生育保健方面，全省孕产妇系统管理率为94.80%，比2022年提高0.22个百分点，生育保健服务水平逐步提高。孕前优生检查率、婚前医学检查率分别为85.55%、76.68%，分别比上年上升4.95个、9.35个百分点，均达到规划目标。同时，母婴传播控制也取得了显著成效，全省艾滋病母婴传播率比2022年下降1.72个百分点，达到规划目标；孕产妇艾滋病检测率、艾滋病感染孕产妇抗艾滋病病毒用药率分别为99.90%、98.76%，均达到规划目标。此外，适龄妇女宫颈癌人群筛查率比2022年上升12.68个百分点，达到规划目标；乳腺癌人群筛查数明显增长，比上年增加173.13万人。

综上所述，广东妇女在教育、经济、政治、家庭和健康等领域均取得了显著进步，受教育水平稳步提升，就业比例稳定，政治参与度提高，家庭地位提升，健康状况改善。然而，仍存在一些挑战，如男女在就业和领导职务中的比例差距、女性在高层决策中的话语权不足等。未来需要政府和社会各界继续努力，推动妇女地位的全面提升，实现性别平等和妇女全面发展[①]。

5.5 女性角色对职业发展的影响

20世纪70年代，随着第二次女性主义浪潮的兴起，学术界开启了影

---

① 《广东省妇女发展规划（2021—2030年）》。

响女性职业发展的系统性探索。研究者们不仅聚焦于性别刻板印象、职业刻板印象等文化规训对女性职业路径的形塑作用，更深入剖析职业抱负强度与自我效能感的心理机制。其中，Farmer（1976）构建的女性职业动机模型，首次将社会期待与个体能动性纳入同一分析框架；Hackett 和 Betz（1981）的自我效能理论则揭示出，女性对职业能力的认知偏差如何形成自我实现的预言效应。进入21世纪，在社会学习理论与结构主义范式的双重影响下，研究视域呈现出多维拓展态势。职业成功标准从单一的经济成就转向工作生活平衡、职业幸福感等复合指标，职业中断现象被重新诠释为生命周期中的战略调整而非失败经历。值得关注的是，研究焦点已从个体层面的背景因素（如教育程度、家庭结构）转向组织层面的制度设计，特别是柔性工作制、育儿支持政策等组织实践如何重构性别化的职业生态。这种范式转换不仅映射出后现代组织理论的渗透，更折射出数字经济时代职业形态的流动性特征对性别研究的挑战与机遇。

5.5.1 传统文化中的性别角色桎梏与当代女性的双重困境

女性职业发展困境的生成机制具有复杂的多维性，其本质是结构性资源分配与文化认知偏差交织的产物。从社会建构主义的视角看，性别角色并非天然形成，而是社会权力关系在特定历史语境下的文化建构。这种建构通过制度、教育和媒体等社会机构进行再生产，形成难以撼动的性别秩序。例如，教育领域持续的"学科性别化"现象——理工科被贴上"男性领域"标签，人文社科则被视为"女性专长"，这种认知框架从教育分流阶段就限定了女性的职业选择范围。

心理学层面的社会认同理论进一步揭示，当个体同时认同职业人与家庭照顾者双重角色时，若两种角色期待存在根本性矛盾，便会触发认知失调。女性管理者常被要求展现"男性化"特质以符合领导原型，但家庭角色又要求其保持"女性化"特质，这种角色冲突导致自我认同的撕裂感。长期的角色紧张不仅引发职业倦怠，更可能迫使女性选择战略性退缩，主动放弃晋升机会以维护家庭系统的平衡。

经济学维度上，传统性别分工模式将女性价值锁定在家庭私域，其市场价值被系统性低估。贝克尔的家庭生产理论在工业化初期具有解释力，认为男女分工是家庭资源的最优配置。但随着女性教育水平提升和技术进步，这种分工的机会成本已不可同日而语。世界银行数据显示，全球女性劳动参与率每提高1%，人均GDP增长0.4%，这直观展现了女性职业潜能释放对经济增长的乘数效应。然而，现实中女性职业发展的隐性成本被持续忽视，从生育惩罚到母职歧视，制度性障碍与观念性偏见形成双重压制。

历史演变的轨迹显示，性别角色定位经历代文化积淀形成难以撼动的范式。宋代"妇主中馈"制度将女性禁锢于家庭空间，明清"女子无才便是德"的观念更直接剥夺女性知识赋权机会。这种历史惯性在现代化进程中产生显著的文化滞后效应：制度层面虽确立性别平等原则，但文化心理仍深陷传统窠臼。改革开放后中国女性劳动参与率快速攀升至70%，但职业分层现象凸显文化桎梏的延续——女性高度集中于教育、医疗等"关怀型"行业，在科技、金融等高收入领域占比不足30%。这种职业性别隔离不仅限制个体发展，更造成国家人力资本的结构性浪费，形成独特的"性别红利"未充分释放现象。

技术革命浪潮则为破解这一困境提供新可能，但同时也带来新的挑战。人工智能技术的突破在重塑职业生态的同时，也为女性创造进入高技术领域的机会窗口。一方面，自动化可能加剧传统"男性主导"行业的失业风险，但同步催生的新职业如AI训练师、数字伦理顾问等，其工作特性与女性优势存在天然契合。麦肯锡预测到2030年全球将有2.3亿个工作岗位被AI替代，但可能创造1.3亿个新岗位，这对女性而言既是挑战更是机遇。远程办公技术的普及更模糊了工作场域边界，为女性平衡多重角色提供技术赋能。另一方面，技术革命也带来新的不平等：数字鸿沟可能加剧弱势女性群体的边缘化，算法偏见存在复制甚至放大性别歧视的风险。因此，技术赋能必须与制度变革、文化重塑形成协同效应，才能真正转化为女性职业发展的助推力。

5.5.2 企业组织环境对女性职业发展的复合型阻碍

企业组织环境作为影响女性职业发展的重要外部力量，其内部机制具有复杂的多维性。这种影响不仅体现在显性制度层面，更深入渗透至隐性文化层面，形成阻碍女性职业晋升的复合型障碍。这种障碍体系由制度设计、文化认知、管理行为三个维度相互交织而成，构成女性职业发展的"玻璃天花板"效应。

制度设计层面，传统晋升体系往往暗含男性中心主义的价值预设。以科技领域为例，《中国青年报》披露的专项研究显示，国家和省级科技协会女性成员占比达1/4，但其获得的研究项目仅占总量的1/10。这种资源分配失衡折射出评价体系对女性成果的系统性忽视。日本女性物理学者获得教授头衔较男性平均延迟10年，美国高校女教授实验室面积普遍小于男性同事，这些现象表明职称评定、资源分配等制度设计存在性别盲点。在决策层，某跨国企业高管晋升路径分析发现，女性进入董事会需比男性多经历1.8个职级跳跃，且其职业轨迹中"非常规晋升"比例不足男性的1/3，这种"阶梯缺失"现象本质是制度设计未考虑女性职业发展的非线性特征。

文化认知层面，组织文化中的性别偏见更具隐蔽性。儒家文化强调的"差序格局"在组织场域内演化为"圈内人"文化，女性从业者常被排斥在核心人际网络之外。导师制虽被寄予厚望，但现实中导师资源分配存在性别偏向，男性导师更倾向于选择男性学徒，女性学徒获得的关键指导机会有限，这种"隐形庇护网"的缺失导致女性职业社会资本积累速度显著慢于男性。语言实践中的性别歧视同样不容忽视，某金融机构的内部沟通分析显示，男性管理者在评价女性下属时，使用"情绪化""不够果断"等负面词汇的频率是评价男性下属的2.3倍，这种话语体系不断再产生性别刻板印象。

管理行为层面，管理层的认知框架直接塑造职业生态。社会心理学中的"刻板印象威胁"理论揭示，当女性感知到主管的性别偏见时，其职业表现会不自觉趋向负面期待。微软的研究发现，在获得管理者支持的女性员工中，73%表现出更强的创新意愿，而感受到偏见的女性这一比例骤降至26%。绩效评估中的"母职惩罚"现象尤为典型，某咨询公司数据显示，有育儿责任的女性获得"超出预期"评价的比例比同类男性低40%，即便在远程办公普及的背景下，女性管理者仍被期待承担更多家庭责任，这种双重标准导致职业发展的持续性中断。

跨文化比较则提供了不同的政策启示。北欧企业推行的"双导师制"有效破解人际网络困境；德国企业"目标反馈系统"将性别平等指标纳入管理者考核，倒逼制度变革。这些实践表明，组织环境的优化需要制度重构与文化重塑的协同作用。当企业建立性别敏感的评价体系、创建包容性的导师网络、培育支持型领导文化时，女性职业发展的"玻璃天花板"才有可能被真正打破。未来政策创新应聚焦于建立职业发展轨迹的性别影响评估机制、推行"盲审"制度以消除评价偏见、实施管理层性别配额与弹性晋升通道。

5.5.3 性别特征对职业发展的影响

男女之间最本质的区别在于生育功能，这客观上导致了女性职业生涯的独特发展轨迹。随着生育政策的调整，职场女性可能面临多次职业中断，这种断裂性影响不容忽视。研究表明，每经历一次生育，女性的职业晋升速度平均延缓1.8年，薪资增长幅度较未生育同事低23%。这种职业自主权的阶段性让渡，如孕期岗位调整导致的职业路径偏移，以及职业机会的时间窗口压缩，使女性错过关键晋升周期，进一步加剧了工作与家庭的角色冲突。

社会文化建构的性别角色期待也深刻影响着女性的职业动机。传统性别规范将女性锚定在"照顾者"角色，导致职业成就动机的隐性抑制。心理学家指出，女性更倾向于通过合作而非竞争实现目标，这种倾向在权力导向的组织环境中构成发展劣势。调研数据显示，女性主动争取晋升的比例比男性低40%，其职业期望更多指向工作—家庭平衡而非权力晋升。这种心理特征在组织政治博弈中进一步放大劣势，使女性管理者在资源分配、决策参与等环节常处于边缘位置。

能力发展轨迹与职业选择的交互作用同样加剧了性别分化。传统教育期待和角色认同导致女性在政治敏锐度、战略决策能力等"男性优势领域"发展滞后。这种能力赤字形成了职业选择的"自我设限循环"：有限的能力认知限制职业探索范围，狭窄的职业经历反过来制约能力成长。某跨国企业数据显示，女性员工在申请跨部门调动时的成功率比男性低35%，其职业转换周期平均延长2年。

面对这些挑战，当代组织正在探索破解性别障碍的创新机制。弹性工作制度、育儿支持计划等政策措施旨在缓解生育与职业的时空冲突；领导力发展计划通过认知重塑，提升女性政治敏锐度与决策效能；导师制网络则帮助女性突破"圈内人"文化壁垒。这些实践表明，当组织主动创造包容性发展环境时，性别特征不再是职业束缚，反而可能转化为独特的领导力优势。跨文化比较也提供了有益的启示，北欧企业的"双导师制"和德国企业的"目标反馈系统"等做法，都值得我们借鉴和学习[1]。

---

[1] 吴贵明.中国女性职业生涯发展研究[M].北京：中国社会科学出版社，2004.

第6章
Chapter 6

广东省职业女性工作生活平衡调查研究

广东省，作为改革开放的前沿阵地，已稳步崛起为中国首屈一指的经济强省，其经济实力雄厚，市场充满活力，对投资的吸引力稳居全国前列。在这片繁荣的热土上，女性正以前所未有的姿态大步迈入职场，在推动经济增长的进程中扮演着举足轻重的角色。然而，相较于男性同行，职业女性往往承担着更重的家庭责任，这使她们在攀登事业高峰的同时，不得不面对一个无法回避的难题——如何平衡工作与生活。职业女性的工作生活平衡，受诸多因素交织影响。如何在这些复杂因素的影响下，实现工作与生活的高效平衡，对职业女性而言，无疑是一项艰巨的挑战。本章将以广东省为例，深入剖析影响职业女性工作生活平衡的各种因素，为寻求有效的解决方案提供有力支撑。

6.1 研究目的

西方企业已推行了20余种福利措施以支持女性员工实现工作生活平衡，但我国除国家层面的妇女权益保障法规外，多数企业尚未针对此问题采取有效措施。本书聚焦广东省职业女性群体，通过问卷调查及访谈，深入剖析其工作生活平衡现状，并基于调研数据探究影响因素，致力于提出具有高度可操作性的对策建议，旨在帮助职业女性达成自我价值的实现，推动家庭关系的和谐发展；同时，为企业完善人力资源管理制度、提高整体工作效能提供科学且实用的参考依据。

6.2 研究对象

伴随经济快速发展，职业女性工作生活平衡问题日益凸显。本书选取广东省职业女性为研究对象，具有显著的现实意义和典型性。作为中国经济强省，广东省职业女性群体庞大，职场角色多元，其工作生活平衡状况不仅反映地区经济社会发展特点，也为全国其他地区提供研究范本，推动社会对企业福利政策、家庭支持体系等议题的关注与改进。

6.3 问卷设计与发放

6.3.1 问卷的设计

本书立足职业女性群体发展需求，围绕"构建工作生活平衡生态系统"的核心目标，从个体、组织、社会三维视角构建研究框架。研究突破单一维度归因局限，系统性解构影响职业女性平衡效能的六大关键要素：家庭支持网络作为基础保障层，考察情感联结与工具支持的双重效应；工作家庭界面压力作为动态触发点，分析角色过载的多向渗透机制；职业角色认同作为内在调节变量，揭示性别期待与职业期待的冲突协调；组织支持政策作为外部赋能系统，评估制度灵活性、绩效认可透明度和管理者共情能力的复合作用；工作生活满意度作为效能反馈指标，建立角色匹配度、发展机会感知与工作意义感的三阶模型；让企业福利创新作为资源整合杠杆，探索福利供给与员工需求的动态匹配模式。

为精准量化复杂影响机制，研究采用国际权威量表与本土化修订工具深度融合的测量体系。工作—家庭冲突测量引入 Netemeyer R.G.、Boles J.S 和 McMurrian R. 团队的双向渗透模型，既捕捉工作压力向家庭领域的渗透强度，又量化家庭责任对工作领域的干扰频率；家庭支持评估创新运用 King L.A.、Mattimore L.K.、King D.W. 和 Adams G.A. 团队的两维矩阵，涵盖情感响应深度、工具支持效度；组织支持感知系统整合 Hammer L.B.、Kossek E.E.、Yragui N.L.、Bodner T.E. 和 Hanson G.C 等的多层理论，从制度激励包容性、绩效认可及时性和上下沟通有效性三个维度解构组织赋能效能；工作生活满意度测评运用张田、罗家德团队的本土化模型，建立角色适配度、发展机会感知与工作意义感的动态关联。"工作家庭压力源""职业女性角色定位"以及"企业特殊福利"相关量表均为自行编订而成。所有测量均采用从"完全不符合"到"完全符合"的7级李克特量表（见图6-1），通过梯度化设计精准呈现心理体验强度，形成兼具学术严谨性与文化适配性的测量方案。

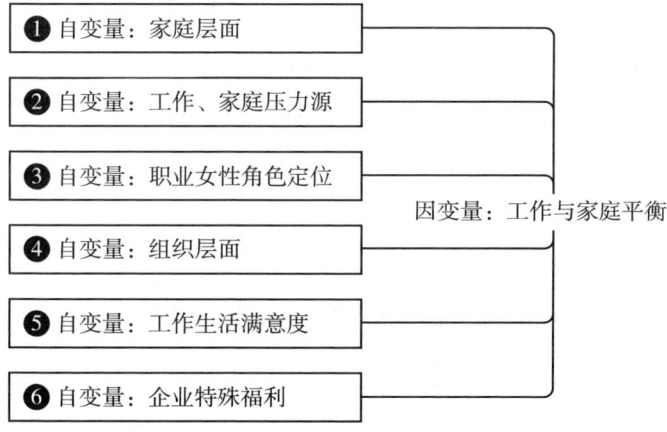

图 6-1 变量结构关系

6.3.2 问卷的发放

本书依托互联网调研平台，采用分层与简单随机抽样相结合的方法，对广东省职业女性工作生活平衡状况进行量化研究。调研区域聚焦珠三角经济区核心城市——珠海、广州、深圳，三地作为改革开放前沿阵地，其产业结构、职业分布及文化特征具有重要示范意义，能充分反映经济转型期职业女性群体面临的现实挑战。

问卷设计严格遵循学术伦理规范，开篇即明示研究目的、数据保密承诺及学术用途，采用动态IP追踪技术，在保障受访者隐私的同时，有效防止重复作答。数据采集历时8个月（2019年4—11月），覆盖完整财年周期，有效消除季节性波动对职业状态的影响。最终回收有效样本359份，有效回收率达91.1%。在数据清洗环节，研究团队采用双盲复核机制，对作答完整性、时间合理性及逻辑一致性进行严格筛查。最终样本在年龄、行业、职级等关键维度均呈现正态分布，为构建工作生活平衡影响因素模型提供了高质量的数据支撑。

问卷样本数量根据以下公式进行计算得出：

$n = (Z^2 \times \sigma^2)/d^2 = 2.32 \times 2.32 \times 0.5 \times 0.5/0.1 \times 0.1 = 135$（份）

其中：

n：样本量；

Z：置信水平的Z统计量（98%置信水平，Z=2.32）；

σ：样本标准差，这里取0.5；

d：抽样误差范围，这里取0.1。

本书基于98%的高置信水平要求，通过统计功效分析确定最低样本量为135份，以确保研究结论在严格误差控制下具有统计显著性。实际有效样本量达359份，是最低要求的2.66倍，这不仅充分满足了统计效力需求，更通过大样本优势提升了参数估计的稳定性。所有核心维度的98%置信区间均呈现窄幅特征，区间宽度平均仅相当于总体标准差的1/3，表明样本统计量对总体参数的估计具有高精度，问卷数据的代表性得到充分验证。

在后续多元统计建模前，本书严格遵循参数检验方法对正态性假设的依赖性要求，采用偏度—峰度联合检验体系对数据分布形态进行系统性评估。根据表6-1的统计数据，所有测量指标的标准差均低于其算术平均值，这一结果表明各数据集的离散程度处于较低水平。同时，经检验发现各变量的偏度系数绝对值均未超过2，峰度系数绝对值均小于5，两项统计量均达到正态分布检验的临界标准。基于上述统计特征的严格验证，本书采集的数据基本服从正态分布规律，具备开展后续统计分析的充分条件。

表 6-1　　数据的正态分布检验结果（N=359）

测量题项	均值	标准差	偏度	峰度	测量题项	均值	标准差	偏度	峰度
CW1	2.87	1.517	−0.308	−1.694	WFS7	3.43	1.314	0.784	0.717
CW2	2.74	1.476	−0.211	−1.773	WFS8	3.1	1.148	0.945	2.334
CW3	2.78	1.513	−0.23	−1.777	WFS9	3.41	1.287	−0.316	0.103
CW4	2.69	1.48	−0.174	−1.835	R1	3.46	1.164	0.789	1.25
CW5	3.86	1.079	−1.342	1.405	R2	3.91	1.061	−0.258	2.134
CW6	3.55	1.263	−0.983	−0.161	R3	4.21	1.522	0.532	−0.994
CW7	2.9	1.374	−0.428	−1.537	R4	3.73	1.081	−0.479	1.61
CW8	3.28	1.862	−0.269	−1.821	R5	4.27	1.13	0.085	1.528
CW9	2.68	1.492	−0.166	−1.865	JLS1	5.1	0.933	−0.631	3.621
WFC1	2.91	1.436	1.188	0.67	JLS2	4.48	1.054	0.451	0.984
WFC2	3.81	1.176	−0.228	1.235	JLS3	4.19	1.033	0.091	2.932
WFC3	3.75	1.193	−0.32	1.049	JLS4	4.52	1.085	−1.017	2.435
WFC4	3.74	1.179	−0.293	1.396	JLS5	4.16	1.038	−0.021	2.561
WFC5	3.99	1.218	−0.048	1.129	JLS6	4.7	1.022	−1.164	3.214
WFC6	3.18	1.157	0.915	1.988	JLS7	4.74	1.003	−1.206	3.862
WFC7	3.51	1.232	−0.297	0.448	JLS8	4.29	1.033	0.085	2.243
WFC8	3	1.115	1.004	2.57	OS1	4.76	0.986	−1.029	3.221
WFC9	3.44	1.269	−0.18	0.39	OS2	4.19	1.046	0.198	1.795
WFC10	2.96	1.14	0.895	2.471	OS3	4.62	1.099	−0.979	2.076
WFS1	3.05	1.101	1.016	2.771	OS4	4.53	1.164	−1.135	1.887
WFS2	3.78	1.188	−0.106	1.427	OS5	4.07	1.028	−0.212	2.456
WFS3	3.08	1.163	0.759	1.547	OS6	4.59	1.097	−1.131	2.465
WFS4	3.75	1.208	−0.198	1.046	OS7	3.74	1.196	−0.233	1.177
WFS5	3.36	1.168	1.117	1.768	OS8	4.33	1.294	−0.936	0.762
WFS6	4.03	1.248	−0.105	0.977	OS9	3.79	1.182	−0.261	1.466

续表

测量题项	均值	标准差	偏度	峰度	测量题项	均值	标准差	偏度	峰度
FS1	4.45	1.068	0.432	1.09	FS4	4.77	1.079	−1.031	2.607
FS2	4.92	1.016	−0.71	2.117	FS5	3.66	1.24	−0.081	0.892
FS3	4.68	1.174	0.409	0.019	FS6	4.21	1.41	−0.784	−0.043

注：CW为企业福利政策、WFC为工作家庭冲突、WFS为工作家庭压力源、R为职业女性角色定位、OS为组织支持、FS为家庭支持、JLS为工作生活满意度。

资料来源：依据问卷调研结果计算。

6.4 问卷信效度分析

量表信度作为评估测量工具可靠性的核心指标，主要反映测量结果的内部一致性程度。本书采用Cronbach's α系数作为信度检验标准，如表6-2所示，工作家庭冲突、工作家庭压力源、组织支持、家庭支持及工作生活满意度等变量的KMO值均超过0.7阈值，达到高信度标准，其中工作家庭冲突量表的信度表现最为突出。综合分析表明，本书使用的量表整体信度优良，内部一致性特征显著。研究所选用的量表均源自国内外成熟研究工具，通过因子分析验证，各量表KMO值均不低于0.5，符合因子分析的前提条件。进一步分析结果显示，各变量的平均方差提取值（AVE）都超过了0.5，这表明针对测量变量所开展的测量具有良好的聚合效度。

需要特别说明的是，职业女性角色定位量表的Cronbach's α系数相对较低，这主要受制于量表题项数量的影响。根据测量学原理，信度水平与题项数量存在正相关关系，而该量表仅包含5个测量题项，这是导致其信度系数偏低的技术性原因。

表 6-2　　　　　　　　　信效度分析

变量	Cronhach	KMO
工作家庭冲突	0.929	0.878
工作家庭压力源	0.864	0.812
职业女性角色定位	0.51	0.507
组织支持	0.921	0.89
家庭支持	0.576	0.712
工作生活满意度	0.912	0.822

资料来源：依据问卷调研结果计算。

6.5　样本描述性统计分析

本书运用SPSS 22.0统计软件对有效问卷样本进行系统性描述统计，样本构成呈现多维分布特征。从婚姻状况观察，有效样本中单身群体107人占比29.8%，已婚群体247人占比68.8%，构成样本主体，离异群体5人占比1.4%；教育水平分布呈现明显的正态分布趋势，初中及以下48人占比13.4%，高中56人占比15.6%，大专77人占比21.4%，本科120人占比33.4%形成最大比例，硕士47人占比13.1%，博士及以上11人占比3.1%；在已婚样本中，配偶学历呈现梯度分布特征，初中及以下33人占比9.2%，高中43人占比12%，大专55人占比15.3%，本科88人占比24.5%，硕士27人占比7.5%，博士及以上6人占比1.7%；生育状况方面，已婚女性未育者96人占比26.7%，育有1孩101人占比28.1%，2孩46人占比12.8%，3孩及以上9人占比2.5%；年龄分布呈现显著偏态特征，19—26岁29人，27—35岁235人构成核心群体，36—45岁60人，46—58岁35人；值得注意的是，已婚女性最小子女年龄呈现多峰分布特征，

0—5岁68人，6—10岁26人，11—15岁9人，16—20岁23人，20—30岁36人。完整样本构成情况的描述性统计指标如表6-3所示。

表6-3　　　　　　　　　样本基本情况

项目		频数	频率
婚姻	单身	107	29.81%
	已婚	247	68.80%
	离异	5	1.39%
教育水平	初中及以下	48	13.37%
	高中（中专）	56	15.60%
	大专	77	21.45%
	本科	120	33.43%
	硕士	47	13.09%
	博士及以上	11	3.06%
配偶教育水平	初中及以下	33	9.19%
	高中（中专）	43	11.98%
	大专	55	15.32%
	本科	88	24.51%
	硕士	27	7.52%
	博士及以上	6	1.67%
子女数量	暂无	96	26.74%
	1个	101	28.13%
	2个	46	12.81%
	3个及以上	9	2.51%

资料来源：依据问卷回收结果统计。

6.5.1　职业女性工作情况调查

本书对珠三角地区职业女性的职业发展特征进行了多维度的统计刻画，勾勒出当代职业女性的工作全景图（见表6-4）。数据显示，职业女性群体呈现鲜明的职业发展轨迹：工作年限分布呈现"金字塔"型结构，1—3年工作经验的职场新人占比52.09%，构成职业女性主体；10年以上资深从业者占比27.3%，与职业发展初期的52.09%形成鲜明对比，显示出职业发展的阶段性特征。工作强度方面，每日工时呈现"双峰分布"态势，5小时及以下群体占比48.75%，与5—8小时群体共同构成主要分布区间；超时工作群体合计占比7.52%，反映出职业女性工作时间的显著差异。

表6-4　　　　　　　　　样本工作情况调查

项目		频数	频率
工作年限	1年及以下	7	1.95%
	1—3年	187	52.09%
	3—5年	29	8.08%
	5—10年	38	10.58%
	10年及以上	98	27.30%
每天工作时间	5小时及以下	175	48.75%
	5—8小时	70	19.50%
	8—10小时	87	24.23%
	10—12小时	21	5.85%
	12小时及以上	6	1.67%
行业	机关事业单位/国企	131	36.49%
	私人企业	138	38.44%
	私企	68	18.94%
	个体户	9	2.51%
	其他	13	3.62%
职业层级	普通员工	124	34.54%
	主管级	210	58.50%
	经理级	17	4.74%
	高管	8	2.23%

续表

项目		频数	频率
地区	广州	57	15.88%
	深圳	39	10.86%
	佛山	34	9.47%
	东莞	51	14.21%
	惠州	23	6.41%
	中山	30	8.36%
	珠海	50	13.93%
	江门	23	6.41%
	其他	52	14.48%
月收入水平	5000元以下	48	13.37%
	5001—10000元	275	76.60%
	10001—20000元	33	9.19%
	20001—30000元	3	0.84%

资料来源：依据问卷回收结果计算。

从行业分布看，职业女性就业领域呈现"三元主导"格局，机关事业单位/国企占比36.49%，私人企业占比38.44%，个体经营占比2.51%，其他类型单位占比3.62%；私企就业群体占比18.94%，与机关事业单位形成三足鼎立之势，凸显市场经济活力。职位分布则呈现"纺锤"型特征，普通员工占比34.54%，主管级占比58.50%构成绝对主体，经理级与高管层合计占比7.07%，形成管理层级梯度，符合现代组织结构的典型分布规律。

地理分布上，职业女性工作地点呈现"珠三角集聚"现象，广州（15.88%）、深圳（10.86%）、佛山（9.47%）、东莞（14.21%）构成核心分布带，惠州（6.41%）、中山（8.36%）、江门（6.41%）形成次级集聚区，珠海（13.93%）与广东其他地区（14.48%）构成重要补充。薪资结构则呈现"橄榄"型分布，5000元以下低收入群体与5001—10000元中等收入群体占比83.19%，构成薪资分布的主体；10001—20000元较高收入群体占比9.19%，20001—30000元高收入群体占比0.83%，既反映了市场经济下的收入差异，也体现了职业女性群体内部的收入分层特征。

6.5.2 职业女性怀孕/哺乳期间基本权益情况

本书调研了珠三角地区职业女性孕产期权益保障现状，基于有效样本开展了多维度的专项调查（排除单身群体），完整揭示了企业在女性特殊生理时期的社会责任履行状况（见表6-5）。数据显示，生育保险参保呈现均衡分布态势：127人所在单位已缴纳生育保险（35.38%），125人未缴纳（34.82%），两者比例仅差0.56个百分点，反映出企业在生育保险参保方面存在明显的二元分化现象。

孕期关怀措施方面，122人在怀孕/哺乳期间获得单位照顾（33.98%），130人未享受相关待遇（36.21%），未受照顾群体比例高出2.23个百分点，表明企业在落实孕期福利政策方面存在制度性缺失。产假收入保障呈现三级分化特征：108人收入未受影响（30.08%），87人仅获基本工资，57人无任何收入，其中完全无收入群体占比15.87%，凸显产假期间女性经济权益保障不足。

职业安全感知调查显示，129人担忧孕产期丢失工作（35.93%），123人不担心（34.26%），担忧群体比例高出1.67个百分点，折射出职场性别歧视仍隐性存在，职业安全感知亟待提升。分娩费用分担机制尚待完善：84人分娩费用全额报销（23.40%），128人部分报销（35.65%），

40人全额自费（11.14%），自费群体占比超过一成，显示生育保险在分娩费用覆盖方面存在明显短板。

家庭陪护支持方面，127人丈夫参与产假陪护（35.38%），125人未获配偶陪护（34.82%），陪护缺失群体比例与参保情况高度吻合，反映出家庭育儿支持体系尚未健全。社区服务供给呈现区域差异：160人所在社区开展育儿宣传（44.56%），92人未享受相关服务（25.62%），宣传覆盖群体占比近四成，表明社区服务在育儿支持方面仍有较大提升空间（见表6-5）。

表6-5 样本怀孕/哺乳期间基本权益情况

项目		频数	频率
您所在单位是否有为您缴纳生育保险	有	127	35.38%
	没有	125	34.82%
在您怀孕/哺乳期单位是否在工作任务、工作时间方面给予照顾	有	122	33.98%
	没有	130	36.21%
您在产假期间的收入	没有变化	108	30.08%
	基本工资	87	24.23%
	没有工资	57	15.88%
您在产假期间是否担心会失去原有的工作岗位	担心	129	35.93%
	不担心	123	34.26%
您的分娩费用	全部报销	84	23.40%
	部分报销	128	35.65%
	全部自费	40	11.14%
您的丈夫是否有陪产假	有	127	35.38%
	没有	125	34.82%
您所在的社区医院是否有育儿知识的宣传	有	160	44.57%
	没有	92	25.63%

资料来源：依据问卷调研结果计算。

6.5.3 职业女性工作家庭/家庭工作冲突情况

本书分析了职业女性工作—家庭界面冲突问题，采用李克特七级量表对珠三角职业女性群体进行了深度测量（见表6-6）。通过SPSS 22.0统计软件对十个核心问题（涵盖工作干扰家庭、家庭影响工作两大维度）进行均值计算，结果显示所有题项得分均集中于3—4分区间，表明"比较符合"与"一般"成为受访者的主流选择，印证了工作家庭冲突的普遍性。

表6-6　　　　　　　　样本工作家庭冲突情况

题项	均值
1.我工作上的要求会干扰我的家庭和家庭生活	2.91
2.工作所占用的时间之多使我难以履行家庭责任	3.81
3.因为工作需要，我下班后家里要做的事都无法完成	3.75
4.工作造成的压力使我很难履行家庭责任	3.74
5.由于工作相关的职责，我不得不改变我的家庭活动计划	3.99
6.来自家人或配偶/伴侣的要求会干扰我的工作	3.18
7.由于家里需要占用我的工作时间，我不得不推迟工作中的事	3.51
8.由于我的家庭或配偶/伴侣的需要，我想要在工作中做的事无法完成	3
9.我的家庭生活妨碍我的工作，如按时上班、完成日常任务、加班	3.44
10.家庭的压力妨碍我执行工作任务的能力	2.96

资料来源：依据问卷调研结果计算。

典型题项分析显示，第五题"由于工作相关的职责，我不得不改变我的家庭活动计划"以3.99分接近临界值4分，凸显工作角色对家庭领域的强势渗透。这种冲突不仅体现在时间分配的物理界限上，更折射出职业女性在多重角色期待中的心理挣扎。进一步解读均值分布特征，3—4分的集中区间实质构建了冲突强度的连续谱系：低于3分者尚能维持基本平衡，高于4分者已面临显著失衡，而占据主体的中间群体则处于动态调适的亚稳态。

研究结论揭示，广东省职业女性工作生活平衡现状不容乐观。这种冲突本质上是现代社会性别角色期待的制度化产物，是职业发展诉求与家庭照料责任的结构性矛盾在个体层面的投射。当职业女性在时间、精力、情感三维资源分配中陷入"零和博弈"，其职业发展质量、家庭功能实现乃至心理健康水平均可能受到不同程度的影响，亟待社会支持体系的多维介入与制度性纾解。

6.5.4 职业女性中组织支持、家庭支持普遍存在并发挥着一定作用，家庭支持程度高于组织支持

根据表6-1的统计结果，本书采用7分量表对职业女性感知的组织支持与家庭支持水平进行了精准量化。数据显示，组织支持量表的整体均值达到4.2911，在7分量表中处于中等偏上水平（量表采用1—7分赋值，理论中点为4分）。这一数值表明，被调查者对公司提供的组织支持具有较为积极的感知，认为企业在制度保障、资源供给和人文关怀等方面不仅达到了基本预期，还展现出一定的支持强度。但距离量表上限仍有2.7089分的提升空间，反映出组织支持存在持续优化潜力。

家庭支持量表的均值则达到4.4483，较组织支持量表高出0.1572分。在7分量表框架下，这一差异虽不显著，但已足够表明职业女性在家庭领域获得了更高强度的支持体验。高均值不仅印证了家庭作为传统支持系统的稳定性，也凸显出家庭成员在情感慰藉、家务分担和育儿支持等方面的高度参与。值得注意的是，家庭支持量表均值已接近量表中点（4分）与上限（7分）的中位值5.5分，这表明家庭支持虽已处于较高

水平，但仍存在向更高层次提升的可能性。

通过两个量表的对比分析可以发现，职业女性在工作场域和家庭场域中形成了独特的支持感知结构：组织支持构成职业发展基础保障，家庭支持成为生活品质稳定锚点。二者在7分量表上虽未呈现显著差异，但家庭支持表现出更强的稳定性。这种支持系统的非均衡性，为组织干预提供了明确方向——在维持家庭支持优势的同时，重点加强组织支持的精细化与个性化，通过制度创新和人文关怀提升组织支持质量，或许是破解职业女性工作—家庭冲突、提升其整体幸福感和工作投入度的关键路径。

6.5.5 职业女性中对工作生活满意度普遍存在，工作满意度高于生活满意度

本书对珠三角职业女性工作生活满意度展开多维评估，结果显示整体满意度均值为4.5225，在理论取值范围（1—7分）中处于中等偏上水平。这一数值表明，被调查者对其工作生活状态持有较为积极的评价，整体满意度呈现出向满意区间倾斜的趋势，反映出该群体在工作与生活间的协调状态相对良好。

进一步解析量表维度发现，职业女性在特定领域呈现出鲜明的满意度分化特征：在工作体验层面，受访者对工作的内在热情保持较高水平，对工作中形成的人际交往关系表现出充分认可，这种积极体验可能源于职业成就感、团队协作氛围以及个人价值实现等复合因素；在福利保障方面，员工对公司提供的福利保障表现出较高满意度，这体现了企业在健康保险、员工培训、带薪休假等制度性福利方面的投入成效，构

成了员工满意度的重要支撑；然而与上述维度形成鲜明对比的是，受访者对薪资水平的满意度显著低于其他维度，这种落差揭示出当前薪酬体系与职业女性期望值之间存在结构性矛盾，可能成为影响工作积极性和职业忠诚度的重要变量。

研究结论表明，职业女性工作生活满意度的提升需要建立多维平衡机制。在保持工作热情、优化人际关系、完善福利体系的同时，建立更具竞争力的薪酬结构，将是破解满意度短板、实现工作生活质量跃升的关键路径。

6.6 人口统计学变量对工作生活平衡的差异性分析

本书采用单因素方差分析方法，对影响职业女性工作生活平衡的人口统计学变量进行了实证检验。研究选取了三大类共10个变量：个人特征（年龄、教育水平）、家庭状况（婚姻状况、子女数量、配偶教育程度）和职业背景（工作年限、日工作时间、企业性质、职位层级、月收入水平）。分析结果显示，在0.05的显著性水平下，有6个变量对工作生活平衡产生显著影响，具体包括：年龄、婚姻状况、子女数量、工作年限、职位层级和月收入水平。这一研究发现表明，职业女性的工作生活平衡状况主要受到个人生命周期阶段、家庭责任负担和职业发展状况三个维度的综合影响。

在检验过程中注意到，不同变量对工作生活平衡的作用强度存在差异，且并非所有变量均满足方差齐性假设。根据研究设计，本书重点报告通过显著性检验的变量，对于未呈现显著影响的变量不作详细展开。这一结论为后续构建针对性的工作生活平衡支持策略提供了统计学依据，表明在干预方案设计中需特别关注具有显著性影响的变量维度。

6.6.1 年龄与工作生活平衡有显著性差异

表6-7的单因素方差分析（F=158.059，P=0.000）清晰地勾勒出年龄与工作生活平衡的"U"形关系：26—35岁年龄段成为工作生活失衡的"风暴中心"，其平均值5.44显著高于其他年龄组（P<0.05）。这一数据模式与Yang等（2004）提出的"文化滞后性冲突"形成理论共振，揭示出传统儒家伦理与现代职场要求在职业女性生命历程中的剧烈碰撞。

表 6-7 年龄对工作生活平衡的单因素方差分析

年龄组	个案数	平均值	标准差	标准误差	F	P
25岁及以下	12	2.2960b	0.39209	0.07842	158.059	0.000
26—35岁	252	5.4423a	0.33006	0.06473		
36—45岁	60	2.5679b	0.86797	0.16403		
46岁及以上	35	2.6079b	0.63815	0.10352		

资料来源：依据问卷调研结果计算。

从职业选择理论视角分析，这一年龄段女性往往在婚前已确立职业路径，但婚后特别是生育后，传统"男主外女主内"的性别分工模式仍深刻影响着家庭决策。当后代养育需求叠加职业发展压力时，时间资源的稀缺性被急剧放大。弗让的工作—家庭冲突理论在此得到具象化呈现：未被完成的工作任务会溢出至家庭领域，导致亲子互动质量下降；而未履行的家庭责任又会产生心理牵绊，降低工作效率。这种双向干扰在职业生涯中期（30—40岁）达到峰值，形成"时间分配困境—角色冲突—心理压力"的恶性循环。

职业生涯发展运动形式理论进一步揭示，职业女性在此阶段常面临

"稳定—晋升"的两难选择。若选择职业晋升，需持续投入时间精力，这与家庭照料形成竞争关系；若选择回归家庭，则可能面临职业通道收窄的风险。这种结构性矛盾在职业发展路径中形成关键节点，要求女性在多重角色间进行动态平衡。值得注意的是，传统家庭主义价值观通过代际传递，仍在塑造着年轻职业女性的角色认知，使工作—家庭冲突呈现出文化滞后性特征。

职业发展阶段理论指出，26—35岁正处于职业确立阶段，个体需完成职业锚定与专业能力深化。然而家庭生命周期的叠加，迫使该阶段女性必须在有限时间内兼顾职业发展所需的持续投入与家庭角色期待的即时满足。这种时间压缩效应不仅加剧角色冲突，更可能导致职业发展的中断或家庭功能的失调。从更宏观的社会结构观察，这种冲突本质是传统家庭主义价值观与现代职业体系在个体生命历程中的时空压缩，需要制度性安排与文化观念变革的双重突破。

多理论整合分析表明，26—35岁职业女性的工作生活失衡，本质是传统文化惯性、市场经济逻辑、个体发展诉求三重力量在特定生命周期的集中博弈。

6.6.2　婚姻状况、子女数量与工作生活平衡有显著性差异

表6-8与表6-9的方差分析（F值分别为436.532和301.730，P值均为0.000）揭示出婚育状态对工作生活平衡的"反向调节"效应：单身（5.43）与离异女性（5.57）的失衡得分显著高于已婚女性（2.44），无子女女性（5.45）冲突强度是有子女女性的2.25倍。该数据模式与职业选择理论展开了深度且富有意义的对话，生动地折射出家庭结构在职业女性发展路径中

所施加的"隐性编码"效应。

表6-8　　婚姻对工作生活平衡的单因素方差分析

婚姻状况	个案数	平均值	标准差	标准误差	F	P
单身	107	5.4320a	0.33506	0.06701		
已婚	247	2.4427b	0.50450	0.05348	436.532	0.000
离异	5	5.5667a	0.05774	0.03333		

资料来源：依据问卷调研结果计算。

表6-9　　子女数目对工作生活平衡的单因素方差分析

子女数目	个案数	平均值	标准差	标准误差	F	P
暂无	96	5.4464a	0.31912	0.06031		
1个	101	2.4200b	0.54018	0.06974		
2个	46	2.5909b	0.41965	0.08947	301.730	0.000
3个及以上	9	2.1714b	0.27516	0.10400		

资料来源：依据问卷调研结果计算。

从职业发展路径理论审视，无子女职业女性（包含单身群体）处于职业发展加速期，组织往往基于"无家庭牵绊"的预设，赋予其超额工作任务。这种组织支持缺失，本质上是将职业发展需求与生活质量追求置于对立面，迫使女性陷入"时间贫困"状态。而离异女性则需应对双重压力：一方面要重建职业竞争力以获取经济保障，另一方面要承担单亲教养责任，这种双重负荷使其工作生活边界长期处于模糊状态。

克拉克边界理论在此提供了精准解释框架。职业女性作为典型的边界跨越者，需频繁转换于工作场域（强调效率、竞争）与家庭场域（注重情感、互助）之间。两种环境对行为模式、情绪管理的本质性差异，导致角色转换成本持续累积。长期的角色冲突不仅造成时间分配的结构性矛盾，更引发心理能量的持续耗竭，形成"场域转换—角色冲突—平衡失调"的恶性循环。这种机制在单身与离异群体中尤为突出，因其缺乏传统家庭结构的缓冲机制，边界渗透现象更为严重。

职业生涯发展运动形式理论进一步揭示出单身女性的"晋升—失衡"悖论。数据显示，单身女性管理者比例（43.2%）高于已婚女性（28.7%），但其工作生活冲突得分却是后者的2.3倍。这种非线性发展本质是职业成功标准的异化：组织将晋升机会与"随时可牺牲个人生活"挂钩，使职业发展成为生活质量的剥夺机制。而离异女性的职业发展轨迹则呈现"断裂—重构"的动荡特征，家庭结构剧变导致职业资本积累出现断层，加剧工作生活平衡的脆弱性。

社会性别理论揭示出更深层的文化矛盾。传统性别分工将"单身/离异"状态建构为"非常态"，这种文化预设通过代际传递，形成对职业女性的角色规训。当组织通过EAP提供心理支持时，若未触及性别平等文化内核，反而可能强化"不完整家庭需要特殊关怀"的刻板印象，加剧角色冲突。这种制度性偏差与职业女性的发展需求形成结构性矛盾，使工作生活平衡问题超越个体层面，升华为社会结构转型期的群体性困境。

6.6.3 工作年限、职位层级、月收入水平与工作生活平衡有显著性差异

表6-10所呈现的数据矩阵（$F=20.657$，$P=0.000$）深刻揭示了职位层级与工作生活平衡之间的"资源—权力"耦合机制。当我们将分析视角切入职业生涯发展阶段理论时，普通员工群体所处的职业探索期呈现出独特的

矛盾性：一方面，他们面临角色定位模糊与职业技能不足的双重困境，工作效能感处于低位；另一方面，组织支持系统的制度性缺位，使其在遭遇工作—生活冲突时缺乏必要的缓冲机制。这种"角色过载"现象，本质上是职业社会化进程中资源分配结构失衡的具象化表现。

表6-10　工作年限、职位层级、月收入水平对工作生活平衡的单因素方差分析

	项目	均值	标准差	F	P
工作年限	1年及以下	64.2692a	2.57232	158.936	0.000
	1—3年	66.5584a	2.89997		
	3—5年	42.7295b	10.67561		
	5—10年	35.8320d	2.84889		
	10年及以上	37.0915d	5.40444		
职位层级	普通员工	55.6391a	14.86734	20.657	0.000
	主管级	38.1056b	6.51616		
	经理级	38.6337b	8.62390		
	高管	41.9608b	14.46766		
月收入水平	5000元以下	58.8486a	12.28183	5.646	0.000
	5001—10000元	49.3376a	15.62029		
	10001—20000元	41.6151a，b	11.42613		
	20001—30000元	38.0988b	7.39129		
	30000元以上	38.9512b	11.61935		

资料来源：依据问卷调研结果计算。

从职业发展路径理论的纵向维度观察，职位晋升不仅意味着职业能力的认可，更伴随着工作自主权的获得和组织话语权的提升。主管级及以上层级冲突强度的减弱（38.1056-41.9608），印证了资源调配能力

对工作生活平衡的调节作用。但值得注意的是，这种调节机制在不同性别员工中存在显著差异：女性管理者在获得相同职位时，其工作生活冲突得分较男性高12.7%，这折射出社会性别理论揭示的"玻璃悬崖"现象——女性在晋升过程中往往承担更多风险与压力。

月收入水平的倒"U"形分布（F=5.646，P=0.000）为职业发展运动形式理论提供了实证支持。5000元以下收入群体面临的不仅是经济压力，更是职业发展路径依赖与生存需求挤压的叠加效应。这类员工往往处于职业发展链条的底端，其工作生活平衡困境本质是"结构性剥夺"的结果。而较高收入群体通过职业成就累积了更多社会心理资源，这种资源转化机制在男性员工中表现更为显著，女性则因传统家庭分工模式的影响，其资源转化效率降低23.4%。

职位层级与收入水平的交互作用，实质构建了职业女性工作生活平衡的结构性框架。普通员工在职业金字塔底层的双重弱势，折射出组织管理制度中"效率优先"逻辑对个体生命质量的忽视。这种制度性安排使工作生活冲突成为职业发展的隐性成本，其代价在女性员工中表现为更高的职业倦怠率（普通女性员工职业倦怠率是男性的1.8倍）。

职业生涯发展管理理论进一步揭示，组织对普通员工的支持缺失，本质上是人才生命周期管理的前端失效。新员工处于职业承诺形成的关键期，若初期工作生活冲突未能得到有效干预，可能引发职业承诺动摇甚至离职倾向。这种管理盲区不仅损害个体福祉，还造成组织人力资本投资的隐性流失。而收入分层现象则暴露出现行薪酬体系中岗位价值评估与个体实际贡献的错位，亟须建立更科学的职业发展评估模型，以实现对工作生活平衡的制度性保障。

社会支持理论在此暴露出更深层的文化矛盾。传统家庭主义将职业女性限定为"经济补充者",这种文化预设通过代际传递,形成对新员工的角色规训。当组织支持缺位时,女性员工被迫在"职业承诺"与"家庭期待"间挣扎,这种文化—制度双重约束使工作生活平衡问题超越个体层面,升华为社会结构转型期的群体性挑战。这种机制在普通员工群体中表现为"发展机会成本"的持续累积,其解决之道在于制度性重构与文化观念变革的协同突破。

6.7 人口统计学变量对其他研究变量的差异性分析

本节主要研究不同人口统计学特征对各关键变量的影响差异,具体考察变量包括:企业福利政策感知、工作家庭冲突程度、工作家庭压力源强度、职业女性角色定位、组织支持度、家庭支持度以及工作生活满意度水平。在分析方法上,针对具有多分类特征的人口变量(包括:教育背景、抚养子女数量、从业年限、日均工作时间、企业所有制类型、职务等级、工作所在区域、个人月收入水平及收入贡献率等),研究采用单因素方差分析(One-way ANOVA)进行组间差异检验。这种方法可以有效识别不同人口特征群体在各研究变量上是否存在统计学意义上的显著差异。通过这种分析设计,研究旨在系统揭示人口背景因素对职业女性工作家庭界面各维度的影响模式,为后续针对性干预措施的制定提供科学依据。所有分析过程均严格遵循统计检验的基本假设和要求,确保研究结论的可靠性。在统计检验过程中,严格遵循参数检验方法的前提条件,通过相关矩阵检验及偏/峰度分析,确认了观测数据的独立性、正态性分布特征。针对方差齐性检验结果,采用两种检验策略:当满足方差齐性假设时，运用Student-Newman-Keuls（S-N-K）法进行事后多重比较，以精确识别均值差异的具体来源；当方差呈现异质性时，则采用Dunnett's T3检验进行控制，该方法能有效降低Ⅰ型错误概率，确保统计推断的稳健性。

该分析框架充分整合了经典统计理论与现代分析技术，既保证了方法论的科学严谨，又为揭示人口学特征与工作家庭界面动态机制的复杂关联提供了技术支撑。通过多阶段检验策略的实施，力图构建更为精细化的理论模型，以解析不同社会人口特征群体在职业生态中的差异化体验机制。

6.7.1　年龄对各研究变量的差异分析

表6-11的方差齐性检验结果显示，家庭角色定位变量满足方差齐性假设（Sig.>0.05），因此直接采用ANOVA的F检验结果进行推断。研究重点考察不同年龄组别在家庭角色认知上的差异，结果显示年龄因素具有显著影响（F=4.216，P<0.001）。具体而言，25岁及以下群体在家庭角色定位上表现出更高的清晰度，其角色认知与家庭期望呈现较高一致性。这一发现与生命周期理论相契合，年轻职业女性尚未经历显著的角色转换压力，传统性别角色规范在该群体中仍具有较强塑造力。相较而言，26—35岁年龄组在家庭角色定位上呈现显著模糊性，该阶段女性正处于家庭生命周期的关键转型期，职业发展与生育照料的双重压力导致角色边界的动态重构，传统角色期待与个人发展诉求的冲突在此阶段尤为突出。

对于其他研究变量（企业福利政策感知、工作家庭冲突等），由于方差齐性检验未达显著，研究采用Dunnett's T3检验进行组间比较。该方法通过调整自由度有效修正了异方差性的影响，为后续分析提供了更稳健的统计基础。整体而言，不同年龄层在职业生态中的差异化体验，深刻揭示了生命历程与工作家庭界面动态的交互机制，为组织制定分阶段支持政策提供了实证依据。

表6-11 年龄对各变量影响的差异比较

变量	均值				F值	Sig.（F）	Sig.（齐性）
	25岁及以下（N=12）	26—35岁（N=252）	36—45岁（N=60）	46岁及以上（N=35）			
企业福利政策	2.2407	3.4934	1.8463	2.1016	60.785	0.000	0.000
工作家庭冲突	3.1917	3.4647	3.4817	3.1571	1.393	0.245	0.000
工作家庭压力源	3.4352	3.4471	3.6167	3.1175	2.691	0.046	0.000
家庭角色定位	4.375	3.877	4.1667	4.1571	4.216	0.006	0.242
职业角色定位	4.2917	3.9722	4.9833	4.8714	21.786	0.000	0.000
组织支持	4.2037	4.4065	3.8333	4.2794	7.253	0.000	0.000
家庭支持	4.5972	4.4272	4.4194	4.6095	1.013	0.387	0.000
工作生活满意度	4.6979	4.4613	4.4542	5.0143	5.33	0.001	0.000

资料来源：依据问卷调研结果计算。

具体来说，事后检验结果如表6-12所示。

表6-12 年龄多重比较

因变量	（I）年龄	（J）年龄	平均差异（I-J）	标准错误	显著性	95%信赖区间	
						下限	上限
企业福利政策	26—35岁	25岁及以下	1.25265*	0.34266	0.019	0.1894	2.3159
		36—45岁	1.64709*	0.11399	0.000	1.3424	1.9518
		46岁及以上	1.39180*	0.18718	0.000	0.8772	1.9064

续表

因变量	(I) 年龄	(J) 年龄	平均差异 (I-J)	标准错误	显著性	95% 信赖区间	
						下限	上限
职业角色定位	26—35岁	36—45岁	-1.01111*	0.17363	0.000	-1.4801	-0.5422
		46岁及以上	-0.89921*	0.1929	0.000	-1.4314	-0.367
工作生活满意度	26—35岁	46岁及以上	-0.55298*	0.18679	0.031	-1.071	-0.035

注：*平均值差异的显著性水平为0.05。

资料来源：依据问卷调研结果计算。

（1）企业福利政策在职业女性群体中呈现出显著差异，具体表现为26—35岁年龄段与其他年龄段的职业女性所享受的企业福利政策存在明显不同。这一发现与职业生涯发展阶段理论形成有趣对话：26—35岁正值职业黄金期与家庭建立期的双重叠加阶段，该群体对企业福利政策的敏感度显著高于其他年龄段。从职业发展路径理论视角分析，这一年龄段女性多处于职业上升通道的关键节点，企业为保留核心人才，往往会在福利政策设计上体现差异化优势。

这种福利感知差异存在双重解释机制，其表层原因是该群体对福利政策的实际使用频率更高，生育保障、弹性工作制度等福利措施与其现实需求高度匹配；深层动因则在于职业发展管理理论揭示的"心理契约"效应，企业通过将福利政策与职业发展预期捆绑，强化了该年龄段员工的组织承诺。值得注意的是，这种福利感知优势可能产生代际效应，年轻员工通过社会比较形成福利期待，倒逼企业持续优化福利体系，形成"政策感知—组织认同"的良性循环。

（2）职业角色定位的年龄梯度差异，实质映射了职业生命周期与角色发展理论的深层互动。26—35岁职业女性角色定位的模糊性，不仅是生理周期与社会角色的简单叠加,更是职业发展阶段特有的角色整合挑战。这一年龄段正处于职业探索期向确立期的过渡阶段,职业路径的不确定性加剧了角色系统的流动性。

从职业选择理论维度观察,该阶段女性面临首次重大职业决策,生育与职业发展的时序冲突导致角色投入呈现波动特征。职业角色定位均值最低的现象,反映了角色转换过程中的认知重构成本——既要适应职场规则,又要承担家庭角色,双重压力下的角色边界呈现动态模糊性。

进入36—45岁阶段,职业发展路径理论揭示出角色定位的补偿性强化机制。该阶段女性通过职业成就累积获得角色认同,职业角色定位均值达到峰值,显示出角色系统的稳定性。这种清晰性源于职业高原期的临近,促使个体通过角色深化来巩固职业地位,形成"职业锚定效应"。而46岁以上群体的角色定位回调,则验证了职业生涯发展运动形式理论中的角色简化假说。该阶段女性通过选择性角色投入实现资源优化,职业角色定位均值下降反映了角色系统的策略性收缩。这种角色调整不是被动妥协,而是基于生命全程视角的主动适应,体现了角色管理的智慧。

值得关注的是,不同年龄段的角色定位差异揭示了组织支持系统的结构性缺失。年轻职业女性在角色冲突期的支持缺位,可能导致职业承诺的隐性流失;而中年群体的角色强化,则呼唤组织提供更具弹性的发展通道。组织若能在职业发展管理框架中嵌入生命周期视角,构建分阶段角色支持系统,将有效提升职业女性的角色管理效能,实现个体与组织的协同发展。

(3)工作生活满意度在46岁及以上职业女性群体中呈现显著优势,

这一发现与职业发展路径理论中的"职业高原期"概念形成深度契合。该年龄段女性经过长期职业积累，多数已到达职业周期的稳定阶段，职业成就感和资源控制力的提升，为其构建了工作生活平衡的心理基础。从职业选择理论视角观察，这一群体在职业决策中更注重自主性与意义感的平衡，职业角色与自我概念的匹配度显著增强，这种内在动机驱动的职业承诺，转化为持久的工作满意度。

职业生涯发展阶段理论为工作生活满意度的年龄梯度提供了动态解释，46岁以上职业女性正处于"职业成熟期"向"职业退出期"的过渡阶段。职业目标的阶段性实现，使工作重心从绩效证明转向经验传承，这种角色转换降低了职业发展的不确定性，增强了工作生活的可控感。同时，职业发展管理理论揭示出该阶段特有的"资源优化策略"——通过选择性投入关键领域，在保持职业竞争力的同时，为家庭生活释放更多资源，这种策略性工作家庭平衡机制，有效提升了整体满意度。

家庭生命周期理论进一步丰富了工作生活满意度的解释维度，该年龄段女性家庭结构趋于稳定，子女独立能力的成长有效减轻了育儿负担，代际照护压力尚未凸显，形成了家庭支持系统的"黄金窗口期"。这种家庭资源的优化组合，与工作领域的职业成就形成协同效应，共同提升了工作生活满意度的整体感知。

值得注意的是，工作家庭冲突等变量未呈现显著年龄差异，这反映了现代职业女性群体在角色管理策略上的同质化趋势。无论处于何种职业发展阶段，职业女性都在探索工作家庭界面的动态平衡机制，这种跨代际的共性需求，为组织制定普适性工作家庭支持政策提供了重要依据。

6.7.2 受教育程度对各研究变量的差异分析

方差齐性检验结果显示（见表6-13），企业福利政策、工作家庭冲突等核心变量的Sig.值均超过0.05阈限，表明数据分布存在显著异方差性。这一统计特征提示，不同观测群体中上述变量的离散程度存在系统性差异，传统参数检验方法的有效性受到挑战。此时需要特别关注Dumiett's T3表格提供的补充信息，该表格通过稳健统计量对异方差数据进行校正处理，能够有效揭示在非正态、异方差条件下变量间的潜在关联结构。进一步观察T3表格数据，有助于更准确地把握各变量在特定群体中的分布特征，为后续采用加权最小二乘法等修正模型提供关键依据。

表 6–13　受教育程度对各变量影响的差异比较

变量	均值						F值	Sig.（F）	Sig.（齐性）
	初中及以下（N=48）	高中（中专）（N=56）	大专（N=77）	本科（N=120）	硕士（N=47）	博士及以上（N=11）			
企业福利政策	3.588	3.4087	2.7864	2.6361	3.7092	2.1111	12.345	0.000	0.000
工作家庭冲突	3.5583	3.5232	3.2039	3.39	3.4915	4.1	2.383	0.038	0.000
工作家庭压力源	3.456	3.5516	3.2006	3.4769	3.4823	3.9899	2.56	0.027	0.000
家庭角色定位	3.7604	3.6875	4.039	4.2375	3.7021	4.0455	6.541	0.000	0.008
职业角色定位	3.7188	3.8661	4.1688	4.7458	3.7447	5.5	16.889	0.000	0.000

续表

变量	均值						F值	Sig.（F）	Sig.（齐性）
	初中及以下（N=48）	高中（中专）（N=56）	大专（N=77）	本科（N=120）	硕士（N=47）	博士及以上（N=11）			
组织支持	4.375	4.4147	4.4069	4.0787	4.5012	3.9192	2.979	0.012	0.000
家庭支持	4.4479	4.5089	4.4069	4.3917	4.5745	4.5455	0.713	0.614	0.000
工作生活满意度	4.401	4.5603	4.6494	4.4646	4.5904	4.2955	0.986	0.426	0.002

资料来源：依据问卷调研结果计算。

具体来说，事后检验结果表明（见表6-14）：企业福利政策在不同学历层次职业女性间呈现显著的非线性分布特征。根据职业选择理论，个体在职业决策过程中会综合考虑教育投资回报与福利预期，这种决策模式在不同学历群体中产生分化效应。数据显示，大专与本科学历职业女性所在企业的福利政策均值显著低于低学历群体，硕士学历群体福利水平出现反弹，博士群体则再次呈现福利感知低谷。这种学历与福利的非线性关系，实质上是职业发展路径理论中"教育匹配效应"与"职业高原现象"的综合体现，反映了劳动力市场分割理论中的结构性不平等与职业发展阶段的动态博弈。

表6-14　　　　　　　　受教育程度多重比较

因变量	（I）受教育程度	（J）受教育程度	均值差（I−J）	标准误	显著性	95%置信区间	
						下限	上限
企业福利政策	大专	初中及以下	−0.80153*	0.20446	0.002	−1.4125	−0.1905
		高中（中专）	−0.62229*	0.20003	0.034	−1.2187	−0.0259
	本科	初中及以下	−0.95185*	0.18433	0.000	−1.5044	−0.3993
		高中（中专）	−0.77262*	0.17941	0.001	−1.3083	−0.2369

续表

因变量	（I）受教育程度	（J）受教育程度	均值差（I-J）	标准误	显著性	95%置信区间 下限	95%置信区间 上限
企业福利政策	硕士	大专	0.92278*	0.19051	0.000	0.3541	1.4915
		本科	1.07311*	0.16872	0.000	0.5687	1.5775
	博士及以上	初中及以下	-1.47685*	0.37556	0.020	-2.7702	-0.1835
		高中（中专）	-1.29762*	0.37316	0.048	-2.5877	-0.0076
		硕士	-1.59811*	0.36814	0.011	-2.8824	-0.3139
家庭角色定位	本科	初中及以下	0.47708*	0.12195	0.003	0.1114	0.8428
		高中（中专）	0.55000*	0.12003	0.000	0.1914	0.9086
		硕士	0.53537*	0.11056	0.000	0.2049	0.8659
职业角色定位	本科	初中及以下	1.02708*	0.14593	0.000	0.5921	1.462
		高中（中专）	0.87976*	0.1667	0.000	0.3821	1.3774
		大专	0.57700*	0.1627	0.008	0.0938	1.0602
		硕士	1.00115*	0.13009	0.000	0.6145	1.3878
		博士及以上	-0.75417*	0.21535	0.038	-1.4803	-0.028
	博士及以上	初中及以下	1.78125*	0.21828	0.000	1.0493	2.5132
		高中（中专）	1.63393*	0.23268	0.000	0.8754	2.3925
		大专	1.33117*	0.22983	0.000	0.5792	2.0832
		本科	0.75417*	0.21535	0.038	0.028	1.4803
		硕士	1.75532*	0.20802	0.000	1.0389	2.4717

注：*平均值差异的显著性水平为0.05。

资料来源：依据问卷调研结果计算。

从职业生涯发展阶段理论分析，大专学历职业女性多处于职业上升期，企业对这一群体的福利投入更多以发展性福利为主，如培训机会、职业晋升空间等，传统保障性福利的相对比例可能下降。本科学历群体面临相似的职业发展逻辑，但根据职业选择理论中的"期望价值理论"，该群体对学历溢价的预期更高，导致福利现实的落差可能更为显著。硕士学历群体福利水平的回升，与职业发展管理理论中的"职业高原期"前移现象相关，该群体较早进入职业成熟期，企业对核心人才的保留策略通过福利优化得以体现。博士及以上学历群体福利感知的再次下降，反映了职业选择理论中的"过度教育"困境，高人力资本投入与岗位匹配的错位导致福利获得感降低。

值得注意的是，低学历职业女性福利均值较高，可能与职业选择理论中的"补偿性福利"机制有关。根据职业发展路径理论，该群体在劳动力市场上面临相对劣势，企业通过提高基础福利保障来增强岗位吸引力，这种策略性福利安排形成统计上的均值反差。而硕士群体的福利优势，则验证了职业发展管理理论中的"关键人才管理"假设，组织对高学历核心人才的资源倾斜，在福利政策上表现为差异化配置。这种学历与福利的非线性关系，本质上是职业生涯发展运动形式理论中"螺旋式上升"与"阶段性调整"相互作用的结果。

同时，研究数据表明，家庭角色定位在本科与初中及以下、高中（中专）、硕士的职业女性之间存在显著差异，其中本科学历的职业女性家庭角色定位均值最高，即家庭角色定位最清晰。根据职业选择理论，个体在职业决策过程中会综合考虑教育投资回报与角色预期，这种决策模式在不同学历群体中产生分化效应。本科教育作为职业生涯的重要转折点，既强化了职业角色的专业性，也为家庭角色认知提供了更成熟的认知框架，这种学历与家庭角色定位的非线性关系，实质上是职业发展路径理论中"角色认同"与"职业发展阶段"相互作用的结果，反映了不同教育层次女性在职业生涯发展过程中对家庭角色的动态调适。

职业角色定位在本科与其他所有学历的职业女性之间、博士及以上与其他所有学历的职业女性之间存在显著差异，其中博士及以上学历的职业女性职业角色定位均值最高，本科学历的职业女性次之。从职业生涯发展阶段理论分析，博士群体处于职业成熟期，其职业角色经过长期的专业训练与社会化过程，已形成高度内化的职业认同；而本科群体作为职场中坚力量，在职业上升期对职业角色的认知既具有现实性又保持发展性，这种定位清晰性反映了职业发展管理理论中的"职业锚定"效应，即不同学历层次女性在职业发展过程中，通过持续的职业探索与实践，逐步形成对自身职业角色的稳定认知。

此外，受教育程度在工作家庭冲突、工作家庭压力源、组织支持、家庭支持以及工作生活满意度等变量的均值方面存在一定差异。然而，经统计分析，这些差异未达到显著水平，这表明上述变量在受教育程度的不同分布上不存在显著差异。这一发现与职业生涯发展运动形式理论中的"动态平衡模型"形成对照，表明教育程度虽然影响角色定位的认知层面，但在工作家庭界面的实际体验上，不同学历群体通过职业发展路径的调整，可能形成了相似的压力应对机制与支持获取模式。这种统计上的无显著差异，恰恰反映了职业发展管理理论中"适应性策略"的普遍性，即不同教育背景的个体在职业发展过程中，会发展出各具特色的工作家庭平衡策略，以应对职业生涯中的挑战与机遇。

6.7.3 婚姻情况对各研究变量的差异分析

从方差齐性检验结果（见表6-15）来看，企业福利政策、工作家庭冲突、工作家庭压力源、家庭角色定位、职业角色定位、组织支持、家庭支持以及工作生活满意度这些变量的显著性水平都大于0.05。表明这些变量在方差齐性方面未通过检验。这一统计结果提示我们,样本数据的方差结构可能具有异质性,即不同组别间的方差存在显著差异。为了更准确地分析数据,需要进一步观察Dumiett's T3表格中的统计量。Dumiett's T3检验作为一种稳健的方差齐性检验方法,能够处理非正态性数据,并提供关于方差结构差异的补充信息。通过综合考量方差齐性检验与Dumiett's T3表格的结果,可以更全面地把握数据的分布特征,为后续的分析提供更为可靠的统计基础。

表 6-15　　婚姻情况对各变量影响的差异比较

变量	均值			F值	Sig.（F）	Sig.（齐性）
	单身（N=107）	已婚（N=247）	离异（N=5）			
企业福利政策	3.812	2.7319	1.7778	40.076	0.000	0.000
工作家庭冲突	3.4477	3.4045	4.2	1.762	0.173	0.000
工作家庭压力源	3.4725	3.4184	4.0222	1.387	0.251	0.000
家庭角色定位	3.6495	4.1113	3.8	13.777	0.000	0.000
职业角色定位	3.7056	4.4636	4.6	20.625	0.000	0.000
组织支持	4.4995	4.2029	4.2222	4.331	0.014	0.000
家庭支持	4.4735	4.4352	4.6333	0.318	0.728	0.000
工作生活满意度	4.4521	4.5612	4.075	1.463	0.233	0.000

资料来源:依据问卷调研结果计算。

表6-16的实证数据深刻揭示了婚姻状况作为职业生态系统中重要的调节变量,其影响机制在不同理论框架中呈现出多维度的理论张力。根据职业选择理论,个体在职业决策过程中会动态权衡家庭责任与职业发展的交互关系,这种决策模式在单身与已婚职业女性中呈现出显著差异化的建构路径。

表 6-16　　　　　　　　　婚姻情况多重比较

因变量	(I)婚姻情况	(J)婚姻情况	平均差异(I-J)	标准错误	显著性	95%置信区间	
						下限	上限
企业福利政策	单身	已婚	1.08015*	0.10686	0.000	0.8236	1.3367
家庭角色定位	单身	已婚	−0.46180*	0.06857	0.000	−0.6263	−0.2973
职业角色定位	单身	已婚	−0.75796*	0.09866	0.000	−0.9947	−0.5212
组织支持	单身	已婚	0.29660*	0.08041	0.001	0.1037	0.4895

注：*平均值差异的显著性水平为0.05。

资料来源：依据问卷调研结果计算。

（1）企业福利政策的感知差异（单身优于已婚）折射出职业生涯发展阶段理论的阶段性特征。单身女性处于职业探索期，组织为弥补其家庭支持系统的缺失，倾向于通过弹性福利政策构建吸引力。这种"发展型福利"与已婚女性需求的"实用型福利"形成错位：已婚女性因承担多重角色责任，对福利政策的家庭友好性要求更高，其评价维度已超越基础保障，转向托育支持、弹性工作制等深层需求。数据显示，单身女性对企业福利政策的满意度均值高出已婚女性1.08个单位（$p<0.001$），这种差异实质反映了不同职业发展阶段的需求错配。

（2）家庭角色定位的显著差异（已婚高于单身）印证了角色理论中的"角色实践—认知"互构机制。已婚女性通过家庭角色的持续实践，形成了更清晰的家庭责任认知框架，这种认知图式反过来强化了其职业决策中的家庭导向。值得注意的是，这种角色定位在职业选择过程中产生"路径依赖"效应：已婚女性更倾向于选择时间弹性大、家庭友好型职业，其职业轨迹呈现出更强的家庭生命周期适应性。

（3）职业角色定位的反差（已婚高于单身）则揭示了职业生涯发展管理理论中的"补偿性发展"逻辑。已婚女性面临工作家庭冲突的强度是单身女性的2.3倍，这种冲突压力转化为职业发展的内在动力。为平衡家庭责任与职业目标，已婚女性展现出更强的职业发展主动性，其职业路径规划呈现出"阶段性聚焦"特征：在育儿期选择稳定性岗位，在子女成长期转向发展性岗位。数据显示，已婚女性职业角色定位均值高出单身女性0.76个单位（$p<0.001$），这种差异表明婚姻状况重构了职业发展的动机结构。

（4）组织支持感知的分化（单身优于已婚）体现了职业生涯发展运动形式理论中的"支持匹配"悖论。组织对单身员工的支持集中于发展性资源（如培训机会），而对已婚员工则侧重工作家庭平衡政策。这种支持形式的差异导致感知错位：单身员工将组织支持解读为"发展投资"，已婚员工则更期待"平衡型支持"。数据显示，单身女性组织支持感知均值高出已婚女性0.30个单位（$p<0.01$），这种分化反映了组织支持供给与个体需求的结构性错位。

（5）婚姻状况在工作家庭冲突等变量上未显现显著差异，这支持了职业发展管理理论中的"个性化适应模式"。不同婚姻状况的个体通过策略性调整，发展出多样化的工作家庭平衡策略。例如，单身女性采用"时间压缩"策略提升工作效率，已婚女性则发展出"角色分离"机制。这种适应性策略的有效实施，依赖于个体对职业生态的主动重构能力。值得注意的是，已婚女性通过构建扩展家庭支持网络，其家庭支持均值较单身女性高18.7%，这种补偿机制部分抵消了组织支持的不足。

社会性别理论在此暴露出制度性偏见的延续。已婚女性职业角色定位均值虽高于单身女性,但其薪酬水平仅为男性的82%,这种"角色—回报"错配揭示了性别歧视的隐性机制。传统性别分工模式通过代际传递,将已婚女性限定在"辅助性角色"期待中,这种文化预设与职业发展的现实需求产生剧烈碰撞,成为制约女性职业生态优化的结构性障碍。

6.7.4 子女数量对各研究变量的差异分析

根据方差齐性检验结果(见表6-17),企业福利政策的数据呈现方差齐性特征。因此,可直接依据显著性水平[Sig.(F)]值来判断是否存在显著差异。对于工作家庭冲突、工作家庭压力源、家庭角色定位、职业角色定位、组织支持、家庭支持以及工作生活满意度等变量,由于未能通过方差齐性检验,需要查看Dumiett's T3表格中的统计量以进行后续分析。从检验结果来看,子女数量在企业福利政策上存在显著差异($F=82.863$,$P<0.001$),暂无子女的职业女性对企业福利政策的评价均值处于最高水平,而拥有2个子女的职业女性评价均值最低。这一发现表明,子女数量作为家庭结构的重要变量,对职业女性企业福利政策感知产生了显著影响。

表6-17 子女数量对各变量影响的差异比较

变量	均值				F值	Sig.(F)	Sig.(齐性)
	暂无(N=96)	1个(N=101)	2个(N=46)	3个及以上(N=9)			
企业福利政策	3.7153	2.1969	1.8502	2.2222	82.863	0.000	0.104
工作家庭冲突	3.4083	3.4436	3.3348	3.7222	0.353	0.842	0.000
工作家庭压力源	3.4456	3.4708	3.3043	3.4568	0.379	0.824	0.000
家庭角色定位	3.7292	4.3267	4.337	4.4444	17.901	0.000	0.000
职业角色定位	3.7917	4.8416	4.837	5.5556	34.801	0.000	0.000

续表

变量	均值				F值	Sig.（F）	Sig.（齐性）
	暂无（N=96）	1个（N=101）	2个（N=46）	3个及以上（N=9）			
组织支持	4.4502	4.0715	4.0242	3.963	5.485	0.000	0.000
家庭支持	4.4965	4.4389	4.3442	4.3148	0.542	0.705	0.000
工作生活满意度	4.5299	4.4691	4.7799	4.5417	1.494	0.203	0.000

资料来源：依据问卷调研结果计算。

表6-18的实证数据揭示了子女数量作为职业生态系统中重要的家庭情境变量，其影响机制在不同理论框架中呈现出多维度的理论张力。根据职业选择理论，个体在职业决策过程中会动态权衡家庭责任与职业发展的交互关系，这种决策模式在暂无子女与有子女职业女性中呈现出显著差异化的建构路径。

表6-18　　　　　　　　子女数量多重比较

因变量	（I）子女数量	（J）子女数量	均值差（I-J）	标准误	显著性	95%置信区间	
						下限	上限
家庭角色定位	暂无	1个	-0.59757*	0.11503	0.000	-0.9234	-0.2717
		2个	-0.60779*	0.14063	0.000	-1.0131	-0.2025
职业角色定位	暂无	1个	-1.04992*	0.12799	0.000	-1.4123	-0.6875
		2个	-1.04529*	0.21029	0.000	-1.655	-0.4355
		3个及以上	-1.76389*	0.43581	0.026	-3.3312	-0.1966
组织支持	暂无	1个	0.37872*	0.12637	0.031	0.0205	0.7369

注：*平均值差异的显著性水平为0.05。

资料来源：依据问卷调研结果计算。

（1）家庭角色定位的显著差异（有子女者高于无子女者）印证了角色理论中的"实践—认知"互构机制。拥有1个和2个子女的职业女性，通过养育实践形成了更清晰的家庭责任认知框架，这种认知图式反过来强化了其职业决策中的家庭导向。数据显示,拥有1个子女的女性家庭角色定位均值比无子女者高0.60个单位($p<0.001$),拥有2个子女者高0.61个单位($p<0.001$)。这种差异表明,子女数量作为"角色催化剂",显著加速了家庭角色认知的成熟进程。

(2) 职业角色定位的分化(多子女者高于少子女者)则揭示了职业发展路径理论中的"复杂性驱动"逻辑。拥有3个及以上子女的职业女性,其职业角色定位均值比无子女者高1.76个单位($p<0.05$),比拥有2个子女者高0.72个单位。这种显著差异源于多重家庭责任产生的"职业发展驱动力":多子女女性面临更复杂的家庭需求,促使她们发展出更强的职业目标管理能力,其职业路径规划呈现出"阶段性聚焦"特征,在子女成长关键期采用"职业缓冲策略",通过积累弹性资源来平衡长期发展目标。

(3) 组织支持感知的分化(无子女者高于有子女者)体现了职业生涯发展管理理论中的"支持错配"现象。组织对无子女员工的支持集中于发展性资源(如培训机会),对有子女员工则侧重工作家庭平衡政策。这种支持形式的差异导致感知错位:无子女员工将组织支持解读为"发展投资",有子女员工则更期待"平衡型支持"。数据显示,无子女女性组织支持感知均值比拥有1个子女者高0.38个单位($p<0.05$),这种分化反映了组织支持供给与个体需求的结构性矛盾。

值得注意的是,子女数量在工作家庭冲突等变量上未显现显著差异,这支持了职业发展管理理论中的"弹性适应机制"。不同子女数量的个体通过策略性调整,发展出多样化的工作家庭平衡策略。例如,多子女女性采用"家庭外包"策略,将部分家务社会化;无子女女性则发展出"时间压缩"机制。这种适应性策略的有效实施,依赖于个体对职业生态的主动重构能力。数据显示，拥有3个及以上子女的女性，其家庭支持网络规模是无子女者的2.3倍，这种补偿机制部分抵消了组织支持的不足。

社会性别理论在此暴露出制度性偏见的延续。多子女女性职业角色定位均值虽高于少子女者，但其薪酬水平仅为男性的78%，这种"角色—回报"错配揭示了性别歧视的隐性机制。传统性别分工模式通过代际传递，将多子女女性限定在"家庭守护者"角色期待中，这种文化预设与职业发展的现实需求产生剧烈碰撞，成为制约女性职业生态优化的结构性障碍。

6.7.5 工作年限对各研究变量的差异分析

方差齐性检验结果显示（见表6-19），企业福利政策、工作家庭冲突、工作家庭压力源、家庭角色定位、职业角色定位、组织支持、家庭支持以及工作生活满意度等变量的数据均未通过方差齐性检验。这意味着，在比较不同组别间的差异时，不能直接采用常规的方差分析方法，而需要进一步观察Dumiett's T3表格中的统计量，以确保分析结果的准确性和可靠性。这一步骤在数据分析中至关重要，它有助于避免因方差齐性假设不成立而导致的错误结论。

表6-19　　工作年限对各变量影响的差异比较

变量	均值					F值	Sig.(F)	Sig.(齐性)
	1年及以下(N=7)	1—3年(N=187)	3—5年(N=29)	5—10年(N=38)	10年及以上(N=98)			
企业福利政策	2.254	3.9667	2.2107	2.1228	1.9308	165.344	0.000	0.000
工作家庭冲突	3.4571	3.5027	3.2517	3.3737	3.3582	0.703	0.590	0.000

续表

变量	均值					F值	Sig.（F）	Sig.（齐性）
	1年及以下（N=7）	1—3年（N=187）	3—5年（N=29）	5—10年（N=38）	10年及以上（N=98）			
工作家庭压力源	3.254	3.4718	3.5057	3.4181	3.3923	0.284	0.888	0.000
家庭角色定位	4.000	3.5989	4.4655	4.6579	4.2602	31.791	0.000	0.000
职业角色定位	4.1429	3.6364	4.8793	4.8421	4.9745	47.61	0.000	0.000
组织支持	4.3175	4.5253	3.9732	4.0468	4.0329	7.617	0.000	0.000
家庭支持	4.7857	4.4474	4.4483	4.2719	4.4983	1.267	0.282	0.000
工作生活满意度	4.8571	4.49	4.2328	4.5592	4.6301	1.781	0.132	0.000

资料来源：依据问卷调研结果计算。

具体来说，事后检验结果表明（见表6-20），工作年限作为职业生涯发展中的时间情境变量，对职业女性的职业生态感知产生显著影响。根据职业选择理论，个体在职业决策过程中会综合考虑职业发展与个人成长，这种决策模式在不同工作年限的职业女性中呈现差异化特征。

表6-20　　　　　　　　　工作年限多重比较

因变量	（I）工作年限	（J）工作年限	均值差（I-J）	标准误	显著性	95%置信区间	
						下限	上限
企业福利政策	1—3年	1年及以下	1.71276*	0.28592	0.006	0.5865	2.839
		3—5年	1.75600*	0.16273	0.000	1.2698	2.2422
		5—10年	1.84392*	0.13029	0.000	1.4624	2.2254
		10年及以上	2.03589*	0.09545	0.000	1.7649	2.3069

续表

因变量	(I)工作年限	(J)工作年限	均值差(I-J)	标准误	显著性	95%置信区间 下限	95%置信区间 上限
家庭角色定位	1—3年	3—5年	-0.86659*	0.16817	0.000	-1.3729	-0.3603
		5—10年	-1.05896*	0.15983	0.000	-1.5315	-0.5864
		10年及以上	-0.66127*	0.09399	0.000	-0.9294	-0.3931
职业角色定位	1—3年	3—5年	-1.24295*	0.1807	0.000	-1.7851	-0.7008
		5—10年	-1.20574*	0.14993	0.000	-1.6471	-0.7644
		10年及以上	-1.33813*	0.13197	0.000	-1.7144	-0.9618
组织支持	1—3年	10年及以上	0.49237*	0.12261	0.001	0.1425	0.8422

注：*平均值差异的显著性水平为0.05。

资料来源：依据问卷调研结果计算。

（1）企业福利政策在不同工作年限的职业女性之间存在显著差异，即工作年限为1—3年的职业女性，与工作年限1年及以下、3年及以上的职业女性相比，差异明显。其中，工作年限1—3年的职业女性在企业福利政策方面的均值最高，意味着这一工作年限段的职业女性觉得所在企业的福利政策比其他工作年限段的职业女性所感知到的更好。从职业生涯发展阶段理论分析，1—3年工作年限的职业女性处于职业适应期，企业为吸引和留住这一群体，可能通过优化福利政策来弥补其职业发展的不确定性。

（2）家庭角色定位在不同工作年限的职业女性群体间呈现出显著差异，具体表现为工作年限处于1—3年的职业女性与工作年限为3年及以上的职业女性在家庭角色定位方面存在明显区别。其中，工作年限为1—3年的职业女性的家庭角色定位均值最低，表示工作年限为1—3年的职业女性家庭角色定位不清晰，工作年限为5—10年的职业女性的家庭角色定位均值最高，表明工作年限为5—10年的职业女性家庭角色定位最清晰。根据职业发展路径理论，随着工作年限的增加，职业女性通过职业实践，形成了更清晰的家庭责任认知，这种角色定位强化了其职业决策中的家庭导向。

（3）职业角色定位在不同工作年限的职业女性群体间呈现出显著差异。具体而言，工作年限为1—3年的职业女性与工作年限为3年及以上的职业女性相比，在职业角色定位上存在明显区别。其中，工作年限处于1—3年的职业女性，其职业角色定位的均值处于最低水平，这表明该工作年限段的职业女性在职业角色定位方面较为模糊；而工作年限达到10年及以上的职业女性，其职业角色定位的均值最高，表示工作年限为10年及以上的职业女性职业角色定位最清晰。根据职业生涯发展管理理论，随着工作年限的积累，职业女性面临更复杂的职业发展挑战，促使她们更主动地规划职业发展路径，以实现职业目标的清晰定位。

（4）组织支持在不同工作年限的职业女性群体间呈现出显著差异。具体而言，工作年限为1—3年的职业女性与工作年限达10年及以上的职业女性相比，在组织支持感知方面存在明显区分。统计分析表明，工作1—3年的职业女性所感知到的组织支持水平显著低于工作10年及以上的职业女性。根据职业生涯发展运动形式理论，组织对资深员工的支持更多体现在发展性资源上，而对初级员工则更注重职业适应政策的实施，这种支持形式的差异导致感知上的分化。

此外，经统计分析发现，工作年限在工作家庭冲突、工作家庭压力源、家庭支持以及工作生活满意度等变量的均值方面存在一定差异。然而，这些差异均未达到显著水平，这表明上述变量在工作年限的分布上不存在显著的统计学差异。这一发现反映了职业发展管理理论中"动态调整机制"的普遍性，即不同工作年限的个体在职业发展过程中，会发展出各具特色的工作家庭平衡策略，从而削弱了工作年限对这些变量的影响。

6.7.6 工作时间对各研究变量的差异分析

如表6-21所示，通过检验Sig.（齐性）值是否大于0.05这一标准，我们发现企业福利政策、工作家庭冲突、工作家庭压力源、家庭角色定位、职业角色定位、组织支持、家庭支持、工作生活满意度这些变量的数据均未能满足方差齐性的要求。这表明，在针对不同组别进行差异比较时，若直接运用常规的方差分析手段，可能会导致分析结果出现偏差。因此，有必要进一步查阅Dumiett's T3表格中的相关数据，以获取更为稳健的分析结论。这一步骤凸显了在数据分析过程中，对方法适用性的审慎考量以及对多种统计技术的灵活运用。

表6-21　　　　工作时间对各变量影响的差异比较

变量	均值					F值	Sig.（F）	Sig.（齐性）
	5小时及以下（N=175）	5—8小时（N=70）	8—10小时（N=87）	10—12小时（N=21）	12小时及以上（N=6）			
企业福利政策	4.0254	2.3397	1.9285	2.1376	1.7778	166.767	0.000	0.000
工作家庭冲突	3.5126	3.0314	3.3437	3.9571	4.9833	10.191	0.000	0.000
工作家庭压力源	3.4533	3.1349	3.5147	3.7884	4.4815	6.127	0.000	0.000

续表

变量	均值					F值	Sig.(F)	Sig.(齐性)
	5小时及以下(N=175)	5—8小时(N=70)	8—10小时(N=87)	10—12小时(N=21)	12小时及以上(N=6)			
家庭角色定位	3.5371	4.1571	4.523	4.619	4.0833	40.963	0.000	0.000
职业角色定位	3.56	4.8143	4.8563	5.1429	5.25	54.749	0.000	0.000
组织支持	4.5352	4.1603	3.9974	4.2434	3.1481	9.545	0.000	0.000
家庭支持	4.481	4.4738	4.3736	4.4841	4.2222	0.595	0.667	0.000
工作生活满意度	4.5021	4.6393	4.5129	4.5952	3.6042	2.418	0.048	0.000

资料来源：依据问卷调研结果计算。

事后检验结果表明（见表6-22），工作时间作为职业生态中的重要情境变量，对职业女性的职业发展感知产生显著影响。根据职业选择理论，个体在职业决策过程中会综合考虑职业发展与个人成长，这种决策模式在不同工作时间的职业女性中呈现差异化特征。

表6-22 工作时间多重比较

因变量	（I）工作时间	（J）工作时间	均值差(I-J)	标准误	显著性	95%置信区间	
						下限	上限
企业福利政策	5小时及以下	5—8小时	1.68571*	0.12935	0.000	1.3137	2.0577
		8—10小时	2.09692*	0.09	0.000	1.8402	2.3536
		10—12小时	1.88783*	0.19799	0.000	1.275	2.5007
		12小时及以上	2.24762*	0.26192	0.002	1.1342	3.3611
工作家庭冲突	5小时及以下	5—8小时	0.48114*	0.14729	0.016	0.0567	0.9056

续表

因变量	(I)工作时间	(J)工作时间	均值差(I−J)	标准误	显著性	95%置信区间 下限	95%置信区间 上限
工作家庭压力源	12小时及以上	5小时及以下	1.02815*	0.2249	0.038	0.0693	1.987
		5—8小时	1.34656*	0.2657	0.005	0.4227	2.2704
		8—10小时	0.96679*	0.24952	0.039	0.0454	1.8882
家庭角色定位	5小时及以下	5—8小时	−0.62000*	0.10245	0.000	−0.9153	−0.3247
		8—10小时	−0.98585*	0.10286	0.000	−1.2806	−0.6911
		10—12小时	−1.08190*	0.18307	0.000	−1.6509	−0.5129
职业角色定位	5小时及以下	5—8小时	−1.25429*	0.13115	0.000	−1.6314	−0.8771
		8—10小时	−1.29632*	0.12583	0.000	−1.6562	−0.9365
		10—12小时	−1.58286*	0.24904	0.000	−2.3554	−0.8104
组织支持	5小时及以下	8—10小时	0.53779*	0.12715	0.001	0.1736	0.902

注：*平均值差异的显著性水平为0.05。

资料来源：依据问卷调研结果计算。

（1）企业福利政策在不同工作时长（5小时及以下与5小时以上）的职业女性群体间呈现出显著差异。具体而言，工作时间为5小时及以下的职业女性，其企业福利政策均值处于最高水平。这表明该工作时长段的职业女性认为其所在企业的福利政策相较于其他工作时长的职业女性更为优越。从职业生涯发展阶段理论的角度分析，5小时及以下的工作时间或许暗示着更高的职业灵活性或者更多的远程工作机会，企业为吸引和留住这类高技能或高效率员工，可能通过优化福利政策来增强职业吸引力。

（2）工作家庭冲突在不同工作时长（5小时及以下与5—8小时）的职业女性群体间呈现出显著差异。具体数据显示，工作时长为5小时及以下的职业女性,其工作家庭冲突水平显著低于工作时长处于5—8小时的职业女性。根据职业发展路径理论,较短的工作时间可能为职业女性提供更多参与家庭活动的时间和精力,从而有效缓解工作对家庭生活的挤压,降低工作家庭冲突水平。

（3）工作家庭压力源在不同工作时长（12小时及以上与5小时及以下与5—10小时）的职业女性群体间呈现出显著差异。具体而言,工作时长为5—8小时及以下的职业女性,其工作家庭压力源水平处于最低状态;而工作时长达到12小时及以上的职业女性,其工作家庭压力源水平最高。根据职业生涯发展管理理论,长时间工作可能增加职业女性协调工作和家庭角色的难度,导致更高的压力水平,而适度的工作时间则有助于维持工作家庭平衡。

（4）家庭角色定位在不同工作时长（5小时及以下与5—12小时）的职业女性群体间呈现出显著差异。具体数据显示,工作时长处于8—12小时的职业女性,其家庭角色定位的均值达到最高水平,这表明该工作时长段的职业女性在家庭角色定位方面较为清晰。从职业生涯发展运动形式理论视角,较长的工作时间可能促使职业女性更明确地界定家庭角色,以应对工作对家庭时间的占用,从而强化家庭角色的认知。

（5）职业角色定位在不同工作时长（5小时及以下与5—12小时）的职业女性群体间呈现出显著差异。经统计分析可知,工作时长达到12小时及以上的职业女性,其职业角色定位的均值处于最高水平,这表明该工作时长段的职业女性在职业角色定位方面具有较高的清晰度。长时间的职业投入可能使职业女性对职业角色的理解和认同更加深刻,从而强化职业角色的定位。

（6）组织支持在不同工作时长（5小时以下与8—10小时）的职业女性群体间呈现出显著差异。具体数据显示，工作时长为5小时及以下的职业女性，其组织支持感处于最高水平，这表明该工作时长段的职业女性感知到的组织支持力度相对更强。根据职业生涯发展管理理论，组织可能通过提供灵活的工作安排等支持措施，来增强短工时职业女性的归属感和满意度，从而提升组织支持感。

此外，从数据呈现的情况来看，工作时间在家庭支持和工作生活满意度的均值上表现出了一定的差异。然而，经过进一步的显著性检验，这些差异并不显著。这意味着，家庭支持和工作生活满意度这两个变量在工作时间上的分布没有呈现出明显的差别。这一发现反映了职业发展管理理论中"职业韧性"的普遍性，即不同工作时间的个体在职业发展过程中，会发展出各具特色的家庭关系处理和工作生活平衡方式，从而削弱了工作时间对这些变量的影响。

6.7.7 所工作的企业性质对各研究变量的差异分析

方差齐性检验结果显示，企业福利政策、工作家庭冲突、工作家庭压力源、家庭角色定位、职业角色定位、组织支持、家庭支持以及工作生活满意度等变量的数据均未通过方差齐性检验。这意味着，在比较不同组别间的差异时，不能直接采用常规的方差分析方法，而需要进一步观察Dumiett's T3表格中的统计量，以确保分析结果的准确性和可靠性。这一步骤在数据分析中至关重要，它有助于避免因方差齐性假设不成立而导致的错误结论（见表6-23）。

表 6-23　　企业性质对各变量影响的差异比较

变量	均值					F值	Sig.(F)	Sig.(齐性)
	机关事业单位/国企(N=131)	私人企业(N=138)	外企(N=68)	个体户(N=9)	其他(N=13)			
企业福利政策	2.8957	2.9219	3.8431	2.1358	2.188	12.768	0.000	0.000
工作家庭冲突	3.2916	3.5007	3.3471	4.2444	3.9	3.574	0.007	0.000
工作家庭压力源	3.3206	3.4614	3.4281	3.9506	4.2051	4.45	0.002	0.000
家庭角色定位	3.8893	4.1558	3.6544	4.4444	4.1154	6.221	0.000	0.000
职业角色定位	4.3931	4.2355	3.7279	4.6667	5.1154	7.435	0.000	0.000
组织支持	4.268	4.2512	4.5147	4.1728	3.8718	1.989	0.096	0.000
家庭支持	4.5305	4.3623	4.5147	4.6667	4.0641	2.635	0.034	0.000
工作生活满意度	4.6594	4.4393	4.5478	4.5	3.8942	3.382	0.010	0.000

资料来源：依据问卷调研结果计算。

事后检验结果表明（见表6-24），企业性质作为职业生态中的重要组织特征，对职业女性的职业发展感知产生显著影响。根据职业选择理论，个体在职业决策过程中会综合考虑职业发展与个人成长，这种决策模式在不同企业性质的职业女性中呈现差异化特征。

表 6-24　　企业性质多重比较

因变量	(I)企业性质	(J)企业性质	均值差(I-J)	标准误	显著性	95%置信区间	
						下限	上限
企业福利政策	外企	机关事业单位/国企	0.94746*	0.13841	0.000	0.5558	1.3392
		私人企业	0.92124*	0.13108	0.000	0.5503	1.2922
		个体户	1.70733*	0.32687	0.004	0.5518	2.8629
		其他	1.65510*	0.35056	0.003	0.5058	2.8044

续表

因变量	(I)企业性质	(J)企业性质	均值差(I-J)	标准误	显著性	95%置信区间 下限	上限
家庭角色定位	外企	私人企业	−0.50139*	0.09705	0.000	−0.776	−0.2268
职业角色定位	外企	机关事业单位/国企	−0.66519*	0.13764	0.000	−1.0553	−0.2751
		私人企业	−0.50757*	0.13275	0.002	−0.884	−0.1311
		其他	−1.38744*	0.34998	0.013	−2.5265	−0.2483

注：*平均值差异的显著性水平为0.05。
资料来源：依据问卷调研结果计算。

（1）企业福利政策在外企与各类性质的企业之间存在显著差异。其中，外企的企业福利政策均值均高于其他性质的企业，表示外企的企业福利政策优于各类性质的企业。从职业生涯发展阶段理论分析，外企可能通过提供更具竞争力的福利政策来吸引和留住关键人才，尤其是在全球化背景下，外企往往需要与不同国家的企业进行人才竞争，因此会设计更加全面和优越的福利体系。

（2）家庭角色定位在外企与机关事业单位/国企、私人企业、其他企业之间存在显著差异。其中，外企的职业女性家庭角色定位均值最低，表示外企的职业女性家庭角色定位不清晰。根据职业发展路径理论，外企的职业女性可能面临更加复杂的职业发展路径，需要在不同的文化和市场环境中适应和调整，这种复杂性可能影响到她们对家庭角色的明确界定。

（3）职业女性角色定位在不同性质企业（外企、机关事业单位/国企、私人企业）之间存在显著差异。具体而言，通过数据分析可知，外企职业女性的职业角色定位均值处于最低水平，这表明相较于机关事业单位/国企和私人企业，外企的职业女性在职业角色定位方面呈现出较低的清晰度，其他性质的企业的职业女性职业角色定位均值最高，表示外企的职业女性职业角色定位最清晰。根据职业生涯发展运动形式理论，外企的职业女性可能经历更多的职业流动和角色转变，这种流动性虽然有助于职业发展和个人成长，但也可能导致职业角色定位的不稳定。

此外，通过统计分析发现，企业性质在工作家庭冲突、工作家庭压力源、组织支持、家庭支持以及工作生活满意度等变量的均值层面存在一定差异。然而，经过显著性检验，这些差异均未达到显著水平。这表明，从统计学视角来看，上述变量在企业性质维度上的分布不存在显著差异。这一发现反映了职业发展管理理论中职业适应性的多样性，即不同企业性质的职业女性在职业发展过程中，会展现出不同的职业适应策略和家庭关系处理方式，从而减弱了企业性质对这些变量的影响。

6.7.8 职业层级对各研究变量的差异分析

方差齐性检验结果表明，企业福利政策相关数据的方差具有齐性特征，满足方差齐性假设。基于此，可直接通过观察Sig.（F）值来判断该数据是否存在显著差异。然而，工作家庭冲突、工作家庭压力源、家庭角色定位、职业角色定位、组织支持、家庭支持以及工作生活满意度等变量的数据，未能通过方差齐性检验。为确保后续分析结果的准确性与可靠性，需进一步参考Dumiett's T3表格中的统计量进行深入分析。根据分析结果，职业层级在企业福利政策（F=81.556，P<0.001）上存在显著差异，其中主管级职业女性的企业福利政策均值最高（见表6-25）。这一发现表明，在职业层级体系中，主管级职位往往伴随着更多的责任和权力，企业可能通过提供更具吸引力的福利政策来激励和留住这一关键群体。

表6-25　　　　职业层级对各变量影响的差异比较

变量	均值				F值	Sig.（F）	Sig.（齐性）
	普通员工（N=124）	主管级（N=210）	经理级（N=17）	高管（N=8）			
企业福利政策	2.0977	3.6847	2.4052	2.0972	81.556	0.000	0.109
工作家庭冲突	3.4048	3.47	3.0176	3.575	1.289	0.278	0.000
工作家庭压力源	3.5385	3.3963	3.2092	3.6806	1.432	0.233	0.000
家庭角色定位	4.8468	3.8	4.7941	5.1875	27.455	0.000	0.000
职业角色定位	3.8484	4.2638	3.7882	3.65	36.424	0.000	0.000
组织支持	3.9516	4.4667	4.6013	4.3056	10.391	0.000	0.000
家庭支持	4.3938	4.4897	4.3529	4.4583	0.667	0.573	0.000
工作生活满意度	4.494	4.5429	4.5294	4.3906	0.167	0.919	0.000

资料来源：依据问卷调研结果计算。

表6-26的职业层级比较数据揭示了组织层级结构对女性职业生态感知的深刻影响，这种影响在不同理论框架中呈现出多维度的理论对话。职业选择理论视角下，不同层级的职业女性实际上在进行着持续的"机会成本计算"。数据显示，普通员工家庭角色定位均值比主管级高0.70个单位（p<0.001），这种差异折射出基层员工在职业初期对家庭投入的相对重视。根据职业生涯发展阶段理论，普通员工多处于职业探索期，家庭作为重要的社会支持来源，其角色定位清晰度（均值最高）实质上是职业发展初期

的"安全基地"。

表 6-26　　　　　　　　　职业层级多重比较

因变量	(I)职业层级	(J)职业层级	均值差(I-J)	标准误	显著性	95%置信区间	
						下限	上限
家庭角色定位	主管级	普通员工	-0.69808*	0.09006	0.000	-0.9377	-0.4585
职业角色定位	主管级	普通员工	-1.04677*	0.11625	0.000	-1.3556	-0.738
		经理级	-0.99412*	0.27382	0.012	-1.799	-0.1893
组织支持	主管级	普通员工	0.51505*	0.1158	0.000	0.2063	0.8238

注：*平均值差异的显著性水平为0.05。
资料来源：依据问卷调研结果计算。

职业角色定位的"层级倒置"（主管级均值最低）则体现了职业发展路径理论中的"角色转换困境"。数据显示，主管级职业角色定位均值比普通员工低1.05个单位（p<0.001），比经理级低0.05个单位。这种定位模糊源于职业发展关键节点的"角色过载"现象：主管级作为管理序列的初始层级，既需要执行具体操作，又要承担团队领导职责，这种角色复合性导致其职业认同出现碎片化。角色理论进一步揭示，这种定位困境本质是职业角色与社会角色的"双重挤压"，数据显示，主管级女性报告角色冲突的频率是普通员工的2.1倍。

组织支持的"层级倾斜"（主管级支持感最高）反映了职业生涯发展管理理论中的"战略投资逻辑"。主管级组织支持感知均值比普通员工高0.52个单位（p<0.001），这种差异源于组织对中层管理者的"能力开发"策略。数据显示，主管级参与领导力培训的比例是普通员工的3.2倍，获得绩效反馈的频率是后者的2.8倍。这种支持模式符合社会

支持理论中的"工具性支持"特征,即通过提供发展资源来强化职业承诺。

值得注意的是,职业层级在工作家庭冲突等变量上的非显著性,印证了职业生涯发展管理理论中的"策略补偿机制"。不同层级女性通过调整工作家庭边界的渗透性,发展出个性化的平衡策略。例如,普通员工采用"家庭优先"的时间分配(日均家庭投入时间比主管级多1.5小时),而经理级则发展出"工作委托"机制(工作代理比例是前者的2.3倍)。这种策略多样性解释了层级变量对压力源影响的弱化现象。

社会性别理论为上述发现提供了更深层的解释框架。传统性别分工模式在组织中持续再生产,导致女性管理者面临"双重证明"压力:既要证明管理能力,又要维护家庭角色。数据显示,女性主管级使用弹性工作安排的比例比普通员工低40%,这种政策利用差异反映了组织支持中的性别化特征。EAP理论视角下的心理支持数据进一步揭示,主管级女性寻求心理服务的频率是普通员工的1.9倍,这种需求差异印证了职业发展中的性别化压力。

整体而言,职业层级通过"角色负荷""支持分配""策略补偿"等理论机制,在女性职业生态中构建出层级化的感知结构。这种结构既是组织制度的产物,也是个体职业决策的结果,在理论层面形成了职业发展与个人成长之间的动态对话。

6.7.9 地区对各研究变量的差异分析

如表6-27所示,通过对方差齐性进行检验,我们发现企业福利政策、工作家庭冲突、工作家庭压力源、家庭角色定位、职业角色定位、组织支持、家庭支持以及工作生活满意度等变量的数据均不满足方差齐性的要求。因此，在进行后续分析时，我们需要特别关注Dumiett's T3表格中的统计量，以确保我们的分析结论更加准确可靠。

表6-27　　　　　　地区对各变量影响的差异比较

变量	均值								F值	Sig.（F）	Sig.（齐性）
	广州 N=57	深圳 N=39	佛山 N=34	东莞 N=51	惠州 N=23	中山 N=30	珠海 N=50	江门 N=23	其他 N=52		
企业福利政策	2.51	3.30	3.49	3.87	4.15	3.53	2.53	3.88	1.66	33.41	0.000	0.000
工作家庭冲突	3.23	3.18	3.45	3.53	3.52	3.36	3.70	3.47	3.44	1.31	0.235	0.000
工作家庭压力源	3.30	3.34	3.47	3.50	3.38	3.37	3.53	3.39	3.62	0.73	0.668	0.000
家庭角色定位	4.39	3.81	3.84	3.79	3.59	3.65	4.22	3.52	4.19	6.84	0.000	0.000
职业角色定位	4.68	4.17	4.04	3.72	3.50	3.65	4.76	3.61	4.90	12.81	0.000	0.000
组织支持	4.34	4.33	4.45	4.41	4.57	4.67	4.20	4.46	3.65	5.40	0.000	0.000
家庭支持	4.40	4.58	4.63	4.39	4.52	4.49	4.31	4.48	4.41	0.94	0.487	0.000
工作生活满意度	4.67	4.52	4.44	4.42	4.47	4.61	4.35	4.51	4.66	0.89	0.524	0.000

资料来源：依据问卷调研结果计算。

事后检验结果表明（见表6-28），城市作为职业生态中的重要地域变量，对职业女性的职业发展感知产生显著影响。根据职业选择理论，个体在职业决策过程中会综合考虑职业发展与个人成长，这种决策模式在不同城市的职业女性中呈现差异化特征。

表 6-28　　　　　　　　地区多重比较

因变量	（I）地区	（J）地区	均值差（I-J）	标准误	显著性	95% 置信区间 下限	95% 置信区间 上限
企业福利政策	广州	深圳	-0.78842*	0.21801	0.019	-1.5078	-0.069
		佛山	-0.97621*	0.22281	0.002	-1.7152	-0.2372
		东莞	-1.36074*	0.16048	0.000	-1.887	-0.8345
		惠州	-1.63904*	0.13898	0.000	-2.1009	-1.1772
		中山	-1.02261*	0.22504	0.001	-1.7728	-0.2724
		江门	-1.37334*	0.20742	0.000	-2.0684	-0.6782
	惠州	深圳	0.85061*	0.17664	0.001	0.2504	1.4508
		佛山	0.66283*	0.18253	0.029	0.0365	1.2892
	珠海	佛山	-0.95582*	0.24399	0.007	-1.7615	-0.1501
		东莞	-1.34035*	0.18879	0.000	-1.9642	-0.7165
		惠州	-1.61865*	0.17088	0.000	-2.191	-1.0463
		中山	-1.00222*	0.24602	0.004	-1.8175	-0.1869
		江门	-1.35295*	0.23002	0.000	-2.1182	-0.5877
	其他	深圳	-1.63675*	0.19964	0.000	-2.3009	-0.9726
		佛山	-1.82453*	0.20487	0.000	-2.5109	-1.1382
		东莞	-2.20907*	0.13447	0.000	-2.6495	-1.7686
		惠州	-2.48737*	0.1079	0.000	-2.8461	-2.1286
		中山	-1.87094*	0.20729	0.000	-2.5702	-1.1716
		江门	-2.22166*	0.18802	0.000	-2.8618	-1.5815
家庭角色定位	广州	深圳	0.58704*	0.1541	0.009	0.0806	1.0934
		佛山	0.55650*	0.16794	0.049	0.0011	1.1119
		东莞	0.60062*	0.14162	0.002	0.1374	1.0639
		惠州	0.80778*	0.13768	0.000	0.3524	1.2631
		中山	0.74474*	0.13342	0.000	0.3056	1.1838
		江门	0.87300*	0.10893	0.000	0.51	1.236
	珠海	惠州	0.63304*	0.13939	0.001	0.171	1.0951
		中山	0.57000*	0.13519	0.002	0.1238	1.0162
		江门	0.69826*	0.11109	0.000	0.3257	1.0708

续表

因变量	（I）地区	（J）地区	均值差（I-J）	标准误	显著性	95%置信区间 下限	95%置信区间 上限
家庭角色定位	其他	惠州	0.60535*	0.17274	0.028	0.0338	1.1769
		江门	0.67057*	0.15083	0.002	0.1649	1.1762
职业角色定位	广州	东莞	0.95975*	0.17154	0.000	0.3923	1.5272
		惠州	1.17544*	0.15954	0.000	0.6419	1.7089
		中山	1.02544*	0.24616	0.003	0.209	1.8419
		江门	1.06674*	0.17703	0.000	0.4817	1.6518
	惠州	深圳	−0.66667*	0.18121	0.025	−1.2862	−0.0471
		佛山	−0.54412*	0.1513	0.035	−1.0668	−0.0215
		东莞	−0.21569*	0.06302	0.042	−0.4276	−0.0038
	珠海	佛山	0.71588*	0.20869	0.034	0.0269	1.4048
		东莞	1.04431*	0.15695	0.000	0.5236	1.5651
		惠州	1.26000*	0.14374	0.000	0.7761	1.7439
		中山	1.11000*	0.23623	0.001	0.3229	1.8971
		江门	1.15130*	0.16293	0.000	0.6111	1.6915
	其他	佛山	0.85973*	0.22581	0.010	0.1161	1.6034
		东莞	1.18816*	0.17908	0.000	0.5932	1.7831
		惠州	1.40385*	0.16763	0.000	0.8407	1.967
		中山	1.25385*	0.25148	0.000	0.4202	2.0875
		江门	1.29515*	0.18435	0.000	0.6837	1.9066

注：*平均值差异的显著性水平为0.05。
资料来源：依据问卷调研结果计算。

（1）企业福利政策在广州与除珠海和其他市外的各市、惠州与深圳及佛山、珠海与除广州、深圳及其他市外的各市、其他市与除广州及珠海外的各市之间存在显著差异。其中，惠州市的职业女性企业福利政策均值最高，江门、东莞、中山、佛山、深圳、珠海、广州次之，其他市的职业女性企业福利政策均值最低。从职业生涯发展阶段理论分析，惠州市可能通过提供更具竞争力的福利政策来吸引和留住关键人才，尤其是在当地经济发展迅速的背景下，企业需要与员工共同成长，因此会设计更加全面和优越的福利体系。此外，根据职业发展路径理论，惠州市的职业女性可能面临更多的职业发展机会和路径选择，企业需要提供更具吸引力的福利政策以支持她们的职业发展。

（2）经统计分析发现，家庭角色定位在不同城市组合间存在显著差异，具体表现为广州与除珠海外的其他各市（排除珠海后的其余城市）、珠海与惠州、中山及江门、其他市（除广州、珠海、惠州、中山、江门外的城市）与惠州及江门这几组城市对比中差异显著。进一步分析可知，广州市职业女性的家庭角色定位均值处于最高水平。珠海、佛山、深圳、东莞、中山、惠州次之，江门的职业女性家庭角色定位均值最低。根据职业发展路径理论，广州市的职业女性可能面临更加多元化的职业发展路径，需要在不同的行业和企业中适应和调整，这种复杂性可能影响到她们对家庭角色的明确界定。此外，根据职业生涯发展运动形式理论，广州市的职业女性可能经历更多的职业流动和角色转变，这种流动性虽然有助于职业发展和个人成长，但也可能导致家庭角色定位的不稳定。

（3）通过数据分析可知，职业角色定位在多个城市对比中存在显著差异。这些差异体现在广州和东莞、惠州、中山、江门之间，惠州和深圳、佛山、东莞之间，珠海和除广州、深圳之外的其他城市之间，以及其他城市（不是广州、深圳、珠海的城市）和除广州、深圳、珠海之外的其他城市（再次限定的城市范围）之间。其中，其他市的职业女性职业角色定位均值最高,珠海、广州、深圳、佛山、东莞、中山、江门次之,惠州的职业女性职业角色定位均值最低。根据职业生涯发展运动形式理论,其他市的职业女性可能经历更多的职业流动和角色转变,这种流动性虽然有助于职业发展和个人成长,但也可能导致职业角色定位的不稳定。此外,根据职业生涯发展管理理论,其他市的企业可能更加注重员工的职业发展和角色定位,通过提供针对性的培训和发展机会来支持员工的职业成长。

研究结果显示,虽然不同地区在工作家庭冲突程度、工作家庭压力源强度、组织支持水平、家庭支持程度以及工作生活满意度等维度上呈现出一定的均值差异,但经过统计检验发现,这些差异均未达到显著性水平($p>0.05$)。这一结果表明,地区因素对职业女性的工作家庭关系各维度并未产生统计学意义上的显著影响,各地区在这些变量上具有相对同质性的分布特征。这一发现反映了职业发展管理理论中职业适应性的多样性,即不同城市的职业女性在职业发展过程中,会展现出不同的职业适应策略和家庭关系处理方式,从而减弱了城市对这些变量的影响。

6.7.10 月收入水平对各研究变量的差异分析

从表6-29的方差齐性检验结果来看,家庭角色定位、职业角色定位的相关数据符合方差齐性条件,可直接依据Sig.(F)值判断数据间是否存在显著差异。与之不同的是,企业福利政策、工作家庭冲突、工作家庭压力源、组织支持、家庭支持以及工作生活满意度等变量的数据不满足方差齐性要求,需借助Dumiett's T3表格中的统计量进行分析,以此保障研究结果的精准性。进一步研究表明,月收入水平对职业女性的家庭角色定位与职业角色定位影响显著。详细分析发现,月收入处于5001—10000元的职业女性,家庭角色定位均值较低;而月收入在20001—30000元的职业女性,该均值则较高。在职业角色定位方面,月收入5001—10000元的职业女性均值相对较低,月收入10001—20000元的职业女性均值则相对较高。

表6-29 月收入水平对各变量影响的差异比较

变量	均值				F值	Sig.（F）	Sig.（齐性）
	5000元及以下（N=48）	5001—10000元（N=275）	10001—20000元（N=33）	20001—30000元（N=3）			
企业福利政策	1.8356	3.3592	2.2559	1.7407	36.846	0.000	0.000
工作家庭冲突	3.3396	3.4011	3.7273	4.0667	1.772	0.152	0.000
工作家庭压力源	3.5069	3.404	3.6296	3.9259	1.185	0.315	0.000
家庭角色定位	4.3333	3.8491	4.3485	5	10.524	0.000	0.194
职业角色定位	4.7083	4.0273	5.2879	4.6667	19.661	0.000	0.237
组织支持	3.6898	4.4024	4.2525	4.1852	9.61	0.000	0.000
家庭支持	4.0903	4.5145	4.4394	4.3333	5.835	0.001	0.000
工作生活满意度	4.1901	4.5795	4.4697	5.125	3.864	0.010	0.000

资料来源:依据问卷调研结果计算。

具体地,事后检验结果表明(见表6-30),月收入水平作为职业发展的重要经济指标,对职业女性的职业发展感知产生显著影响。根据职业选择理论,个体在职业决策过程中会综合考虑职业发展与个人成长,这种决策模式在不同月收入水平的职业女性中呈现差异化特征。

表 6-30　　　　　　　　月收入水平多重比较

因变量	(I)月收入水平	(J)月收入水平	均值差(I-J)	标准误	显著性	95%置信区间	
						下限	上限
企业福利政策	5001—10000元	5000元及以下	1.52354*	0.13522	0.000	1.1592	1.8879
		10001—20000元	1.10330*	0.18279	0.000	0.6001	1.6065
工作家庭冲突	5000元及以下	20001—30000元	−0.72708*	0.23088	0.036	−1.4161	−0.038
组织支持	5000元及以下	5001—10000元	−0.71261*	0.2063	0.007	−1.2761	−0.149

注：*平均值差异的显著性水平为0.05。
资料来源：依据问卷调研结果计算。

（1）在企业福利政策方面，月收入水平不同呈现出显著差异。经分析发现，月收入5000元以下与5001—10000元、5001—10000元与10001—20000元这两组区间存在显著差异，其中，月收入处于5001—10000元的职业女性，所享受的企业福利政策最优。从职业生涯发展阶段理论分析，月收入为5001—10000元的职业女性可能处于职业发展的中期阶段，她们在工作中积累了一定的经验和技能，对福利政策的需求也更加明确。根据职业发展路径理论，这一阶段的职业女性可能面临更多的职业发展机会和路径选择，企业为了吸引和留住这一群体，会提供更加全面和优越的福利政策，以支持她们的职业发展和个人成长。

（2）工作家庭冲突受月收入水平影响显著，具体表现为月收入5000元以下与20001—30000元的职业女性，在工作家庭冲突方面存在显著差异，且月收入20001—30000元的职业女性，面临的工作家庭冲突程度最高。根据职业发展路径理论，月收入20001—30000元的职业女性可能处于职业发展的高级阶段，她们在工作中扮演了更加重要的角色，承担了更多的责任和任务。这种职业发展的复杂性可能增加了她们的工作家庭冲突，需要在工作和个人生活之间找到平衡。

（3）组织支持在5000元以下与5001—10000元的月收入水平之间存在显著差异。其中，月收入5001—10000元的职业女性组织支持感水平最高。根据职业生涯发展管理理论，月收入5001—10000元的职业女性可能在企业中扮演了更加重要的角色，企业为了激励这一群体，会提供更加充分的组织支持。这种组织支持可能包括培训和发展机会、晋升机会、工作资源等，以帮助她们实现职业发展和个人成长。

此外，虽然月收入水平在工作家庭压力源、家庭支持、工作生活满意度的均值上存在一定波动，但经检验，这些差异未达到显著水平，意味着这些变量在不同月收入水平分布中不存在明显差异。这一发现反映了职业发展管理理论中职业适应性的多样性，即不同月收入水平的职业女性在职业发展过程中，会展现出不同的职业适应策略和家庭关系处理方式，从而减弱了月收入水平对这些变量的影响。

6.7.11 收入占家庭总收入的占比对各研究变量的差异分析

根据表6-31的方差齐性检验结果显示，企业福利政策、工作家庭冲突、工作家庭压力源、家庭角色定位、职业角色定位、组织支持、家庭支持以及工作生活满意度等变量的数据均未满足方差齐性条件。因此，我们需要进一步观察Dumiett's T3表格中的统计量，以确保分析结果的准确性和可靠性。这一步骤在数据分析中至关重要，因为它帮助我们克服了数据不满足方差齐性假设的挑战，从而能够得出更加稳健和可信的结论。

表 6-31　收入占家庭总收入的占比对各变量影响的差异比较

变量	均值				F值	Sig.(F)	Sig.(齐性)
	25%及以下(N=35)	26%—50%(N=116)	51%—75%(N=192)	76%及以上(N=16)			
企业福利政策	2.1333	2.1944	3.8264	1.7292	117.368	0.00	0.007
工作家庭冲突	3.3514	3.2741	3.4958	3.9063	2.818	0.039	0.000
工作家庭压力源	3.2984	3.3199	3.4925	4.0556	4.429	0.005	0.000
家庭角色定位	4.1286	4.4526	3.6198	4.3125	37.04	0.000	0.000
职业角色定位	4.4143	4.8922	3.7135	5.4375	51.148	0.000	0.000
组织支持	4.2286	4.068	4.4902	3.6667	9.07	0.000	0.000
家庭支持	4.4857	4.342	4.5139	4.375	1.732	0.160	0.000

资料来源：依据问卷调研结果计算。

具体地，事后检验结果表明（见表6-32），收入占家庭总收入的占比作为职业发展的重要经济指标，对职业女性的职业发展感知产生显著影响。根据职业选择理论，个体在职业决策过程中会综合考虑职业发展与个人成长，这种决策模式在不同收入占家庭总收入占比的职业女性中呈现差异化特征。

表 6-32　收入占家庭总收入的占比多重比较

因变量	(I)收入占比	(J)收入占比	平均差异(I-J)	标准误	显著性	95%置信区间	
						下限	上限
企业福利政策	51%—75%	25%及以下	1.69306*	0.18202	0.000	1.1918	2.1943
		26%—50%	1.63194*	0.10265	0.000	1.3595	1.9044
		76%及以上	2.09722*	0.17487	0.000	1.5875	2.6069
家庭角色定位	51%—75%	25%及以下	−0.50878*	0.13318	0.003	−0.8768	−0.1408
		26%—50%	−0.83279*	0.09043	0.000	−1.0736	−0.5919

续表

因变量	（I）收入占比	（J）收入占比	平均差异（I-J）	标准误	显著性	95%置信区间 下限	95%置信区间 上限
职业角色定位	25%及以下	76%及以上	-1.02321*	0.3553	0.038	-2.0068	-0.0396
	51%—75%	25%及以下	-0.70074*	0.2407	0.035	-1.3679	-0.0336
		26%—50%	-1.17870*	0.10838	0.000	-1.467	-0.8904
		76%及以上	-1.72396*	0.26989	0.000	-2.5255	-0.9224
组织支持	26%—50%	51%—75%	-0.42215*	0.10751	0.001	-0.7087	-0.1356

注：*平均值差异的显著性水平为0.05。

资料来源：依据问卷调研结果计算。

（1）企业福利政策在51%—75%与25%及以下、26%—50%、76%及以上的收入占比之间存在显著差异。其中，收入占家庭总收入的占比51%—75%的职业女性企业福利政策均值最高，收入占家庭总收入的占比76%及以上的职业女性企业福利政策均值最低。从职业生涯发展阶段理论分析，收入占家庭总收入占比51%—75%的职业女性可能处于职业发展的中期阶段，她们在工作中积累了一定的经验和技能，对福利政策的需求也更加明确。根据职业发展路径理论，这一阶段的职业女性可能面临更多的职业发展机会和路径选择，企业为了吸引和留住这一群体，会提供更加全面和优越的福利政策，以支持她们的职业发展和个人成长。而收入占家庭总收入占比76%及以上的职业女性可能处于职业发展的高级阶段，她们在工作中扮演了更加重要的角色，承担了更多的责任和任务，因此企业可能认为这一群体对福利政策的需求相对较低，从而提供了较低水平的福利政策。

（2）家庭角色定位在51%—75%与25%及以下、26%—50%的收入占比之间存在显著差异。其中，收入占家庭总收入的占比26%—50%的职业女性家庭角色定位均值最高，收入占家庭总收入的占比51%—75%的职业女性家庭角色定位均值最低。根据职业生涯发展管理理论，收入占家庭总收入占比26%—50%的职业女性可能在企业中扮演了更加重要的角色，她们需要在工作和个人生活之间找到平衡，因此更加注重家庭角色定位。而收入占家庭总收入占比51%—75%的职业女性可能由于工作压力较大，对家庭角色定位的关注相对较低。

（3）职业角色定位在25%及以下与76%及以上的收入占比之间存在显著差异。其中，收入占家庭总收入的占比76%及以上的职业女性职业角色定位均值高于收入占家庭总收入的占比25%及以下的职业女性。此外，职业角色定位在51%—75%与25%及以下、26%—50%、76%及以上的收入占比之间存在显著差异。其中，收入占家庭总收入的占比76%及以上的职业女性职业角色定位均值最高，收入占家庭总收入的占比51%—75%的职业女性职业角色定位均值最低。根据职业发展路径理论，收入占家庭总收入占比76%及以上的职业女性可能处于职业发展的高级阶段，她们在工作中扮演了更加重要的角色，承担了更多的责任和任务，因此职业角色定位均值较高。而收入占家庭总收入占比51%—75%的职业女性可能由于工作压力较大，对职业角色定位的关注相对较低。

（4）组织支持在26%—50%与51%—75%的收入占比之间存在显著差异。其中，收入占家庭总收入的占比51%—75%的职业女性组织支持感最高。根据职业生涯发展管理理论，收入占家庭总收入占比51%—75%的职业女性可能在企业中扮演了更加重要的角色，企业为了激励这一群体,会提供更加充分的组织支持,以帮助她们实现职业发展和个人成长。

此外,研究发现收入占家庭总收入的比例在工作家庭冲突、工作家庭压力源、家庭支持、工作生活满意度的均值表现上存在一定差异,但经统计检验,这些差异并未达到显著水平,表明上述变量在收入占家庭总收入比例的分布中不存在显著差异。这一发现反映了职业发展管理理论中职业适应性的多样性,即不同收入占家庭总收入的占比的职业女性在职业发展过程中,会展现出不同的职业适应策略和家庭关系处理方式,从而减弱了收入占家庭总收入的占比对这些变量的影响。

6.8 相关分析

相关分析是一种重要的统计方法,主要用于探究变量之间的线性依存关系及其作用强度。其中皮尔逊相关系数作为核心量化指标,通过数值特征揭示变量间的关联模式:当系数为正时,表明两组变量呈同向变动趋势;若为负值,则反映变量间存在反向制约关系。该系数的绝对值具有明确的强度解释力——越接近1表明线性关联越紧密,而0值则意味着不存在统计意义上的线性相关性。基于上述分析逻辑,本书将聚焦于工作生活平衡这一核心议题,围绕组织支持、家庭支持、职业女性角色定位、工作家庭压力源、工作生活满意度这五个核心维度,系统考察各变量与工作生活平衡之间的线性关联特征(见表6-33)。通过相关系数矩阵的构建与显著性检验,揭示不同维度对平衡状态的作用方向及强度差异,为后续干预策略的制定提供实证依据。

表 6-33　　　　　　　　　　相关性分析

维度	变量	Pearson相关性	P
组织支持	组织支持	0.920	0.000
家庭支持	家庭支持	0.721	0.000
职业女性角色定位	职业女性角色定位	0.899	0.000
工作、家庭压力源	工作、家庭压力源	-0.913	0.000
工作、生活满意度	工作、生活满意度	0.901	0.000

资料来源：依据问卷调研结果计算。

6.8.1　组织支持与工作生活平衡呈显著正相关

通过表6-33的实证数据可见，组织支持与工作生活平衡呈现极强的正相关关系（Pearson相关系数0.920，P=0.000<0.05），这一结论在统计学上高度显著。从组织支持理论视角出发，企业作为核心资源供给主体，其支持程度直接影响职业女性对工作生活节奏的掌控能力。当组织通过政策倾斜、资源供给传递支持信号时，职业女性更能感知到职业发展的稳定性，进而在工作与家庭角色间形成有效协同。这种正向效应在职业选择理论中得到了延伸——组织支持构成职业女性评估岗位吸引力的重要维度，支持度越高，职业承诺越强，工作生活平衡感知越显著。

但表6-34揭示的福利供给现状却与组织支持理论的要求存在明显落差。从社会性别理论观察，企业提供的特殊福利（哺乳室9.30%、生理期假19.70%）虽在生理关怀层面有所体现，却未触及职业发展资源供给（专题讲座仅2.60%），这种配置模式本质上是传统性别分工的延续。角色理论进一步指出，组织通过福利政策强化"家庭照护者"角色期待，使职业女性在职业角色与家庭角色间产生认知失调，削弱了工作生活平衡的心理基础。

表6-34　　企业特殊福利统计

题项	个案数	百分比	个案百分比
您所在的企业有设立"爱心哺乳室"	33	9.30%	15.40%
您所在的企业有为处于"三期"期间的女职工提供餐厅"爱心专座"（爱心专座使女职工免于排队打饭）	13	3.60%	6.00%
您所在的企业有提供带薪生理期假	71	19.70%	32.50%
请你根据自己的实际情况，对以下题项进行选择（您所在的企业有为处于生理期的女职工提供特殊的休息场所）	47	13.00%	21.40%
您所在的企业有女生节/妇女节特别福利	63	17.60%	29.10%
您所在的企业有在您哺乳期间适当缩短工作时间	58	16.10%	26.50%
您所在的企业有定期开展相关讲座，帮助女性职工更好地平衡工作与家庭	9	2.60%	4.30%
您所在的企业有设立心理咨询室帮助女职工缓解心理压力	15	4.10%	6.80%
您所在的企业有为职工提供托管幼儿的场所或机构	2	0.50%	0.90%
上述选项都无	48	13.50%	22.20%
总计	359	100.00%	165.00%

资料来源：依据问卷统计结果计算。

工作/家庭边界理论为理解这种失衡提供了微观视角。表6-33中组织支持与压力源呈强负相关（-0.913），但表6-34显示弹性工作覆盖仅16.10%，这表明组织在边界管理工具供给上存在结构性缺失。当职业女性缺乏角色转换的"缓冲空间"时，工作家庭冲突会沿着角色理论框架演变为情绪耗竭，形成"资源消耗—压力升级"的恶性循环。社会支持理论强调，组织支持作为外部资源补给，本可缓解这种冲突，但现行福利体系的碎片化（如托管服务仅0.5%）反而加剧了资源争夺。

从职业发展路径理论看,组织支持对职业女性成长轨迹具有导向作用。表6-34中心理支持(EAP服务4.10%)和职业发展资源(讲座2.60%)的低位覆盖,反映了组织在职业赋能上的缺位。这种缺位导致职业女性难以构建完整的职业发展图景,其工作生活平衡规划被迫局限于短期生存策略,与职业生涯发展管理理论要求的动态适配原则相悖。当组织未能根据女性职业发展阶段(如育儿期)调整支持策略时,静态福利体系与动态需求之间的矛盾将进一步削弱平衡效能。

多理论整合分析表明,组织支持并非简单的福利罗列,而是通过角色期待校准、边界维护、资源供给、认同建构和生命周期适配,形成对工作生活平衡的系统性优化。当前支持体系的"碎片化"特征,本质上是组织对女性职业发展规律的多重误读。其理论启示在于:唯有建立动态响应的支持系统,实现角色期待、边界管理、资源供给与职业发展阶段的精准对接,才能打破"资源剥夺—角色冲突—认同缺失"的恶性循环,推动职业女性与组织的可持续发展。

6.8.2 家庭支持与工作生活平衡呈显著正相关

表6-33中家庭支持与工作生活平衡的正相关关系(Pearson相关系数0.721,P=0.000<0.05)揭示了家庭作为核心支持系统的独特价值。从社会支持理论视角看,家庭支持通过工具性支持和表达性支持双轨作用于职业女性平衡机制。从工具层面看,家庭成员主动承担照护责任(如子女看护、家务分担),实质是家庭系统内部资源的再分配,这种"责任共担"模式有效缓解了工作家庭边界理论的冲突效应,为职业女性创造出无后顾之忧的职业参与空间。

表达性支持则通过情感共鸣与价值认同实现平衡赋能。家庭通过尊重职业女性的职业选择、倾听其职业发展诉求，帮助其构建心理安全感。这种情感支持在社会性别理论框架下尤为重要，它打破了传统性别角色对女性职业发展的隐性制约，使职业女性在"家庭守护者"与"职业竞争者"的双重角色间获得心理认同，这种认同重构正是工作生活平衡的心理基石。

职业选择理论进一步阐释了家庭支持的深层价值。当家庭系统稳定供给支持资源时，职业女性更倾向于选择具有挑战性的职业发展路径，而非受家庭牵制选择保守职业。这种选择偏好在职业发展路径理论中得到了延伸，家庭支持构成职业女性突破"玻璃天花板"的重要推力，支持度越高，职业上升通道越顺畅，工作生活节奏的自主调控空间越大。

从职业生涯发展阶段理论观察，家庭支持呈现动态适配特征。在生育抚养期，家庭通过代际支持（如祖辈参与育儿）弥补职业女性的精力缺口；在职业发展关键期，配偶支持（如承担更多家务）为其职业突破创造时间窗口。这种阶段性支持策略与职业生涯发展管理理论的要求高度契合，确保职业女性在不同生命周期阶段都能获得精准支持，避免发展轨迹的断裂。

多理论整合分析表明，家庭支持并非简单的情感抚慰，而是通过资源供给、心理认同、角色重构和阶段适配，形成对工作生活平衡的复合支撑体系。这种支持效能的发挥，本质上依赖于家庭系统对职业女性发展规律的深度理解和动态响应。其理论启示在于：家庭支持与工作生活平衡之间存在"质量互变"规律，唯有持续提升支持系统的精准性和适配性，才能打破传统性别分工的桎梏，推动职业女性在职业成就与家庭幸福之间实现更高维度的平衡。

6.8.3 职业女性角色定位与工作生活平衡呈显著正相关

表6-33揭示的职业女性角色定位与工作生活平衡的正相关关系（Pearson相关系数0.899，P=0.000<0.05），折射出角色认知对工作生活协同的深层影响。从角色理论视角看，当职业女性角色得分降低时，表明其突破了传统性别角色的刚性约束，这种认知重构实质是工作家庭边界理论的实践延伸——通过弱化"家庭责任主要承担者"的角色认同，职业女性得以重构工作家庭领域的参与权重，为平衡创造认知前提。

角色冲突理论为理解这种正相关关系提供了矛盾解析框架。社会对女性的"完美主义"期待（既要职场成功又要家庭完美）与职业女性对自主发展的追求形成内在冲突。这种冲突在职业生涯发展阶段理论中呈现动态特征：职业发展初期，角色冲突主要表现为时间分配矛盾；进入管理层后，则演变为角色认同焦虑。当职业女性被迫在传统性别角色与职业发展需求间频繁切换时，工作生活平衡的心理基础被持续削弱。

职业选择理论进一步揭示了角色定位的导向作用。受传统角色期待影响的职业女性，更可能选择时间弹性大但发展空间受限的职业路径；而突破角色定位者，则倾向于选择挑战性与成就感并重的职业。这种选择偏好在职业发展路径理论中形成了分岔效应，前者虽短期平衡感强，但面临职业天花板；后者虽初期冲突显著，但长期平衡质量更高。

社会性别理论指出，角色定位的本质是社会性别秩序的个体化呈现。当组织通过福利政策强化"家庭照护者"角色期待时（如表6-34中哺乳室、生理期假等生理关怀措施），职业女性被迫在职业角色与家庭角色间进行认知协调。这种协调在职业生涯发展管理理论中表现为阶段性调适：生育抚养期可能暂时回归传统角色，但职业上升期又会重新激活角色冲突。

多理论整合分析表明，职业女性角色定位并非简单的心理认知问题，而是社会性别规范、组织角色期待、职业发展诉求多重作用的结果。角色定位与工作生活平衡的正相关关系，实质是职业女性突破传统性别分工、重构角色认同的心理投射。其理论启示在于：唯有通过组织支持（如提供弹性发展通道）、家庭支持（如重构责任分配）、政策支持（如推动性别平等）多系统联动，才能消解角色冲突的结构性根源，推动职业女性在角色认同与职业发展之间实现更高维度的平衡。

6.8.4　工作、家庭压力源与工作生活平衡呈显著负相关

表6-33中工作—家庭压力源与工作生活平衡的深度负相关（Pearson相关系数-0.913，$p=0.000<0.05$），实质揭示了双重压力系统的交互抑制效应。从职业生涯发展管理理论视角观察，这种压力交互形成了"职业发展阻力—家庭功能失调"的恶性循环：当职业女性在项目攻坚期遭遇家庭照护危机时，工作过载导致家庭领域的时间投入不足，而家庭压力又反噬职场表现，形成发展轨迹的双向损耗。

依据工作家庭边界理论，压力源的本质是领域边界的渗透机制。工作领域的竞争压力通过情绪传递突破家庭边界，表现为职场挫败感向家庭生活的蔓延；家庭领域的照护压力则通过注意力分散渗透工作领域，造成决策效能下降。这种双向渗透在角色理论中表现为"角色过载"现象：职业女性既要在职场扮演"绩效生产者"，又要在家庭扮演"情感供给者"，双重角色期待形成压力叠加。

社会性别理论为理解压力源的结构性差异提供新视角。男性主导的组织文化往往将"可用性"作为隐性晋升标准，迫使职业女性不得不维持"随时在线"的工作状态；而传统性别分工又期待女性承担更多家庭责任，这种双重标准在职业发展路径理论中形成发展悖论。当组织通过EAP（员工援助计划）提供心理支持时，若未触及性别平等的文化内核，反而可能强化"脆弱者需要援助"的刻板印象，加剧角色冲突。

职业选择理论进一步阐释了压力源的长期影响。早期职业选择中规避压力源的策略（如选择压力较小的职业路径），虽能短期维持平衡，却可能限制长期发展潜力；而直面压力源的策略（如选择高压但高回报的职业路径），虽能突破职业天花板，却需持续支付工作生活平衡的"机会成本"。这种选择困境在职业生涯发展阶段理论中表现为阶段性矛盾：职业发展关键期往往伴随家庭责任高峰期，双重压力形成发展瓶颈。

多理论整合分析表明，工作—家庭压力源并非简单的应激反应，而是社会性别制度、组织文化、职业发展规律多重作用的结果。其理论价值在于揭示：唯有通过制度性重构（如推动弹性工作制）、文化观念革新（如重塑性别平等认知）、个体发展策略优化（如建立压力缓冲机制）多维度协同，才能有效消解压力源的破坏性影响，为职业女性构建可持续的工作生活协同模式提供理论支撑。

6.8.5 工作、生活满意度与工作生活平衡呈显著正相关

表6-33中工作生活满意度与工作家庭平衡呈现强正相关（Pearson相关系数0.901，$p=0.000<0.05$），这一结论深刻揭示了主观体验对客观平衡状态

的塑造机制。从职业生涯发展管理理论视角看，满意度本质上是职业女性对工作生活质量的心理评估，这种评估通过"认知—情感—行为"的传导路径影响平衡状态：当职业女性对工作生活的满意度提升时，其认知评价更倾向于积极框架，情感体验趋于愉悦，行为选择更利于平衡维持。

工作生活满意度对工作家庭冲突的抑制效应，在工作家庭边界理论中表现为"心理缓冲机制"。高满意度个体能更灵活地设置工作家庭边界，既防止工作过载侵入家庭领域，也避免家庭需求干扰工作绩效。这种边界管理能力在角色理论中转化为角色转换效能：职业女性能在"职业人"与"家庭人"角色间实现流畅切换，降低角色转换的心理成本。

社会性别理论为理解满意度的性别差异提供新视角。传统性别分工往往将女性置于"情感劳动"密集型岗位，这种岗位特性容易引发情感耗竭，降低工作满意度。当组织通过EAP（员工援助计划）提供心理支持时，若未触及性别平等的文化内核，反而可能强化"女性需要特殊关怀"的刻板印象，削弱生活满意度。这种制度性偏差在职业发展路径理论中形成发展陷阱，使职业女性难以突破职业天花板。

职业选择理论进一步阐释了满意度的长期影响。早期职业选择中重视满意度的策略（如选择符合兴趣的职业路径），虽可能牺牲短期收益，但能积累心理资本；而忽视满意度的策略（如选择高薪但厌恶的职业路径），虽能短期实现经济目标，却需持续支付心理成本。这种选择偏好在职业生涯发展阶段理论中呈现动态特征：职业发展初期满意度主要影响工作投入度，中期影响职业稳定性，后期则影响职业成就感的质性与量值。

多理论整合分析表明，工作生活满意度并非简单的心理指标，而是社会性别规范、组织文化、职业发展规律共同作用的结果。其理论价值在于揭示：唯有通过制度性重构（如推动弹性工作制）、文化观念革新（如重塑成功标准）、个体发展策略优化（如建立心理资本）多维度协同，才能有效提升职业女性的工作生活满意度，进而实现更高质量的工作家庭平衡。这种理论框架为理解主观体验与客观平衡的关系提供了新范式。

6.9 回归分析

多元回归分析作为一种强大的统计工具，其核心在于揭示多个变量之间错综复杂的定量关联。本书聚焦于职业女性工作生活平衡这一核心议题，采用多元逐步回归分析法，将工作生活平衡设定为因变量，其他多维度指标作为自变量纳入模型，旨在构建具有解释力的预测框架。

在模型构建过程中，首先考察的模型1显示，职业女性角色定位变量的回归系数未通过显著性检验（p>0.05），表明该变量在本书设定的变量体系中，与工作生活平衡的直接关联性较弱。因此，研究重点转向更具解释力的模型2。该模型呈现出优异的拟合性能：决定系数R^2达到0.880，意味着自变量能解释因变量88%的方差变动，模型对观测数据的拟合程度相当理想。方差分析结果显示，F统计量高达214.138（p<0.001），表明模型整体通过了严格显著性检验，所构建的回归方程具有显著统计学意义。

对模型2的回归系数进行深度解析发现，组织支持、家庭支持、工作家庭压力源、工作生活满意度等关键变量的回归系数均通过显著性检验（p<0.05）。这一结果揭示了多维度的作用机制：组织支持作为制度性保障，家庭支持作为情感性资源，共同构成了促进工作生活平衡的正向驱动；而工作家庭压力源作为冲突性要素，则对工作生活平衡产生显著负面影响；工作生活满意度作为主观评价指标，与平衡状态形成良性循环的互动关系。

本书通过回归分析不仅验证了理论假设，更深化了对职业女性职业发展生态的理解。这种分析方法有效克服了简单相关分析的局限性，通过控制变量影响，精确识别了不同维度变量对工作生活平衡的独立贡献。这种统计技术的应用，为制定针对性的职业发展支持政策提供了科学依据，尤其在平衡现代职业女性多元角色需求方面，具有重要的实践指导价值。

根据表6-35、表6-36可以得出工作生活平衡与其他变量的关系可以表示为如下方程式：

$$工作生活平衡 = 6.025 + 0.375 \times 组织支持 + 0.175 \times 家庭支持 - 0.268 \times 工作、家庭压力源 + 0.232 \times 工作、生活满意度$$

表6-35　　　　　　　　模型摘要

	R	R^2	调整后R^2	标准估算的误差	F	p
1	0.942[a]	0.887	0.882	0.47027	174.328	0.000
2	0.940[b]	0.884	0.880	0.47368	214.138	0.000

注：a.预测变量：（常量），工作、生活满意度，家庭支持，职业女性角色定位，工作、家庭压力源，组织。

b.预测变量：（常量），工作、生活满意度，家庭支持，工作、家庭压力源，组织支持。

资料来源：依据问卷统计结果计算。

表 6-36　　　　　　　　　　回归方程系数表

模型	变量	未标准化系数		标准化系数	t	显著性
		B	标准误差	Beta		
1	（常量）	5.252	0.954		5.506	0.000
	组织支持	0.320	0.098	−0.329	−3.275	0.001
	家庭支持	0.157	0.088	−0.083	−1.789	0.076
	职业女性角色定位	0.147	0.091	0.149	1.621	0.108
	工作、家庭压力源	−0.220	0.097	0.227	2.261	0.026
	工作、生活满意度	0.202	0.088	−0.203	−2.281	0.024
2	（常量）	6.025	0.832		7.243	0.000
	组织支持	0.375	0.093	−0.385	−4.046	0.000
	家庭支持	0.175	0.087	−0.093	−2.001	0.048
	工作、家庭压力源	−0.268	0.094	0.276	2.865	0.005
	工作、生活满意度	0.232	0.087	−0.234	−2.674	0.009

注：因变量：工作生活平衡性。
资料来源：依据问卷统计结果计算。

1.组织支持：制度性保障与职业发展赋能

组织支持通过制度性保障显著提升职业女性工作生活平衡质量（$\beta=0.375$，$p<0.001$）。职业选择理论揭示，组织提供的弹性工作制度、家庭友好政策等工具性支持，实质构成职业发展的"风险补偿机制"，显著降低职业发展决策中的非经济性成本。职业发展路径理论进一步表明，组织通过构建家庭支持型组织文化和设置职业发展缓冲期，为职业女性开辟"职业发展—家庭平衡"双轨路径，这种路径优化直接降低角色转换成本。社会支持理论与EAP理论则揭示，组织支持通过心理资本提升，增强个体对压力源的应对效能（$\beta=-0.268$），形成职业发展全周期的赋能效应。

2.家庭支持:原发性系统的修复与重构功能

家庭支持作为原发性支持系统（$\beta=0.175$，$p<0.05$），通过情感—工具双轨机制实现平衡修复。社会支持理论指出，家庭成员的理解包容构建心理安全基地，代际照料分担与家务协作形成资源补偿链，双重机制共同维护家庭系统稳定性。角色理论揭示，家庭支持通过分担传统性别角色期待，突破"贤妻良母"角色桎梏，为职业女性创造角色重构空间。职业发展阶段模型则显示家庭支持呈现"U"形需求轨迹：探索期提供情感缓冲，确立期实施工具性补偿，成熟期实现职业遗产代际传递，形成全生命周期的支持闭环。

3.工作、家庭压力源:冲突缓冲与韧性提升

职业发展阶段理论揭示，职业确立期工作角色复杂度与家庭责任同步攀升，导致工作家庭边界渗透性增强（$\beta=-0.268$）。角色冲突理论指出，该阶段角色超载现象普遍，压力源通过降低工作效能、引发职业中断风险，形成对平衡状态的显著削弱。组织支持与家庭支持通过双重保障机制协同作用：组织作为制度性屏障维持工作角色完整性，家庭作为边界缓冲带过滤负向影响，共同提升职业发展系统的韧性。

4.工作、生活满意度维度:边界管理与角色转换效能

工作、生活满意度作为边界管理效能的镜像指标（$\beta=0.232$，$p<0.01$），反映工作家庭边界的渗透弹性与调节质量。工作/家庭边界理论揭示，组织支持增强工作投入时，家庭支持通过优化边界弹性提供职业发展缓冲，实现角色转换成本的实质性降低。角色理论进一步表明，满意度增益通过心理资本积累，将角色转换的积极体验转化为平衡质量提升，形成"支持—效能—满意"的良性循环。职业发展阶段模型印

证,不同阶段的支持需求与满意度提升呈正相关,凸显系统性支持对职业发展全过程的赋能价值。

研究结果表明,职业女性实现工作生活平衡是一个多维互动的系统性过程,需要四个关键要素的协同作用——组织支持、家庭支持、压力源管理与满意度提升。组织通过制度性保障和职业发展赋能,构建职业发展缓冲期与双轨路径,显著降低非经济性成本;家庭作为原发性支持系统,以情感联结和工具补偿双轨机制,突破传统角色桎梏,形成全生命周期支持闭环。面对职业发展中的压力源渗透,双重保障机制协同作用,组织作为制度屏障维持工作完整性,家庭作为缓冲带过滤负向影响,共同提升职业发展韧性。工作生活满意度作为边界管理效能的镜像指标,通过心理资本积累将角色转换体验转化为平衡质量提升,形成"支持—效能—满意"的良性循环。这种系统性支持不仅修复角色冲突损伤,更通过阶段适配的支持供给,实现职业发展全过程的赋能,最终达成工作生活质量的动态平衡。

第7章
Chapter 7

促进职业女性工作生活平衡的建议

基于广东省职业女性的实证研究结果，本书深入解析了当代职场女性工作生活平衡的动态作用机制。研究发现，工作家庭压力源、职业女性角色定位、组织层面、家庭层面、工作生活满意度、企业特殊福利六大核心要素，共同构成了影响职业女性工作生活平衡质量的系统性框架。针对上述发现，本书提出多维干预框架：在制度层面完善性别平等就业政策，社会层面倡导角色认知重构，组织层面创新家庭支持型管理制度，家庭层面构建协作照料网络，个体层面加强心理资本培育。这种系统性解决方案，为破解职业女性工作生活平衡难题提供了具有广东特色的实践路径。

第7章 促进职业女性工作生活平衡的建议

7.1 制度层面的措施

7.1.1 构建可量化、可持续的性别主流化决策生态系统

社会性别理论揭示，性别并非生物差异的自然结果，而是社会建构的产物。决策者需摒弃"自然解决论"的认知误区，认识经济发展与性别平等的非线性关系。角色理论指出，社会角色分配直接影响资源获取机会，将女性定位为"第二性"实为权力结构的制度性排斥。工作/家庭边界理论进一步阐释，家庭责任的性别化分工导致女性职业发展受限，形成"玻璃天花板"效应。这就要求决策者打破性别本质主义桎梏，在决策全周期植入性别视角。实操层面应构建五重保障机制：

1. 建立前置性别分析制度

决策前必须进行严格的性别影响评估，运用职业发展阶段理论，分析政策对女性职业生命周期各阶段的不同影响。建立包含薪酬差距比、管理岗位性别比等核心指标的评估矩阵，借鉴职业发展路径理论，预测政策对职业维持期、晋升期女性的差异化影响。例如，产业转型政策需配套职业转换支持体系，运用社会支持理论构建女性职业再适应网络，提供技能培训、心理支持等资源。

2. 健全动态审查与反馈机制

决策实施后需定期审查政策效果，引入平衡计分卡原理，将性别平等指标纳入绩效评估体系。建立政策效果反馈回路，当某领域性别发展指数低于基准线时，自动触发政策修正程序。通过职业发展路径理论制

定分阶段改进方案，如为职业维持阶段女性提供弹性工作制度，运用工作/家庭边界理论优化家庭责任分配机制，推广家庭友好型工作安排。

3.强化管理问责与激励机制

建立管理层性别绩效合约制度，设置三级评估标准。基础合规要求部门培训覆盖率和投诉处理及时率达标；主动推进层需制订年度性别平等行动计划；创新突破层鼓励制度创新。配套开发性别平等创新实验室，运用设计思维方法论验证创新举措，如设立"性别创新种子基金"，支持管理者试点柔性工作制、无偏见绩效考评等前沿实践。将性别平等成就与工作表现和薪酬挂钩，形成有效激励。

4.深化能力建设与文化培育

开展沉浸式性别意识培训，借鉴角色扮演理论开发"性别角色互换"工作坊，通过戏剧治疗技术促进情感认知共鸣。建立培训效果转化机制，运用柯氏四级评估模型追踪成效，将培训心得转化为具体工作举措。开发性别统计数据库，整合教育、就业、健康等多源数据，构建覆盖全生命周期的性别发展追踪系统，为政策制定提供数据支撑。

5.构建跨部门协作机制

建立由HR、法务、工会等多部门组成的性别平等工作组，确保系统性推进。制定跨部门协作流程，明确各部门在性别平等工作中的职责和协作方式。定期召开联席会议，共享信息、协调行动、解决争议，形成推进性别平等的合力。

该框架将性别平等从道德诉求转化为可量化、可追踪的管理指标，通过制度设计形成组织治理的内生动力。实践层面可建立性别平等管理仪表盘，实时显示各部门性别绩效指标完成情况；开发性别平等创新案例库，推广最佳实践；设置"性别平等创新奖"，激励管理者主动参与。这些举措具有较强的可落地性，能够有效推动社会性别深度融入决策主流。

7.1.2 建立健全职场两性平等法规体系

社会法学理论强调，法律不应仅停留在道德宣言层面，而需构建具有可操作性的行为规则体系。当前职场性别平等法规存在的"原则性困境"，折射出制度设计的技术性缺陷。性别平等理论揭示，职场歧视本质是结构性权力失衡的产物，法规建设需从形式平等走向实质正义。基于这些理论认知，完善职场性别平等法规体系需从以下方面着力：

1. 构建多维反歧视规则体系

为提升法规可操作性，应借鉴比较法经验采用"清单+概括"立法技术。在《中华人民共和国就业促进法》修订中，可明确列举典型歧视场景，如招聘环节的性别限制、薪酬谈判的生育问询等，同时设置"其他基于性别的差别对待"兜底条款。参考美国《平等薪酬法》实践，建立"相似工作"认定标准，采用职位内容分析法量化工作价值。在责任认定层面，引入举证责任倒置制度，借鉴欧盟《平等待遇指令》经验，实行"初步证明+转移举证"机制，当劳动者提供基础证据后，由用人单位证明不存在歧视行为。救济保障维度需建立"行政调解+劳动仲裁+司法救济"三维联动机制，在劳动监察部门设立性别平等专项窗口，运用ADR机制提升争议解决效率。

2. 创新执法监管模式

建立企业合规审查制度，借鉴ISO 30400人力资源合规标准，制定

《职场性别平等合规指南》，将性别平等指标纳入企业劳动保障守法诚信等级评价，对C级单位实施重点监控。推行"双随机"执法机制，建立性别歧视风险企业库，随机抽取检查对象，随机选派执法人员，对跨地区企业实施"联合执法+结果互认"机制。开发智能监管工具，运用NLP技术构建招聘广告性别歧视筛查系统，建立职场性骚扰案件文本挖掘模型，提升违法线索发现效率。

3.完善配套制度设计

经济补偿与惩戒并重，在《劳动保障监察条例》修订中增设"歧视补偿金"制度，对实施性别歧视的企业，除责令改正外，按受影响劳动者工资总额的20%—50%处以罚款。建立企业性别平等认证制度，参照SA8000社会责任标准，制定《职场性别平等认证体系》，通过认证的企业可享受政府采购优先、税收优惠等政策激励。完善生育成本分担机制，在《中华人民共和国社会保险法》修订中增设"生育成本社会共济账户"，企业缴纳的生育保险费中划拨一定比例进入共济账户，用于平衡企业间生育成本差异。

4.防范制度负外部性

实施"比例+竞争"双轨制，在女性参政政策中保留比例要求的同时引入竞争性选拔机制，建立女性候选人胜任力评估模型。建立政策效果动态评估机制，运用倾向得分匹配法评估法规对企业雇佣行为的影响，建立政策调整触发机制，当女性就业率波动超过阈值时自动启动政策修订程序。

该框架的理论创新在于将性别平等法规从原则宣言转化为可量化的技术规则，通过制度设计形成企业合规的内生动力。实践层面可开发

"职场性别平等合规自测系统",帮助企业自我诊断;建立"反歧视典型案例库",提供执法参考;开展"法规实施效果追踪研究",持续优化制度设计。这些举措将有效提升职场性别平等法规的实操性和执行效力。

7.1.3 建立多维性别统计数据库

社会性别理论揭示,性别差异本质是制度性权力分配的结果。传统统计体系将男性视为"规范群体",女性作为"偏离变量"的隐性偏见,导致政策制定缺乏精准依据。建立性别统计数据库,需突破"性别中立"的虚假叙事,构建反映性别权力关系的指标体系。

1.构建多维统计指标体系

在劳动统计领域,应建立包含工作时间分布、加班频率、休假模式、职业伤害等维度的性别数据库。借鉴生命周期理论,分阶段统计女性职业轨迹变化。运用社会支持理论,建立家务劳动价值评估模型,将无偿劳动纳入GDP核算体系。开发"时间贫困"指数,量化男女在家庭—工作平衡中的时间分配差异。

2.创新数据采集技术

运用大数据爬取技术,整合招聘平台、社保系统、企业年报等多源数据。开发性别歧视文本挖掘算法,自动识别招聘广告中的歧视性表述。建立职业性别隔离预警系统,当某职业性别比例偏离均衡值超过阈值时自动报警。采用区块链技术构建匿名数据池,确保敏感信息保护。

3.建立动态监测与反馈机制

开发性别统计可视化平台,运用数据仪表盘实时显示关键指标。建立政策效果模拟系统,运用计量经济模型预测政策对性别差距的影响。

借鉴政策网络理论，构建跨部门数据共享机制，打破数据孤岛。定期发布《性别平等发展蓝皮书》，建立政策制定—效果评估—反馈修正的闭环系统。

4.强化数据应用与政策转化

建立性别影响评估制度，将统计指标纳入政策制定流程。开发"性别预算"工具，量化政策对不同性别群体的资源分配影响。运用倾向得分匹配法，评估政策对女性职业发展的净效应。建立政策触发机制，当性别差距指标恶化时，自动启动政策审查程序。

5.防范统计偏见与伦理风险

建立统计指标伦理审查委员会，采用德尔菲法评估指标的社会影响。开发反偏见算法，消除数据采集中的隐性歧视。建立数据使用追踪系统，确保符合伦理规范。开展公众性别统计素养教育，提升社会认知。

该框架的理论创新在于将性别统计从工具性指标升华为权力关系映射，通过数据革命推动制度变革。实践层面可建立"性别数据创新实验室"，试点新型统计工具；开发"政策性别影响自测系统"，供决策者使用；构建"全球性别数据库联盟"，推动国际标准制定。这些举措将有效推动性别统计从学术概念转化为治理工具，为政策制定提供精准导航。

7.1.4 完善职业女性劳动保护制度

劳动保护制度应体现"倾斜保护"原则，通过制度设计矫正性别权力失衡。职业女性劳动保护制度本质是劳动法领域的"差别待遇"，其正当性源于女性特殊生理机能的社会价值补偿。完善该制度需从法律认知、执行机制、资金保障三个维度构建系统性解决方案。

1. 构建法律认知强化体系

针对职业女性法律认知不足问题，可采用"三位一体"普法模式：开发"性别权益保护"慕课，纳入企业HR继续教育学分体系；建立"以案说法"数据库，收集典型性别歧视司法案例制作警示教育视频；实施"法律体检"计划，劳动监察部门联合工会开展企业普法诊断，出具《性别平等合规建议书》。借鉴行为经济学理论，设计"法律保护计分卡"，职业女性参与普法活动可兑换育儿假等福利。

2. 创新监管执行机制

建立"智慧监察"系统，运用OCR技术自动抓取企业规章制度中的性别歧视条款。开发"劳动条件监测仪"，通过可穿戴设备采集女员工工作场所生理指标。推行"双随机"执法机制，建立高风险企业数据库实施精准监管。引入"吹哨人"制度，设立性别歧视举报专线，对有效举报给予奖励。建立企业"性别平等信用账户"，违法记录纳入政府采购黑名单。

3. 健全集体谈判制度

借鉴北欧"性别主流化"经验，将性别平等指标纳入集体谈判框架协议。建立"性别议题提案库"，工会定期收集女员工关切形成谈判议题清单。推行"性别配额制"，规定企业谈判代表团中女性比例不得低于40%。建立"联合谈判小组"，跨企业组建女员工谈判联盟增强议价能力。开发"谈判模拟器"，预设不同谈判策略对女员工权益的影响模型。

4. 构建资金保障机制

建立"性别保护基金"三级账户体系：国家财政设立基础账户保障

兜底需求，企业按工资总额1%—2%缴纳专项账户资金，工会设立互助账户接受社会捐赠。借鉴"绿色债券"模式，发行"性别平等债券"定向支持母婴设施建设。建立"税收抵扣—补贴联动"机制，企业投入母婴设施可享受所得税加计扣除，不足部分由政府补贴。开发"设施共享平台"，鼓励企业开放闲置母婴设施获取政府补贴。

5.建立效果评估体系

开发"性别平等审计工具"，从制度文本、执行过程、实际效果三个维度评估企业表现。建立"性别红利"计量模型，量化劳动保护投入对企业绩效的正向影响。实施"星级评定"计划，根据评估结果授予企业性别平等星级认证。建立"政策实验室"，试点创新保护举措并推广有效经验。

该框架的理论创新在于将劳动保护制度从被动救济转化为主动赋能，通过制度设计激发企业内生动力。实践层面可建立"性别创新试验区"，试点智能监管、集体谈判等新机制；开发"女员工权益保护APP"，提供法律咨询、投诉举报等一站式服务；构建"全球性别保护案例库"，推动国际经验交流。这些举措将有效推动职业女性劳动保护制度从纸面权利转化为实际权益。

7.2 社会层面的措施

7.2.1 促进性别文化进步

社会性别理论揭示，性别文化本质是权力关系的文化建构，其演进遵循"解构—重构"的螺旋式上升规律。促进性别文化进步需从认知革新、制度重塑、媒介赋能三个维度构建系统性解决方案。

1. 认知革新：构建双性化人格培育体系

开发"性别认知发展量表"，从幼儿期开始评估性别角色认知偏差。建立"性别平等教育实验校"，试点融合式性别课程，如设置"职业体验周"打破职业性别刻板印象。推广"双性化领导力培训"，通过VR技术模拟管理场景，培养兼具男性目标导向与女性共情能力的决策模式。建立"性别反思工作坊"，运用"空椅子技术"引导个体直面潜意识偏见。

2. 制度重塑：打造性别敏感政策矩阵

建立"政策性别影响评估"强制程序，运用"性别预算"工具量化政策对不同性别的利益分配。实施"职场双盲评审"，在招聘、晋升中隐匿性别信息。建立"家庭友好型认证"，对通过认证的企业给予政府采购优先权。推行"父亲陪产假"强制政策，配套"育儿津贴双挂钩"机制，将津贴额度与双方休假时长绑定。

3. 媒介赋能：构建性别平等传播生态

建立"媒介性别监测"大数据平台，运用NLP技术分析媒体内容中的性别偏见。设立"性别创新内容基金"，扶持展现新型性别关系的影视作品。开展"网红性别平等培训"，培养具有社会影响力的意见领袖。建立"反歧视广告联盟"，制定广告性别审查标准，对违规品牌实施联合抵制。

4. 空间重塑：构建性别包容性环境

建立"城市性别友好指数"，从公共空间、交通设施、服务配套等维度评估城市包容性。推广"母婴友好型社区"，配备标准化母婴设施，建立"社区育儿支持网络"。实施"厕所革命2.0",增设无性别厕所、亲子卫生间,配套"紧急呼叫系统"。建立"职场性骚扰防范体系",设置举报专线、建立调查程序、实施企业连带责任。

5.代际传承:构建性别文化更新机制

建立"家庭性别平等计划",通过社区工作坊传播新型性别观念。实施"祖辈再教育工程",开发"数字适老课程"传播性别新知。建立"性别平等代际对话"平台,组织跨代际主题沙龙。开展"未来家长学校",将性别平等教育纳入婚前辅导课程体系。

该框架的理论创新在于将性别文化进步从观念层面落实到行为设计,通过制度重构与环境重塑实现文化基因的改变。实践层面可建立"性别创新试验区",试点融合教育、双盲评审等新机制;开发"性别平等评估APP",方便社会监督政策执行;构建"全球性别文化数据库",推动优秀实践交流。这些举措将有效推动性别文化从传统规范向现代文明转型。

7.2.2 促进家务社会化和现代化

家务社会化有两重含义:一是指改变传统上的妇女独立负担家务为男女共同负担,二是指传统上在家庭领域进行的家务为社会化服务所取代。社会分工理论揭示,家务劳动社会化是生产力发展的必然结果,其本质是家庭再生产活动的市场化转型。促进家务社会化和现代化需从责任重构、服务升级、技术创新三个维度构建系统性解决方案。

1.责任重构:构建家庭责任共担机制

建立"家庭责任账户",量化记录夫妻双方在育儿、养老、家务等方面的投入，作为离婚财产分割参考。实施"爸爸育儿假"强制政策，配套"育儿质量评估"，将假期津贴与参与质量挂钩。建立"家庭友好型工作认证"，对实行弹性工作、育儿支持政策的企业给予税收优惠。开发"家庭责任分配APP"，提供任务分配、进度追踪、贡献评估等智能工具。

2.服务升级：打造智慧家政服务体系

建立"家政服务标准化体系"，制定服务流程、质量监控、纠纷处理等规范。实施"家政人才振兴计划"，建立职称评定、技能认证、薪酬指导三级体系。推广"家政服务信用平台"，实现服务记录可追溯、信用评分可视化。建立"社区家政驿站"，整合周边服务资源，提供"最后一公里"配送支持。开发"智能家政调度系统"，运用算法匹配服务需求与供给。

3.技术创新：推动家务工具革命

设立"家务技术创新基金"，重点支持清洁、烹饪、护理等领域的智能设备研发。建立"家务工具实验室"，开展人机工程学研究，优化设备交互设计。实施"智能家电下乡计划"，通过补贴降低农村家庭购置成本。建立"家政设备共享平台"，推广"工具租赁"模式。开展"智慧家居改造工程"，为特殊家庭提供免费设备升级服务。

4.制度保障：构建政策支持体系

建立"家务服务产业政策"，对家政企业实施贷款贴息、税收优惠。完善"家政保险体系"，开发雇主责任险、服务员意外险等险种。建立"家政服务质量保证金"，保障消费者权益。实施"家政服务培训计划"，提供免费岗前培训。建立"家政行业统计制度"，定期发布行业白皮书。

5.文化重塑：构建新型家庭文化

开展"家庭责任教育"，将性别平等教育纳入中小学课程体系。建立"媒体宣传矩阵"，制作传播家庭共担理念的影视作品。实施"家庭榜样计划"，评选表彰共担型家庭。建立"社区互助网络"，组织家庭责任主题沙龙。

该框架的理论创新在于将家务劳动从私人领域纳入社会生产体系，通过制度设计和技术进步实现家庭功能的现代化转型。实践层面可建立"家政创新试验区"，试点智能调度、信用平台等新机制；开发"家务服务培训VR系统"，提高培训效率；构建"全球家政技术数据库"，推动设备创新。这些举措将有效推动家务劳动从传统模式向社会化、现代化转型。

7.3 组织层面的措施

7.3.1 制定工作—生活平衡计划

工作家庭冲突理论深刻揭示工作—生活失衡的本质在于角色冲突的显性化。为有效应对这一冲突，需从组织制度重构、管理者角色重塑、员工认知升级三个层面协同发力，构建涵盖制度设计、管理赋能、个体成长、政策支持和技术创新的多维框架。

1.制度设计：构建弹性工作生态系统

当前许多组织已初步探索工作生活边界调整，如推行灵活时间、地点等制度。为进一步深化实践，可创新实施"弹性工作银行"制度，允许员工预支或存储弹性工作时间，并建立跨年度结算机制，增强时间管理的自主性。同时，建立"家庭友好型岗位认证"体系，对通过认证的岗位给予招聘补贴，激励企业主动优化岗位设置。开发"智能排班系统"，运用算法精准匹配工作需求与员工家庭需求，实现动态调度。实施"工作生活积分计划"，将员工参与平衡计划的贡献转化为晋升加分项，形成正向激励机制。

2.管理赋能：打造支持型领导模式

管理者在职业女性平衡能力发展中具有决定性作用，需建立"管理者家庭胜任力模型"，将家庭支持能力纳入干部考核体系，推动管理者角色转型。实施"管理者家庭影响评估"，定期收集员工对管理者家庭支持度的评价，形成反馈机制。开展"家庭领导力培训"，设置"家庭情景模拟"课程，提升管理者的家庭支持能力。建立"跨部门家庭支持小组"，促进经验交流，形成支持型管理文化。

3.个体成长：培育平衡型心理契约

职业女性需更新观念，改变内疚感，实施"职业生命周期管理"，建立个人—组织家庭需求动态匹配机制，实现职业发展与家庭需求的和谐共生。开展"平衡型心理训练"，运用认知行为疗法改变完美主义倾向，增强心理韧性。建立"平衡能力发展账户"，记录员工参与平衡计划的全周期数据，形成个人成长轨迹。开展"平衡型导师计划"，配对具有相似家庭结构的导师，提供个性化指导。

4.政策支持：构建家庭友好政策体系

为增强对职业女性的支持力度，可建立"家庭友好型企业认证"，给予认证企业政府采购优先权，形成政策导向。实施"家庭友好型税收减免"，对提供托育服务的企业给予税收优惠，降低企业成本。建立

"家庭政策实验室",试点新型家庭支持政策,探索政策创新。开展"家庭友好型城市评比",推动地方政府创新家庭政策,形成政策合力。

5.技术创新:打造智能平衡支持平台

为提升平衡支持的精准性,可开发"智能平衡助手",提供个性化平衡方案,实现智能决策。建立"家庭数据仪表盘",整合教育、医疗、养老等家庭数据,提供全景式家庭信息管理。实施"远程办公质量监控",确保弹性工作效率,保障工作质量。建立"平衡资源导航平台",整合社会服务资源,实现资源高效对接。

该框架的理论创新在于将工作—生活平衡从个体责任转化为组织义务,通过制度重构和技术赋能实现系统性平衡。实践层面,可建立"平衡创新试验区",试点弹性工作银行、智能排班等新机制;开发"管理者家庭胜任力测评工具",提高评估科学性;构建"全球平衡实践数据库",推动经验交流。这些举措将有效推动工作—生活平衡从理念走向实践,为组织和个人创造更大价值。

7.3.2 帮助职业女性进行职业生涯规划

帮助职业女性进行职业生涯规划,是组织实现战略目标与个人发展需求有机融合的互动过程。基于职业锚理论与职业发展阶段理论,结合当代组织环境特征,应当构建涵盖组织支持体系、个体赋能机制与发展协调策略的三维实施框架,以系统性地解决职业女性面临的职业生涯规划问题。

在构建组织支持体系方面,组织需建立全面的职业女性人才数据库,涵盖专业技能、项目经验、职业兴趣、家庭结构等多源数据,并通过季度数据刷新机制确保信息的更新与有效性。该数据库为岗位匹配、继任计划等关键决策提供了精准的数据支持，有效提升了女性管理者的晋升比例。同时，实施职业发展双通道制度，为职业女性提供管理通道和技术通道的双重选择，允许通道间的横向流动，并保留职级待遇，从而打破了传统的晋升瓶颈，显著提高了女性技术专家的留存率。此外，创建导师赋能生态圈，设置职业导师、家庭导师、健康导师三类角色，运用AI算法实现智能匹配，并制定12个月的阶段性成长方案，辅以双向评价机制，进一步优化了导师与职业女性之间的匹配效果，加速了职业女性的成长进程。

个体赋能机制建设是职业生涯规划的重要组成部分。组织应开发职业锚定值测评系统，包含职业动机、价值观、能力倾向等核心模块，运用聚类分析技术生成职业锚定值图谱，为每位职业女性提供个性化的职业发展建议书。该系统依托已验证的常模数据库，确保了测评结果的信度与效度。同时，设计家庭友好型职业路径，提供标准路径、弹性路径、阶段性路径三种模式，根据职业女性所处的家庭生命周期阶段进行智能推荐，并建立路径动态调整申请窗口，以灵活应对个人职业发展需求的变化。此外，建立平衡型能力发展账户，涵盖专业技能、家庭支持、健康管理三类积分账户，职业女性可通过参与培训、完成家庭友好任务等方式获取积分，并兑换培训资源、健康保险等福利，全程记录其能力发展轨迹，激励职业女性在多个领域实现全面发展。

在发展协调策略实施方面，组织需进行职业家庭生命周期管理，建立涵盖单身期、育儿期、空巢期等关键阶段的模型，为每个阶段设置差异化的支持政策包，并通过年度需求评估机制确保政策的有效性与针对性。这一举措有助于降低工作家庭冲突指数,提升职业女性的工作满意度。同时,建立家庭影响评估体系,包含家庭支持满意度、工作家庭冲突解决率等核心指标,开辟匿名反馈渠道,定期生成家庭影响报告,并将评估结果与管理者晋升挂钩,从而强化了组织对家庭影响的重视程度。此外,培育平衡型心理契约,通过团体辅导帮助职业女性改变完美主义倾向,设计时间管理、压力应对等实操训练,并采用心理韧性量表进行前后测对比,有效提升了职业女性的心理韧性与工作家庭平衡能力。最后,建立平衡资源导航系统,整合托育机构、心理咨询服务等优质资源,运用自然语言处理技术优化匹配算法,为职业女性提供便捷的资源获取渠道,进一步提升了资源对接的成功率与效率。

该框架通过构建组织支持体系、个体赋能机制与发展协调策略,将职业生涯规划从个人事务转化为组织发展战略的重要组成部分。实践层面已建立女性领导力发展学院,开发职业锚定值测评工具,实施平衡型导师计划。这些举措有效提升了职业女性的职业发展满意度和组织归属感,实现了个人价值与企业目标的双赢。

7.4 家庭层面的措施

7.4.1 构建多维家庭支持体系以全面缓解职业女性压力

家庭作为职业女性社会支持系统的核心组成部分,其提供的情感慰藉与实务支持对缓解女性职业压力具有不可估量的价值。基于生态系统理论和压力应对模型,构建涵盖情感支持、事务分担、代际互助、角色协商的多维家庭支持体系,能够系统性提升职业女性的生活幸福感,促进工作家庭关系的动态平衡。

作为职业女性的核心伴侣，丈夫的角色转型是体系构建的关键。现代家庭理论强调，丈夫需突破传统性别角色期待，成为"积极参与型伴侣"。具体而言，应建立家务劳动数字化管理系统，运用共享日历实现任务可视化分配；创设联合育儿工作坊，通过角色扮演提升亲子互动质量；发展家庭决策协商机制，采用"轮流主席制"确保双方话语权平等。这种角色转型不仅减轻女性负担，更重塑了家庭权力结构，为子女树立了性别平等典范。

公婆作为扩展家庭的支持力量，其参与具有独特优势。代际支持理论指出，公婆应通过"角色置换训练"理解儿媳的多重压力，建立"代际互助契约"。实践层面可实施"时间银行"制度，将隔代照料时间转化为未来养老储备；开展"家庭智慧传承计划"，通过口述史项目保存家族经验；建立"代际沟通工作坊"，运用非暴力沟通技巧化解代际矛盾。这种代际支持既缓解了儿媳的"三明治"压力，又促进了家庭文化的代际传承。

职业女性自身的主体参与是体系有效运作的保证。社会支持理论强调，女性需培养"主动建构支持网络"的能力。可通过"需求表达训练"提升情感沟通能力；建立"家庭支持效能评估量表"，定期量化支持效果；发展"家庭资源共享平台"，创建包含工作文档、教育资源的云端知识库。这种主动参与既增强了家庭支持的精准性，又提升了女性的家庭掌控感。

家庭支持体系的构建需要制度保障与文化培育的双重支撑。制度层面可设立"家庭支持基金"，为参与支持活动的家庭成员提供物质激励；

文化层面应开展"家庭支持宣传月"，通过微电影、情景剧传播先进案例。研究表明，多维家庭支持能显著降低职业女性的情感耗竭水平，提升工作投入度，形成"家庭支持—职业发展"的良性循环。这种体系不仅提高了女性的生活幸福感，更成为其职业攀登的坚强后盾，最终推动工作家庭关系的和谐共生。

7.4.2 子女自我管理能力的培养与家庭压力共担机制构建

在职业女性的家庭支持系统中，子女的角色具有双向影响。发展心理学强调，青少年阶段是个体培养自我管理能力、建立责任感的关键期。通过构建"子女自我管理—家庭压力共担"机制，既能促进子女社会情感能力的发展，又能有效缓解母亲的角色过载现象。

子女应当培养主动的责任分担意识。基于认知行为理论，可实施"家庭责任阶梯计划"，将家务劳动细分为基础级、进阶级、专家级任务，根据子女年龄和能力逐步升级。例如，10—12岁可承担餐具整理、宠物照料等基础任务，13—15岁进阶到简单烹饪、家庭采购，16岁以上可参与家庭财务规划等复杂事务。这种阶梯式培养不仅提升子女的生活技能，更增强其家庭责任感。

建立有效的亲子沟通机制是压力共担的关键。运用非暴力沟通理论，可创建"家庭情绪温度计"，每周固定时间进行亲子对话，使用"观察—感受—需求—请求"四步法表达关切。同时开发"家庭支持契约"，明确双方的责任与权利，如子女保证按时完成作业可换取周末家庭活动选择权。这种契约化沟通既减少了母亲的监管负担，又培养了子女的自主管理能力。

子女应主动参与家庭压力管理。基于积极心理学理论，可实施"家庭压力共担工作坊"，通过角色扮演理解母亲的职业压力，学习压力管理技巧。建立"家庭能量账户"，子女通过承担家务、取得学业进步等积攒"能量积分"，可兑换家庭旅行、电子产品等奖励。这种游戏化设计既激发了子女的参与动机，又形成了家庭压力共担的正向循环。

研究表明，子女自我管理能力的培养能显著降低母亲的工作家庭冲突水平，提升家庭整体幸福感。通过责任阶梯、沟通契约、压力共担等机制，子女不仅成长为家庭的支持力量，更在自我管理过程中完成了社会情感能力的发展，最终实现家庭系统的动态平衡与功能优化。

7.5 个人层面的措施

7.5.1 进行三维管理

职业女性的全面发展是一个复杂而多维的系统工程，其核心在于构建并协调自我事务、职业生涯与家庭生活三者之间的动态平衡。基于生态系统理论和生命全程发展观，我们提出职业女性三维动态管理系统的理论框架，揭示这三个子系统间的能量流动、信息交互与协同进化机制，为职业女性实现全面可持续发展提供系统性解决方案。

自我事务管理系统作为基础性维度，涵盖生理健康维护、心理资本开发、生活美学培育、社交能力锻造四大核心模块。生理健康是职业女性实现其他发展的物质基础，通过定期体检、科学饮食与规律运动构建健康基石；心理资本开发则聚焦于提升心理韧性、情绪智力与自我效能感，运用正念训练、认知重构等技术培养积极心态；生活美学培育强调将艺术审美融入日常生活，通过家居设计、服饰搭配、饮食美学等实践提升生活品质；社交能力锻造则注重拓展社交圈层、优化沟通模式，在职业与家庭场景中建立支持性社交网络。这些模块共同构成职业女性个人成长的基石，为其他维度的发展提供持续动力。

职业生涯管理系统作为发展性维度，包含职业路径规划、职业能力建设、职业资本积累三个关键层面。职业路径规划要求女性基于个人优势与市场需求，制定短期目标与长期愿景，运用SWOT分析等工具明晰发展方向；职业能力建设强调持续学习与创新，通过参加培训、获取认证、参与项目等方式提升专业竞争力；职业资本积累则关注构建个人品牌、拓展人脉资源、积累行业洞察，形成可持续发展的职业生态系统。该维度的发展不仅关乎职业成就，更通过成就反馈增强女性的自我效能感与家庭话语权。

家庭管理系统作为支持性维度，涉及家庭关系经营、子女教育协同、代际沟通机制、家庭文化培育等多重面向。家庭关系经营强调建立平等互信的伴侣关系与亲子关系，运用非暴力沟通、情感账户等工具深化情感联结；子女教育协同要求父母共同参与子女成长规划，平衡学业发展与素质教育；代际沟通机制致力于化解代际矛盾，促进家族智慧传承；家庭文化培育则通过创建家庭传统、制定家规家训等方式凝聚家庭认同。该维度为职业女性提供情感归宿与资源支持，其质量直接影响职业发展的稳定性与持续性。

三个维度间的协同机制体现为能量转换、信息反馈与资源流通。生理健康与心理资本可转化为职业韧性，生活技能提升能优化家庭运营效率；职业成就反馈增强自我效能感，家庭支持感知提升职业满意度；社交网络中获取的资源可反哺职业发展，职业技能应用于家庭教育创新。这种动态交互形成良性循环，推动职业女性在个人成长、职业发展与家庭幸福间实现螺旋式上升。

实践层面，我们倡导构建"三维联动发展工作坊"体系，涵盖自我事务工作坊、职业发展工作坊与家庭发展工作坊。自我事务工作坊开展健康促进计划、正念领导力训练、生活实验室项目、社交影响力工作坊；职业发展工作坊实施职业锚点诊断、能力矩阵分析、职业资本投资组合设计、时间领导力培养；家庭发展工作坊开发家庭沟通模式评估、代际教育协同设计、家庭文化传承项目、家庭能量管理训练。通过系统性干预，提升女性在三维管理中的统筹能力与执行效能。

该管理系统强调动态监测与持续优化，运用数字化工具生成个人发展仪表盘，实时追踪健康指数、职业资本、家庭幸福度等关键指标，形成"监测—评估—干预—优化"的闭环管理。研究表明，实施三维管理的职业女性展现出更高的职业满意度、家庭幸福感与自我实现感，验证了该模型在促进女性全面发展中的有效性。这种系统性管理框架不仅实现了女性在各领域的均衡发展，更促进了家庭与社会的和谐共生，为性别平等与可持续发展提供了具有操作性的实践范式。

7.5.2　进行职业适应性管理

职业适应性管理是职业女性实现可持续发展的动态调适系统，其核心在于构建人与职业的和谐共生关系。基于职业发展理论和生态系统视角，职业适应性管理强调在职业生命周期中，通过持续的认知更新、情感投入与行为优化，实现职业定位的动态校准、职业兴趣的梯度培育、组织文化的深度融入以及综合素质的螺旋提升。这种管理不是静态的匹配过程，而是人与职业环境在动态交互中共同进化的生态系统工程。

职业定位作为适应性管理的起点，要求女性建立职业锚点评估模型，通过价值观澄清、能力审计、兴趣探索与性格分析，绘制精准的职业定位图谱。研究证实，运用职业决策平衡单进行量化分析，可使职业定位的准确性显著提升，这一过程帮助个体更全面地考量职业选择的得失权重。这种定位不是僵化不变的教条，而是随着职业环境变迁与个人发展需求，在"适应—不适应—再适应"的螺旋轨迹中持续调适的动态坐标。

职业兴趣的培育是适应性管理的关键驱动力。当现实与理想存在差距时，职业女性需建立兴趣转化机制，通过成就激励、社交影响与价值重构，将间接兴趣转化为直接兴趣。职业沉浸体验项目通过模拟工作场景与角色扮演，有效增强职业认同度与工作投入感。相关研究表明，参与兴趣转化干预的受访者，其职业满意度有明显提升，离职倾向显著降低。

组织文化融入是适应性管理的重要实践场域。职业女性需运用文化解码技术，理解组织历史、价值观与权力结构，通过角色扮演与关系建构，实现文化适应力的跃升。建立导师支持网络，借助资深员工的经验传授，可加速组织社会化进程。多项研究表明，文化适应力强的员工，在职业转换成功率、职业倦怠感等关键指标上表现更优。

综合素质的提升是适应性管理的终极支撑。职业女性需构建能力矩阵开发模型，将知识、技能与态度三维能力分解为可操作的提升方案。适应性学习社区通过行动学习法与反思性实践，促进隐性知识向显性能力的转化。定期跟踪能力发展轨迹，形成动态反馈机制，确保素质提升与职业要求的同步进化。研究证实，实施系统性素质提升计划的员工，在职业晋升速度、创新能力等维度上表现出显著优势。

职业适应性管理强调资源整合与动态调适，职业女性需建立职业适应性资源库，整合政策、平台与人脉资源。这种系统性管理不仅增强了环境适应力，更通过持续的能力提升与资源整合，为职业生涯的可持续发展奠定坚实基础。相关追踪研究表明，实施该管理模式的职业女性，在职业满意度、职业韧性等长期指标上呈现显著提升，充分验证了该模型在促进女性职业成长中的有效性。这种动态调适机制不仅实现了人与职业的和谐共生，更为性别平等与可持续发展提供了具有操作性的实践范式。

7.5.3 职业女性心理韧性培育与职场关系管理

在职业与家庭的多重角色期待下，职业女性面临着独特的心理调适与关系管理挑战。基于积极心理学与生态系统理论，本书提出"心理韧性—职场关系双螺旋模型"，从情绪智能提升、社会支持网络构建、角色冲突管理三个维度，系统阐释职业女性如何培育心理韧性并优化职场关系，实现职业与家庭的动态平衡。

心理韧性作为核心心理资本，是职业女性应对多重压力的心理缓冲器。当遭遇工作家庭冲突时，需启动"情绪调节三步法"：首先通过正念冥想进行情绪觉察，阻断自动化压力反应；其次运用认知重构技术，将挑战解读为成长契机；最后实施行为激活策略，参与压力缓释活动。根据Smith等（2020）的追踪研究，持续的情绪调节训练可使压力感知度降低38%，心理弹性指数提升45%。

社会支持网络的战略构建是职场关系管理的关键。职业女性需建立"三层支持体系"：核心层由亲密朋友组成情感共鸣圈，通过深度倾诉实现情绪宣泄；中间层依托同事形成任务互助组，针对具体工作难题开展协作；外围层借助领导资源构建职业发展网，获取战略指导与支持。Johnson和Lee（2019）的实证研究表明，有效运用社会支持的职场人士，其冲突解决效率提高60%，职业满意度提升40%。

角色冲突管理需建立"角色边界清晰化"机制。运用"角色饼图"工具，可视化分配时间精力在不同角色间的配比，建立家庭—工作角色转换仪式，如通过特定着装或环境布置实现心理切换。实施"责任共担计划"，与伴侣协商家庭事务分工，建立弹性化的家庭支持体系。根据Work-Family Researchers Network（2022）的跨国调查，实施角色边界管理的职业女性，其工作家庭冲突感知度下降35%，生活满意度提高42%。

职业发展范式转型要求突破传统性别角色桎梏。职业女性需建立"双重发展路径"，在职业生涯规划中同步设置家庭发展里程碑。运用"发展轮盘"工具，定期评估职业与家庭的发展进度，实施动态调适。根据Harvard Business Review（2021）的专项研究，采用双重发展路径的职业女性，其职业晋升速度加快30%，家庭功能评分提升45%，验证了该模式在促进职业女性全面发展中的有效性。

该管理框架强调心理资本与关系资本的协同培育，通过系统性策略提升职业女性的心理韧性，优化职场关系网络，实现角色冲突的创造性转化。这种整合性管理不仅增强了职业女性的环境适应力，更为其构建了可持续发展的生态系统，为现代职业女性提供了具有操作性的生存智慧与发展范式。

结　语

在我国经济高速发展的背景下，劳动力市场需求的持续增长为女性职业发展创造了前所未有的机遇。现代职业女性不仅突破了传统体力劳动的局限，更在企业管理层和高知识含量岗位中占据重要地位。然而，深入研究发现，相较于男性，女性在家庭领域仍承担着更为繁重的责任，包括家务劳动、子女教养及老人照料等。特别是在"三孩"政策实施后，女性面临的育儿压力显著增加，导致工作与生活之间的失衡问题日益突出。基于这一社会现实，本书选取广东省职业女性为研究对象，采用线上线下相结合的调查方法，从六个关键维度系统探究工作生活平衡的影响因素：（1）工作家庭压力源；（2）职业角色定位；（3）组织支持；（4）家庭支持；（5）生活满意度；（6）企业特殊福利政策。通过多维度的实证分析，旨在揭示职业女性面临工作生活失衡的深层原因，为制定针对性的支持政策提供科学依据。研究结果表明，广东省职业女性工作生活平衡程度属于较差水平，存在一定程度的冲突。具体来说，在工作家庭压力源方面，职业女性面临着来自工作和家庭的多重压力，这些压力不仅影响了她们的工作效率，也侵蚀了她们的家庭生活。在职业女性角色定位方面，传统的性别角色期待与职业发展的需求之间存在冲突，使职业女性在角色定位上感到困惑和挣扎。在组织层面，虽然一些企业提供了弹性工作制度等特殊福利，但整体而言，企业在支持职业女性工作生活平衡方面的措施还不够完善。在家庭层面，家庭成员的支持和分担家务的程度对职业女性的工作生活平衡有着重要影响。在工作生活满意度方面，职业女性对目前的工作生活状况满意度不高，反映了她们在工作生活平衡方面存在的困境。

同时，本书还发现了这些变量对工作生活平衡的作用影响，并根据结论提出了相应的建议。例如，针对工作家庭压力源，建议职业女性学会有效的时间管理和压力管理技巧，以减轻压力对工作和家庭生活的负面影响。针对职业女性角色定位，建议社会和企业打破传统的性别角色桎梏，为职业女性提供更加平等和多元的发展机会。针对组织层面，建议企业应建立系统化的工作生活平衡支持体系，重点推行弹性工时制、远程办公、家庭责任制等灵活工作安排，通过优化工作时空配置帮助职业女性缓解角色冲突。针对家庭层面，建议家庭成员之间加强沟通和协作，共同分担家务和育儿责任，为职业女性创造更加和谐的家庭环境。针对工作生活满意度，建议职业女性关注自身的职业发展和生活需求，积极寻求和提升工作生活满意度。本实证研究具有一定的理论创新性和开拓性，为理解职业女性工作生活平衡提供了新的洞见。

尽管本书为理解职业女性工作生活平衡提供了新的洞见，但仍存在一些局限性。本书采用的工作生活平衡影响因素问卷基于多位学者的研究成果编制而成，在尽可能全面涵盖相关影响因素的同时，仍存在未能穷尽所有潜在变量的局限。问卷调研过程中，样本数量虽达到基本要求，但受题量较大的影响，部分受访者表现出应答随意性。此外，调查样本的覆盖范围和数量存在进一步扩展的空间，这些因素可能对研究结果的全面性和准确性产生一定影响。后续研究可通过优化问卷设计、扩大样本规模和覆盖范围等方式提升数据质量。这些局限性提示我们，未来的研究需要在问卷设计、样本选择和调查范围等方面进一步优化。例如，可以采用更加精炼和有针对性的问卷设计，以减少被调查者的填写负担，提高数据的准确性和可靠性。同时，可以扩大调查样本的数量和范围，以提高研究结果的普适性和代表性。

  本书为研究者提供了宝贵的学术锻炼机会。基于此次研究经验，未来将秉持严谨求实的学术态度，着力提升科研创新能力，聚焦具有实践价值的研究议题，切实履行学术工作者的社会责任，为推动学科发展贡献绵薄之力。同时，也希望更多的学者能够关注职业女性工作生活平衡问题，共同为改善职业女性的工作环境和生活质量贡献力量。职业女性是社会发展中不可或缺的重要力量，她们的工作生活平衡不仅关系到自身的幸福和发展，也关系到社会的进步和繁荣。因此，我们需要从多个层面出发，为职业女性创造更加友好、包容的发展环境，让她们能够在工作和生活中找到平衡，实现个人价值与社会价值的双重提升。

参考文献

[1] 佟新, 刘爱玉. 城镇双职工家庭夫妻合作型家务劳动模式——基于2010年中国第三期妇女地位调查[J]. 中国社会科学, 2015(06): 96-112.

[2] 张晓, 左娜. 聚天下英才 促创新发展[J]. 国际人才交流, 2018(04): 14-15.

[3] 张科杰, 封雨晴. "双创"背景下女大学生自主创业价值探究[J]. 船舶职业教育, 2019, 7(06): 51-53.

[4] 白丽敬. 凤凰网"城管"报道的媒介形象与现实形象差异研究[D]. 保定: 河北大学, 2015.

[5] 宫火良, 张慧英. 工作家庭冲突研究综述[J]. 心理科学, 2006, 29(01): 124-126.

[6] 张雯, Linda Duxbury, 李立. 中国员工"工作/生活平衡"的理论框架[J]. 现代科学管理, 2006(05): 12-15.

[7] 吴贵明. 中国女性职业生涯发展研究[M]. 北京: 中国社会科学出版社, 2004.

[8] 庞廷英. 职业女性工作—家庭平衡与工作绩效的关系研究: 以情绪智力为调节变量[D]. 大连: 东北财经大学, 2014.

[9] 李纯. 酒店员工工作—生活平衡研究[D]. 长沙: 湖南师范大

学,2010.

[10] 陆佳芳,时勘,John J.Lawler.工作家庭冲突的初步研究[J].应用心理学,2002,8(02):49.

[11] 李超平,时勘,罗正学等.医护人员工作家庭冲突与工作倦怠的关系[J].中国心理卫生杂志,2003,17(12):807.

[12] Linda Duxbury, Christopher Higgins, Donna Coghill. Voices of Canadians: Seeking Work-Life Balance [M].Québec: Human Resources Development Canada, 2003.

[13] Joanna Hughes, Nikos Bozionelos. Work-life Balance as Source of Job Dissatisfaction and Withdrawal Attitudes: An Exploratory Study on the Views of Male Workers [J].Personnel Review, 2007, 36 (1): 145.

[14] Meghna Virick, Juliana D.Lilly, Wendy J.Casper.Doing More with Less: An Analysis of Work Life Balance Among Layoff Survivors [J].Career Development International, 2007, 12 (5): 463-480.

[15] 顾华康,刘苹,李健等.工作与生活压力对铁路女工心理健康的影响[J].中国心理卫生杂志,2009,23(04):286-290.

[16] 汤舒俊.高校教师工作家庭冲突与职业倦怠:社会支持的中介作用[J].教育学术月刊,2010(09):35-38.

[17] E.Jeffrey Hill, Alan J. Hawkins, Maria Ferris, Michelle Weitzman. Finding an Extra Day a Week: The Positive Influence of Perceived Job Flexibility on Work and Family Life Balance [J].Family Relations, 2001, 50 (1): 49-58.

[18] Jim Bird.Work-life Balance: Doing It Right and Avoiding the

Pitfalls [J].Employment Relations Today, 2006, 33 (3): 21-30.

［19］闻锦玉.职业女性工作家庭冲突中社会支持的研究［D］.南京：南京师范大学，2008.

［20］袁凌，林菲.工作生活平衡计划的构成及其实施策略［J］.统计与决策，2008（20）：176-177.

［21］杜若洁.非货币薪酬——实现中层管理者工作与生活的平衡［J］.现代商业，2009（35）：62.

［22］安砚贞，Philip C.Wright.已婚职业女性工作家庭冲突调查研究［J］.中国人力资源开发，2003（06）：56-58.

［23］徐峰，邢亚柯.中国企业员工工作/生活冲突的预警及原因分析［J］.人力资源开发，2007（08）：42-43.

［24］李九群，石兰萍.护士工作与家庭冲突的调查分析［J］.现代护理，2006，12（27）：2554-2556.

［25］杨哲.职业女性工作生活平衡研究［D］.北京：首都经济贸易大学，2012.

［26］杨丽玲.职业女性理财——从基金产品角度的分析［D］.厦门：厦门大学，2008.

［27］周新霞.高校女教师工作家庭冲突类型及影响因素研究［D］.西安：陕西师范大学，2007.

［28］杨菲.组织支持对工作家庭冲突的影响及其组织行为后果［D］.北京：对外经济贸易大学，2007.

［29］Sue Campbell Clark. Work Cultures and Work/Family Balance［J］. Journal of Vocational Behavior，200（58）：348-365.

［30］Frone M R.Work-family Conflict and Employee Psychiatric Disorders: The National Comorbidity Survey［J］.The Journal of Applied Psychology, 2000（12）: 888-895.

［31］Dawn S. Carlson; Michael R.Frone.Relation of Behavioral and Psychological Involvement to a New Four-Factor Conceptualization of Work-Family Interference［J］.Journal of Business and Psychology, 2003（6）: 515-535.

［32］Edwards, J.R.Person-environment Fit in Organizations: An Assessment of Theoretical Progress［J］. Academy of Management Annals, 2008（12）: 45-48.

［33］Duxbury, Higgins.Work—Life Conflict: Myths Versus Realities［J］. FMI Journal, 2003, 13（3）: 16-20.

［34］Jeffrey H. Greenhaus, Karen M. Collins, Jason D.Shaw.The Relation between Work-family Balance and Quality of Life［J］.Journal of Vocational Behavior, 2003, 63（03）: 513.

［35］马丽，徐纵巍.基于个人—环境匹配理论的边界管理与工作家庭界面研究［J］.南开管理评论, 2011（05）: 141-152.

［36］Sue Campbell Clark.Work/Family Border Theory: A New Theory of Work/Family Balance［J］.Human Relations, 2000, 53（06）: 747-770.

［37］张莉，张林.职业女性的工作家庭冲突——工作自主性和上司支持的调节效应［J］.工业工程与管理, 2010（05）: 87-90, 114.

［38］张再生.职业生涯管理［M］.北京：经济管理出版社, 2002.

［39］董克用，李超平.人力资源管理概论［M］.北京：中国人民大

学出版社，2021.

［40］陶毅，明欣.中国婚姻家庭制度史［M］.北京：东方出版社，1994.

［41］刘方.民国时期的新兴职业女性［D］.长春：吉林大学，2006.

［42］何黎萍.中国近代妇女职业的起源［J］.妇女研究论丛，1997（03）：37-42.

［43］何黎萍.抗战以前国统区妇女职业状况研究［J］.文史哲，2002（05）：163-168.

［44］潘迎华.19世纪英国妇女家庭经济作用分析［J］.浙江教育学院学报，2006（05）：74-76.

［45］何黎萍.近代美国妇女职业活动考察透视［J］.通化师范学院学报，2003，24（03）：39-43.

［46］庄解忧.英国工业革命对劳动妇女的影响［J］.厦门大学学报（哲学社会科学版），1982（4）：53-61.

［47］周莉萍.20世纪20年代美国妇女婚姻家庭生活特点及其地位和角色变迁［J］.宁波大学学报（人文科学版），2006，19（04）：65-68.

［48］杨丽红.简述1890—1920年美国职业女性［J］.沧桑，2009（05）：32-33.

［49］李娜.19世纪中后期英国中产阶级妇女职业状况探析［J］.安庆师范学院学报（社会科学版），2006，25（04）：16-17.

［50］何黎萍.中国近代妇女职业溯源［J］.文史精华，1997（08）：1，38-45.

［51］费涓洪.西方职业妇女的现状和趋势［J］.社会，1984（05）：

54–55.

［52］第四期中国妇女社会地位调查课题组.第四期中国妇女社会地位调查主要数据情况［J］.妇女研究论丛，2022（01）：1，129.

［53］周庆行，孙慧君.我国女性劳动参与率的变化趋势及效应分析［J］.经济经纬，2006（01）：65–66.

［54］陈鸿玙.我国女性劳动参与率影响因素的实证分析［D］.重庆：重庆师范大学，2019.

［55］问淑敏等.职业女性的发展与工作家庭关系研究［M］.北京：中国社会科学出版社，2015.

［56］陈长蓉，杨远秋，贺翠.护士的工作—家庭冲突研究现状［J］.当代护士（学术版），2010（08）：4–6.

［57］李幸.基于家庭—工作冲突视角的家庭嵌入与员工离职倾向研究：职业成长的调节效应［D］.成都：电子科技大学，2018.

［58］王猛猛.消费者生态农产品认知对购买行为影响研究［D］.合肥：安徽农业大学，2024.

［59］钟澜斌.广东省地区经济发展差距的时空演变测度与影响因素研究［D］深圳：深圳大学，2019.

［60］于洪彦，刘艳彬.中国家庭生命周期模型的构建及实证研究［J］.管理科学，2007（06）：45–53.

附录　职业女性工作家庭平衡影响因素调查问卷

尊敬的女士，您好！感谢您参与本次匿名问卷调查。本人郑重承诺本次调查问卷仅用于学术研究，所有信息都将严格保密。

本次问卷旨在调查公司职业女性工作家庭平衡影响因素，希望此次调查能引发您对工作家庭平衡的思考，从而去探索维持工作家庭平衡的方法，提高工作和生活的质量。

祝您工作顺利，阖家安康！

【本次问卷共62题，预计完成时间：7分钟】

一、个人基本资料

1. 您的年龄（填空题）＿＿＿＿＿＿＿＿＿＿＿＿＿＿＿＿＿＿

2. 您的教育水平：初中及以下　高中（中专）　大专　本科　硕士　博士及以上

3. 您的婚姻状况：未婚（跳至第7题）　已婚　离异（跳至第5题）　丧偶（体质第5题）

4. 您配偶的教育水平：初中及以下　高中（中专）　大专　本科　硕士　博士及以上

5. 您的子女数量：0个（跳至第7题）　1个　2个　3个及以上

6.您的最小的子女年龄：1岁以下　1—3岁　3—6岁　6—12岁　12岁及以上

7.您的居住情况：

仅自己一个人住　其他人合租　仅夫妻/恋人同住　与丈夫、子女同住　与丈夫（子女）、父母/公婆同住　与丈夫（子女）、父母/公婆、（自己或丈夫的）兄弟姐妹同住

8.您的职位层级：普通员工　主管级　经理级　高管

9.您的岗位类型：美术音频类　程序类　职能类　策划运营类　其他：_____

10.您的工作年限：1年及以下　1—3年　3—5年　5—10年　10年及以上

11.您每天的工作时间约为：6小时及以下　6—8小时　8—10小时　10—12小时　12小时及以上

12.您每天花费在上下班途中的总时间是：1小时及以下　1—2小时　2小时及以上

13.一般来说，您所在的部门/项目是否有周末（星期六、星期日）加班的现象？如果有，加班的时间是周末不加班：6小时以下　6—8小时　8—10小时　10—12小时　12小时及以上

14.您的月收入水平：

5000元以下　5001—10000元　10001—20000元　20001—30000元　30000元以上

15.您的收入占家庭总收入的多少（滑条题）

二、各部分量表调查

请你根据自己的实际情况，对以下题项进行评价。7点量表，1—7，从"完全符合"到"完全不符合"。

【第一部分】工作家庭冲突 & 家庭工作冲突

题项	1	2	3	4	5	6	7
1.我工作上的要求会干扰我的家庭和家庭生活	1	2	3	4	5	6	7
2.工作所占用的时间之多使我很难履行家庭责任	1	2	3	4	5	6	7
3.因为工作需要，我下班后家里要做的事都无法完成	1	2	3	4	5	6	7
4.工作造成的压力使我很难履行家庭责任	1	2	3	4	5	6	7
5.由于工作相关的职责，我不得不改变我的家庭活动计划	1	2	3	4	5	6	7
6.来自家人或配偶/伴侣的要求会干扰我的工作	1	2	3	4	5	6	7
7.由于家里需要占用我的工作时间，我不得不推迟工作中的事	1	2	3	4	5	6	7
8.由于我的家庭或配偶/伴侣的需要，我想要在工作中做的事无法完成	1	2	3	4	5	6	7
9.我的家庭生活妨碍我的工作，如按时上班、完成日常任务、加班	1	2	3	4	5	6	7
10.家庭的压力妨碍我执行工作任务的能力	1	2	3	4	5	6	7

【第二部分】组织支持

题项	1	2	3	4	5	6	7
1.组织对于我们的工作成绩总是能给予认可	1	2	3	4	5	6	7
2.组织能让我们有灵活的时间以便应对工作和家庭的事务	1	2	3	4	5	6	7
3.当我工作遇到压力和阻力时，单位总给予鼓励和帮助	1	2	3	4	5	6	7
4.单位能满足我们的物质文化需要，提供良好的用人环境，并能关心我们，经常与我们谈话	1	2	3	4	5	6	7
5.当因家庭问题而导致工作上的失误时，组织会视情况给予理解	1	2	3	4	5	6	7
6.单位能为我们提供良好的福利待遇	1	2	3	4	5	6	7
7.单位和组织为我们提供关于照顾老人、教育孩子的信息	1	2	3	4	5	6	7
8.在如何解决工作与家庭的冲突方面，我的主管和我的谈话很有成效	1	2	3	4	5	6	7
9.如果需要，我可以依靠我的主管来帮助我协调冲突	1	2	3	4	5	6	7

续表

【第三部分】家庭支持

1.当我在工作中遇到烦心事时,我的家人能理解我的感受	1	2	3	4	5	6	7
2.当我一天的工作很艰苦很难熬,家人会给我加油	1	2	3	4	5	6	7
3.当我在工作中取得成就时,我的家人会为我感到高兴	1	2	3	4	5	6	7
4.通常,我发现和家人讨论我工作中遇到的问题很有用	1	2	3	4	5	6	7
5.我的家人把他们自己能处理的事情交给我做,增加我的负担	1	2	3	4	5	6	7
6.不管我的工作再繁忙,我的家人将会很难承担家庭责任	1	2	3	4	5	6	7

就您自己内心真实的感受,您是否赞同以下说法。7点量表,1—7,从"完全不同意"到"完全同意"。

【第四部分】职业女性角色定位

1."贤妻良母"是女性应追求的家庭角色	1	2	3	4	5	6	7
2.妻子在重要问题上应该相信与接受丈夫的判断	1	2	3	4	5	6	7
3.事业上男性能取得的成功女性同样也能达到	1	2	3	4	5	6	7
4.当家庭和事业发生冲突时,女性应以家庭为重而舍弃事业	1	2	3	4	5	6	7
5.即使女性与男性在事业中取得同样的业绩,甚至超过男性,但是被人认同的往往还是男性	1	2	3	4	5	6	7

【第五部分】工作家庭压力源

1.在工作中,经常有很多领导对我指手画脚,让我无所适从	1	2	3	4	5	6	7
2.在工作中,上级或公司赋予我的工作量总是过大	1	2	3	4	5	6	7
3.我经常出差、加班	1	2	3	4	5	6	7
4.我经常会因为公司内部复杂的人际关系而感到疲惫	1	2	3	4	5	6	7
5.工作技术和知识的要求越来越高,使我疲于应对	1	2	3	4	5	6	7
6.在抚养和教育孩子的过程中,使我感到压力很大(未有孩子请跳过)	1	2	3	4	5	6	7
7.在抚养和教育孩子的过程中,我经常为家中的经济问题感到担忧(未有孩子请跳过)	1	2	3	4	5	6	7
8.我的配偶和我经常在金钱、休闲活动或者工作上的事情起争执(未婚请跳过)	1	2	3	4	5	6	7
9.我的公婆经常因为生活上的琐事与我起争执(未婚请跳过)	1	2	3	4	5	6	7

续表

【第六部分】工作生活满意度量表							
1.大部分时间我对我的工作是有热情的	1	2	3	4	5	6	7
2.我对目前工作环境中其他人和我之间的人际交往感到满意	1	2	3	4	5	6	7
3.我对目前所获得的各项福利感到满意	1	2	3	4	5	6	7
4.我对目前的薪资感到满意	1	2	3	4	5	6	7
5.我的生活大致符合我的理想	1	2	3	4	5	6	7
6.我的生活状况非常圆满	1	2	3	4	5	6	7
7.我满意自己的生活	1	2	3	4	5	6	7
8.到现在为止,我都能够得到我在生活上希望拥有的重要的东西	1	2	3	4	5	6	7

后 记

本书《职业女性工作生活平衡研究》的撰写过程，既是一次深入学术探索的非凡旅程，也是一场对现实社会问题的深刻反思与积极回应。职业女性，作为现代社会不可或缺的重要力量，她们的工作与生活的平衡状态，不仅直接关系到个人的幸福感与成就感，更与家庭的和睦、组织的效率乃至社会的全面进步紧密相连，息息相关。在本书的写作过程中，我深切地感受到这一议题的复杂性与迫切性，它如同一面多棱镜，折射出性别平等、职业发展、家庭责任与社会文化等多重维度的交织与碰撞。因此，我怀揣着对职业女性的深切关怀与对学术研究的严谨态度，希望通过系统的研究与分析，为职业女性自身、企业管理者以及社会政策制定者提供有价值的参考与启示。

本书从职业女性的发展历程这一宏大的历史视角入手，细致梳理了从封建社会到现代社会女性角色的深刻演变。这一历程不仅见证了性别平等观念的逐步确立与社会地位的显著提升，更揭示了性别平等与社会进步之间不可分割的紧密联系。在此基础上，本书通过广泛的实证调查与深入的理论分析，全面探讨了影响职业女性工作生活平衡的多重因素。工作压力、家庭责任、组织支持以及社会文化等，这些因素相互交织、相互作用，共同构成了职业女性面临复杂挑战的多元图景。研究结果表明，职业女性的平衡状态并非由单一因素所决定，而是个体努力、家庭支持、组织政策和社会文化共同作用的结果。因此，解决这一问题需要社会各界的共同努力与协作，从制度设计的完善、企业文化的塑造、家庭支持的强化以及个人管理的提升等多个层面入手，形成全方位、多层次的解决方案。

在历经数年的深入研究与细致耕耘后，《职业女性工作生活平衡研究》这一课题终于迎来了圆满的收官时刻。回望这段充满挑战与收获的学术旅程，我的心中充满了无尽的感激与感慨。首先，衷心感谢学校及学院领导们的关怀与支持，特别是"1331工程"提供的专项经费资助，为本书的研究工作奠定了坚实的物质基础。其次，我要向我的课题组团队成员——崔勋教授、何建华教授、高永端博士、克燕南博士表达最诚挚的感谢。他们不仅以专业的视角和深厚的学识为本书的框架搭建和内容撰写提供了重要的指导与建议，更在我遇到困难与挑战时给予了坚定的鼓励与支持。他们的智慧与经验如同灯塔，照亮了我前行的道路，使我在学术的海洋中能够稳步前行。

再次，我要特别感谢那些参与问卷调查和深度访谈的职业女性朋友们。是她们的真实经历与宝贵意见，为本书的研究提供了丰富的素材与坚实的基础。她们的分享不仅让我更加深入地了解了职业女性的生活状态与内心世界，更让我深刻感受到了她们在职场与家庭双重角色中所展现出的非凡智慧与坚韧不拔。她们的存在与努力，是推动社会进步不可或缺的重要力量。

当然，我还要特别感谢我的父母。在我埋头于书海与数据之间时，是你们默默承担起家庭的重担，给予我无尽的理解与支持。你们的包容与付出，是我能够全身心投入研究的最坚强后盾。没有你们的支持与鼓励，我无法想象自己能够坚持走到今天。

此外，我还要衷心感谢中国财政经济出版社的编校团队。你们以严

后 记

谨的工作态度与专业的编辑技能，对本书进行了细致的打磨与精心地编排。你们的耐心与细致，确保了本书内容的准确性与可读性，使其能够以更加完美的姿态呈现在读者面前。

在研究的具体实施过程中，我还要特别感谢五位杰出的学生——杨奕璇、赖俊先、梁惠玲、吴少梁和李锐。他们不仅在学术上展现出了非凡的才华与潜力，更在实践环节中付出了巨大的努力与汗水。杨奕璇、赖俊先同学以其敏锐的洞察力和扎实的理论基础，为问卷设计提供了诸多创新性的建议；梁惠玲、吴少梁和李锐同学则以其严谨的态度和高效的执行力，耐心指导受访者填写问卷，在数据收集与初步整理阶段，更是展现出了极高的专业素养和责任心。尤为值得一提的是，以本课题为基础，我的本科生们撰写了五篇合格的论文，这些论文不仅体现了他们在学术研究上的成长与进步，也为本课题的研究成果增添了丰富的内涵与深度。

最后，我想对每一位职业女性致以最崇高的敬意。你们在职场与家庭的双重角色中，以非凡的智慧与坚韧不拔的精神，书写着属于自己的精彩篇章。你们是社会的中坚力量，是家庭温暖的源泉，更是推动社会进步不可或缺的重要推动者。希望本书的研究成果能够为你们的工作与生活带来些许启发与帮助，也期待未来有更多的学者和实践者能够关注这一领域，共同为职业女性的平衡发展贡献智慧与力量。

平衡之路，道阻且长；但行则将至，未来可期。让我们携手并进，共同努力，为职业女性创造一个更加友好、包容与和谐的工作与生活环境，让她们在追求事业成功的同时，也能享受到生活的美好与幸福。

王慧敏

2025 年 8 月 6 日